Arte delle scarpe

Marie-Josèphe Bossan

Arte delle scarpe

Passi che hanno fatto la storia

PARKSTONE®
INTERNATIONAL

Autore: Marie-Josèphe Bossan
Realizzazione:
Baseline Co. Ltd.
7/1 Thanh Thai
4rd floor
District 10, Ho Chi Minh-City (Vietnam)

© 2023, Confidential Concepts, worldwide, USA
© 2023, Parkstone Press International, New York, USA
Image Bar www.image-bar.com

Stampa:

ISBN: 978-1-63919-529-9

Sommario

Introduzione
La calzatura: oggetto di civilizzazione e oggetto d'arte

I contemporanei prestano raramente attenzione alla calzatura, oggetto necessario alla vita quotidiana, se non per far riferimento alla sua comodità o eleganza. Tuttavia, essa riveste un ruolo considerevole nella storia della civilizzazione e dell'arte.

Perdendo i contatti con la natura, abbiamo anche perso di vista il profondo significato della calzatura. Nel recuperare tale contatto, in particolare attraverso lo sport, si pone inizio alla sua riscoperta: scarpe per sciare, fare escursioni a piedi, cacciare, giocare a calcio, a tennis o per andare a cavallo, tutti strumenti indispensabili e segni rivelatori di occupazioni o gusti.

Nei secoli scorsi, quando la vita dell'uomo dipendeva dal clima, dalla vegetazione e dalle condizioni del suolo, e la maggior parte dei lavori implicavano uno sforzo fisico, le calzature, contrariamente a oggi, erano di grande importanza per tutti.

Non indossiamo le stesse scarpe sulla neve e ai tropici, nella foresta e nella steppa, nelle paludi o in montagna o quando lavoriamo, cacciamo o peschiamo: per questo, le calzature forniscono preziose indicazioni sugli habitat e i modelli di vita.

Nelle società fortemente gerarchizzate, organizzate secondo caste ed ordini, l'abbigliamento era determinante. Principi, borghesi, soldati, il clero e la servitù si distinguevano in base a ciò che indossavano. La calzatura rivelava, in modo meno esplicito del cappello, ma più acutamente, la rispettiva magnificenza della civilizzazione, svelando le classi sociali e la sottigliezza della razza, proprio come l'anello che scivolerà solo lungo il dito più esile, o la "scarpetta di vetro" che non calzerà se non la più delicata delle bellezze.

La calzatura trasmette il suo messaggio attraverso le usanze che impone e condiziona: ci fa conoscere le deformazioni a cui venivano sottoposti i piedi delle donne cinesi e mostra come in India, conservando i loro strani stivali, i cavalieri nomadi del Nord mantenevano la loro sovranità sul continente Indiano; impariamo che i pattini da ghiaccio evocano gli Ammoniti, mentre le babbucce rammentano l'interdizione islamica di entrare nei luoghi sacri a piedi coperti.

Alcune volte la calzatura è simbolica, evocata nei rituali o collegata a momenti cruciali dell'esistenza. A tal proposito si può far riferimento al motivo dell'uso dei tacchi alti: rendere la donna più alta durante la prima notte di nozze, rammentandole che si tratta dell'unico momento in cui può dominare il marito.

Gli stivali dello sciamano erano decorati con pelli ed ossa di animali per emulare il cervo maschio: così come il cervo, anch'egli era in grado di correre nel mondo degli spiriti.

Noi siamo ciò che indossiamo: se per ascendere ad una vita migliore è necessario ornare il capo, per ottenere una maggiore agilità nei movimenti saranno i piedi ad essere adornati. Atena possedeva scarpe d'oro, Ermes aveva i calzari alati. Perseo, per poter volare, si recò dalle ninfee per trovare sandali alati.

I racconti trovano corrispondenza nella mitologia. Gli stivali delle sette leghe, che si allargavano o restringevano per adattarsi all'orco o a Pollicino, permettevano ad entrambi di attraversare enormi distanze. «Voi non dovete far altro che trovarmi un sacco e farmi fare un paio di stivali per andare nel bosco», disse il Gatto con gli Stivali al suo padrone, «e dopo vi farò vedere che nella sorte che vi è toccata, non siete stato trattato tanto male quanto forse credete» (Charles Perrault, *Le più belle favole di Perrault*, traduzione di Carlo Collodi, Giunti, Firenze, 2004).

La calzatura ha quindi la funzione di elevare il piede, solitamente considerato come la parte più modesta e meno favorita del corpo umano? A volte, senza dubbio, ma il piede nudo non è sempre privo di sacralità. Coloro che pregano o venerano si prostrano a terra: sono i piedi dell'uomo che lasciano una traccia sul terreno umido o polveroso, spesso unica testimonianza del suo passaggio. Un accessorio specifico come la calzatura può alcune volte servire a rappresentare colui che l'ha indossata, che è scomparso, o di cui non osiamo rievocare le fattezze: l'esempio più caratteristico è offerto dal Buddismo primitivo che evoca l'immagine del suo fondatore attraverso un trono o un'impronta di piede.

Fatte con materiali diversi, dalla pelle al legno, dal tessuto alla paglia, semplici od ornate, le calzature, grazie alle forme e alle decorazioni, diventano oggetti d'arte. Se la forma a volte ha un valore più funzionale che estetico – ma non sempre, e ci sarà spazio per spiegare molte forme aberranti – il disegno del tessuto, il ricamo, i rivestimenti, la scelta dei colori rivelano sempre in modo preciso le caratteristiche artistiche del loro Paese natio.

L'interesse essenziale proviene da ciò che non è: armi o strumenti musicali sono riservati ad una casta o ad un determinato gruppo sociale, i tappeti sono prodotti per solo una o due civiltà, la calzatura invece non si distingue né come un "sontuoso" oggetto delle classi ricche né come oggetto popolare dei poveri. Le calzature sono state usate dalle parti più basse fino a quelle più alte della scala sociale, da tutti gli individui di ciascun gruppo del mondo intero.

Jean Paul Roux
Direttore Onorario di Ricerca presso la C.N.R.S.
Professore Onorario di Ruolo di Arti Islamiche
presso l'Ecole du Louvre

1. Sandalo "Akha", delle tribù Akha del Triangolo d'Oro (punta di coca riciclata e semi, tacco d'acciaio 6 cm, pelle). Trikitrixa, Parigi.
2. Stivali da aviatore, 1914 ca., Francia.

3. Modello in argilla di calzatura con punta rialzata da una tomba
dell'Azerbaijan. XIII-XII secolo a.C. Museo Bally, Schönenwerd, Svizzera.

4. Calzatura in ferro. Siria, 800 a.C. Museo Bally, Schönenwerd, Svizzera.

Dall'antichità ai giorni nostri

Preistoria

L'uomo preistorico ovviamente non conosceva le scarpe: i segni dell'Età della Pietra a noi noti indicano i piedi nudi. Ma i dipinti delle grotte scoperti in Spagna, risalenti al periodo del Paleolitico superiore (intorno al 14.000 a.C), mostrano l'uomo del Magdaleniano con indosso stivali di pelliccia. Secondo il paleontologo e studioso di preistoria, il francese Padre Breuil (1877-1961), l'uomo del Neolitico copriva i suoi piedi con pelli di animali per proteggersi dalle difficili condizioni ambientali. Pare che l'uomo si sia sempre coperto i piedi per muoversi, sebbene non rimangano testimonianze evidenti delle calzature. Quelle preistoriche pare fossero rozze nel design e funzionali all'uso. Gli stivali ben conservati indossati dall'Uomo di Ghiaccio, scoperto in un ghiacciaio alpino, rappresentano un esempio eccellente. Le tomaie in pelle di daino e le suole in pelle di orso gli permettevano di percorrere lunghe distanze. Questi materiali furono scelti soprattutto per la capacità di riparare i piedi in condizioni particolarmente sfavorevoli. Solo nell'Antichità la calzatura avrebbe acquisito una dimensione artistica e decorativa, divenendo un reale indicatore dello status sociale.

Antichità

La calzatura nelle antiche civiltà orientali

Dalle prime grandi civiltà fiorite in Mesopotamia ed in Egitto nel IV millennio a.C., nacquero le tre tipologie base di calzature: la scarpa, lo stivale ed il sandalo. Un team di archeologi, scavando in un tempio di Brak (Siria), nel 1938 portò alla luce una scarpa d'argilla con la punta rialzata. Datata più di 3000 anni prima della nascita di Cristo, era prova del fatto che tale civiltà condivideva alcune caratteristiche con quella Sumera di Ur in Mesopotamia: calzature con le punte all'insù erano rappresentate sui sigilli mesopotamici dell'era Accadica intorno al 2600 a.C. Diverse dal modello siriano per una punta ben più alta ed abbellite da un pompon, in Mesopotamia questo tipo di scarpe divennero le calzature indossate dal re. La punta rialzata è da attribuire al terreno accidentato dei conquistatori delle montagne che le introdussero. In seguito all'adozione da parte del re accadico, la forma si diffuse in Asia Minore dove gli Ittiti le fecero divenire parte del loro costume nazionale. Sono spesso rappresentate in bassorilievi, come le incisioni del santuario di Yazilikaya che risale al 1275 a.C. I navigatori Fenici contribuirono alla diffusione delle scarpe appuntite a Cipro, Micene e Creta, dove appaiono su affreschi di palazzo rappresentanti giochi e cerimonie reali. Anche i cretesi sono raffigurati con stivaletti appuntiti in decorazioni dipinte sulla tomba di Rekhmire (Egitto diciottesima dinastia – 1580-1558 a.C), indicando così contatti tra Creta e l'Egitto durante questa era.

L'impero mesopotamico dell'Assiria dominò l'Oriente antico dal IX al VII secolo a.C., ed eresse monumenti le cui sculture indossano stivali e sandali. Questi ultimi sono semplici calzature costituite da una suola e lacci. Gli stivali arrivano a ricoprire le gambe e sono associati ai cavalieri. Dalla metà del VI alla fine del IV a.C., la dinastia persiana, fondata da Ciro il Grande II intorno al 550 a.C., stabilì gradualmente una cultura omogenea nell'Oriente antico. Una sequenza di bassorilievi incisi da scultori dei re Achemenidi offre un reperto documentario dei costumi e delle calzature del periodo.

Oltre alle immagini degli stivali, vi sono calzature realizzate con materiali flessibili e di pelle che ricoprono totalmente il piede e si chiudono alla caviglia con lacci. Per una più approfondita comprensione di come le scarpe si siano evolute dalle origini ai giorni nostri, è importante guardare alle antiche civiltà nel loro contesto storico. Inoltre, un'analisi dei testi biblici getterà nuova luce su questo argomento, fornendo grande rilevanza alla sua evoluzione storica.

5. Sigillo cilindrico e il suo bollo. Dinastia Accadica, Mesopotamia, 2340-2200 a.C. circa. Altezza: 3,6 cm. Museo del Louvre, Parigi.

6. *Caccia al leone*, bassorilievo dal Palazzo di Assurbanipal a Ninive, 638-630 a.C. British Museum, Londra.

Antico Egitto

L'antico Egitto fu la patria dei primi sandali. Il clima e la geografia del Paese furono lo stimolo alla nascita di questa calzatura dalla forma piatta e con i lacci.

La Tavola di Re Narmer del 3100 a.C. circa rivela che uno schiavo denominato il "portatore di sandali" camminava dietro il sovrano portando i suoi sandali sugli avambracci, indicando così l'importanza di questa calzatura nell'abbigliamento cerimoniale.

Sebbene spesso rappresentati a piedi nudi nei dipinti murali egizi, uomini e donne indossavano sandali, che potevano essere di pelle, paglia intrecciata, strisce di foglie di palma o papiro o di giunco e canna delle paludi. Quelle dei faraoni e delle persone socialmente preminenti erano realizzate in oro, nonostante fossero comunque un lusso per chiunque. Scavi tombali hanno rivelato che questo oggetto, in origine strettamente utilitaristico, aveva una funzione sociale. Il sandalo mantenne una continuità di forma attraverso la civiltà faraonica e durò fino all'era Copta della Cristianità egizia. Quando il Faraone entrava nel tempio, o quando i suoi sottoposti celebravano il culto dei morti nelle cappelle funerarie, si toglievano i sandali all'entrata del santuario, una regola poi adottata successivamente dai Musulmani per entrare nelle moschee. Il rituale dimostra il forte legame esistente tra la calzatura e la sacralità, una relazione che è anche stabilita da specifici passaggi biblici, che saranno trattati in seguito. L'avvento in Egitto del sandalo a punta innalzata nel II millennio a.C. è probabilmente un'influenza ittita. È il precursore della scarpa alla polacca, o con punta a becco: un'eccentrica moda medievale introdotta in Europa dall'Oriente attraverso i Crociati. I sandali potevano figurare tra gli oggetti per la vita nell'aldilà e in questo caso venivano posti in cesti o illustrati su bande orizzontali che decoravano le parti interiori del sarcofago in legno. Evidentemente ricoprivano un ruolo protettivo.

Testi dell'era delle piramidi alludono e sono riflesso dei desideri dei morti «di camminare con sandali bianchi lungo i sentieri meravigliosi del Cielo dove errano i Beati».

7. Fabbricante di sandali, affresco. XVIII Dinastia, 1567-1320 a.C. The Metropolitan Museum of Art, New York.

8. Sandali in legno intarsiati d'oro, tesoro di Tutankhamen. XVIII Dinastia, Tebe. Museo del Cairo, Cairo.

9. Sandali egiziani di fibre vegetali. Museo Bally, Schönenwerd, Svizzera.

La *Bibbia*: le calzature nell'*Antico Testamento*

Si ritiene che la più antica testimonianza scritta sulle calzature si trovi nella *Bibbia*, sebbene siano ancora da effettuare ricerche su testi Cinesi, Egizi e Mesopotamici.

Di regola i personaggi biblici, che siano Ebrei, i loro alleati, o i nemici, indossano sandali, affermando così l'origine mediorientale di questo tipo di calzature a partire dalla più lontana antichità. L'*Antico Testamento* di rado si riferisce ai sandali per il loro modello o le decorazioni. Il sandalo, a parte il ruolo fondamentale di supporto negli spostamenti, che è soprattutto una questione concernente la vita dei Santi, riveste un'importante funzione simbolica. Il suo simbolismo biblico può essere analizzato nei differenti contesti: come atto di togliersi le scarpe nei luoghi sacri; come presenza fondamentale nelle spedizioni militari, nelle azioni legali e nei rituali quotidiani; come strumento di seduzione se calzato da un piede femminile.

Nel più famoso esempio di divieto di indossare le scarpe nei luoghi sacri, la visione del roveto ardente, Dio ordina a Mosè di togliersi le scarpe: «Non t'avvicinare! Togliti i sandali dai piedi perché il luogo dove stai è terra santa» (*Il Pentateuco, Esodo*, III).

La situazione si ripete quando gli Ebrei giungono all'entrata della Terra Promessa, come menzionato nel *Libro di Giosuè*: «Or, trovandosi Giosuè nei dintorni di Gerico, alzò gli occhi e vide un uomo dinanzi a sé in piedi con in mano una spada sguainata. Giosuè andatogli incontro, gli disse: "Sei tu dei nostri o dei nemici?" E quello: "No, io sono il principe dell'esercito del Signore, e arrivo ora". Giosuè cadde bocconi a terra, l'adorò e disse "Che cosa comanda il mio Signore al suo servo?" E il principe dell'esercito del Signore disse a Giosuè: "Togliti i sandali dai piedi, perché il luogo dove tu stai è santo"» (*Giosuè*, 5:13-15).

L'ordine impartito a Giosuè è lo stesso di quello dato a Mosè. Le calzature compaiono in un'altra storia di Giosuè. I re, trovandosi oltre il fiume Giordano, si coalizzano per combattere contro Giosuè ed Israele, ma i Gabaoniti, volendo allearsi ad ogni costo con Israele, studiano uno stratagemma che faccia credere che essi provengano da una terra lontana: «E messi i sacchi sdrusci sui loro asini, con vecchi otri da vino rotti e rammendati, e nei piedi logore calzature malandate, vestiti di abiti consunti» (*Giosuè*, 9:3). Vestiti in tal modo, si recano da Giosuè che chiede loro «Chi siete e donde venite?» Essi rispondono, «Da una terra assai lontana veniamo noi, tuoi servi… Anche questi nostri otri di vino li empimmo nuovi e sono ormai sdrusci; anche queste nostre vesti e i calzari si sono logorati nel lunghissimo viaggio» (*Giosuè*, 9:5, 8, 13).

Questi vecchi calzari sono in contrasto con quelli menzionati nell'ultimo sermone di Mosè quando dice alle sue genti: «Io vi ho condotto per quarant'anni nel deserto; le vostre vesti non vi si sono lacerate addosso, né i vostri calzari vi si sono logorati nei piedi» (*Deuteronomio*, 29:5-4).

L'*Antico Testamento* cita le calzature in numerosi contesti militari. Le guerre contro i Filistei sono la scenario del *Libro di Samuele*. La ricca iconografia della famosa battaglia di Davide e Golia, indicante una data più recente rispetto all'evento stesso, che ebbe luogo tra il 1010 e il 970 a.C., solitamente mostra il gigante filisteo in sandali e con gambali, ma solo questi ultimi vengono citati nella *Bibbia*: «Portava in testa un elmo di bronzo, ed era protetto da una corazza a scaglie, il cui peso raggiungeva i cinquemila sicli di bronzo, aveva dei gambali di bronzo e un giavellotto pure di bronzo tra le spalle» (*Samuele*, 17:5-6).

Il sandalo è parte dell'immaginario bellico evocato nelle esortazioni di Davide a Salomone, quando il re ricorda a suo figlio che il servo Gioab aveva ucciso due capi dell'esercito d'Israele: «Egli versò in tempo di pace il sangue di guerra, macchiando di sangue innocente la cintura che io portavo ai miei fianchi e i calzari che avevo ai piedi» (*I Re*, 2:5). Ed il profeta messianico Isaia evoca il sandalo quando parla di una minaccia militare da una nazione lontana: «Nessuno è fiacco, nessuno vacilla, nessuno sonnecchia, né dorme, non stacca la cintura dai suoi fianchi e non si slaccia i legacci dei calzari. Le sue frecce sono aguzzate, tutti tesi sono i suoi archi» (*Isaia* 5:27-28). Le scarpe e la loro assenza compaiono preminentemente nella profezia di Isaia della disfatta d'Egitto contro l'Assiria, suo rivale storico per la dominazione del Vicino Oriente: «Nell'anno in cui giunse in Asdòd il Tartan, mandato da Sargon, re d'Assiria, assalì la città e la prese, in quel tempo il Signore parlò per mezzo d'Isaia, figlio di Amos, dicendo: "Va', spogliati del sacco che cingi ai fianchi e togliti i calzari dai piedi". Isaia così fece, andando nudo e scalzo. Allora disse il Signore: "Come il mio servo Isaia va nudo e scalzo da tre anni, quale segno e presagio per l'Egitto e l'Etiopia, così il re d'Assiria condurrà via i prigionieri d'Egitto e i deportati di Etiopia, giovani e vecchi, nudi e scalzi e coi fianchi scoperti, vergogna per l'Egitto. E saranno nella costernazione e nella confusione coloro che speravano nell'Etiopia e confidavano nell'Egitto» (*Isaia*, 20:1-5).

Gettare o posare le scarpe in un luogo simboleggia occupazione. In un'immagine rievocante il Faraone Tutankhamen che calpesta i suoi nemici, i salmi 60 e 108 celebrano la preparazione della spedizione militare contro Edam: «Moab è il bacino per lavarmi; Su di Edam porrò i miei calzari, sulla Filistea canterò vittoria». «Con Dio noi faremo prodezze, egli prostrerà i nemici nostri» (*Salmo*, 60:8; 12; *Salmo* 108:9:13). Nel regno d'Israele toccare un campo con un piede o lasciarvi un calzare simboleggiava la proprietà legale. Il testo fondamentale a proposito di questa tradizione è il *Libro di Ruth*: «Or, ecco qual era il rito in Israele per la ratifica di ogni atto d'acquisto, o di scambio: l'uno si toglieva il proprio sandalo e lo porgeva all'altro. Tale era il modo di attestare in Israele. Quel parente disse dunque a Booz: "Ricevi il mio diritto d'acquisto". E toltosi il sandalo, glielo diede. Allora Booz disse agli anziani e a tutto il popolo: "Voi siete oggi testimoni che io acquisto dalla mano di Noemi tutto ciò che è di Elimelec e tutto quanto è di Chelion e di Maalon; inoltre io prendo in moglie anche Ruth, la Moabita, già moglie di Maalon, per mantenere il nome del defunto nella sua eredità, affinché questo nome non scompaia di mezzo ai suoi fratelli e dalla porta della sua città. Voi ne siete oggi testimoni"» (*Ruth*, 4:7-10). Il simbolismo legale del sandalo è anche evidente nella legge ebraica che prevede il matrimonio tra un uomo e la vedova di suo fratello se questo non lascia eredi maschi. Il *Deuteronomio*

10. Domenico Feti. *Mosè davanti al roveto ardente*.
Kunsthistorisches Museum, Vienna.

12

fornisce un commento esplicito: «Ma se quell'uomo rifiuta di sposare la sua cognata, questa si presenti agli anziani presso la porta e dica: "Il mio cognato ricusa di far rivivere il nome del suo fratello in Israele, egli non vuole compiere verso di me il suo dovere di cognato". Allora gli anziani della sua città lo chiameranno e gli parleranno. Se poi egli insiste ancora, dicendo: "Non mi piace di prenderla", la cognata gli si accosterà e, alla presenza degli anziani, gli toglierà il sandalo dal piede e gli sputerà sul viso, pronunciando queste parole, "Così va fatto a quell'uomo che non edifica la casa di suo fratello". E la famiglia di lui sarà chiamata in Israele la famiglia dello scalzato». (*Deuteronomio*, 25:7-10). Camminare scalzi simboleggia anche il lutto. In un rituale, i parenti del defunto procedevano senza copricapo e scalzi con i visi parzialmente coperti da un tipo di sciarpa e mangiavano del pane regalato dai vicini. Ezechiele menziona la pratica riferendosi al lutto del profeta: «Figlio d'uomo, ecco, io tolgo a te, all'improvviso, la delizia degli occhi tuoi; ma tu non lamentarti, non piangere, né ti esca una lacrima. Sospira silenziosamente, non far lutto; circondati il capo del tuo turbante e metti i calzari ai piedi; non velarti la barba, non mangiare il pane del lutto» (*Ezechiele*, 24:16-17).

Nell'VIII secolo a.C Amos evoca i diritti legali dei poveri e degli indigenti ed inveisce contro il lusso delle corti d'Israele, corrotte dai soldi. Per esempio, i Giudici d'Israele avrebbero emesso sentenze nonostante la scarsità delle prove in cambio di regali modesti, una pratica che il profeta denuncia: «Non revocherò il decreto perché hanno venduto il giusto per alcuni pezzi d'argento, ed il povero per un paio di sandali» (*Amos* 2:6-8).

Il sandalo simboleggia la seduzione nel *Libro di Giuditta*, che racconta l'occupazione di un piccolo villaggio palestinese chiamato Bethulia da parte dell'esercito del re Assiro Nebuchadnezzar: «Coi piedi dei miei soldati coprirò tutta la faccia della terra e la darò al saccheggio» (*Giuditta* 2:7).

Così Giuditta, una pia vedova, si prepara a lasciare la città e si arrende al campo nemico: «Poi si mise i sandali, si adornò di collane, di braccialetti, di anelli, di orecchini, di tutti i suoi gioielli: si fece così bella da invaghire ognuno che la guardasse» (*Giuditta*, 10:4). Con la sua bellezza, la giovane donna suscita la passione di Oloferne, il capo dell'esercito, approfittando alla fine del suo torpore, dopo un banchetto, per tagliargli la testa. In questo modo ella svia l'attenzione delle forze armate, che comprendono 120.000 fanti e 120.000 cavalieri. Nell'inno di ringraziamento di questa biblica Giovanna d'Arco, tra gli accessori femminili di seduzione compare il sandalo vittorioso: «Il suo sandalo rapì il suo occhio, e la sua bellezza imprigionò la sua anima: la scimitarra ne recise il collo» (*Giuditta*, 16:9, *Nuova Bibbia Americana*).

La *Bibbia* è particolarmente avara verso l'uso estetico delle scarpe. Ezechiele vi allude discretamente trattando degli amori colpevoli di Gerusalemme: «Ti abbigliai con vesti ricamate, ti feci dei calzari con tasso, delle bende con bisso e ti vestii di seta» (*Ezechiele*, 16:10). E se la parola stivale compare una sola volta in Isaia, «Ogni stivale di combattente usato in battaglia» (*La Nascita del Principe della Pace*, Isaia, 9:5, *Nuova Versione Internazionale*), il sandalo è soprattutto riconosciuto come simbolo. Questo simbolismo persiste nel rituale islamico di togliersi le scarpe prima di entrare in moschea, un rito che ancora continua nel mondo musulmano odierno.

11. Sandali trovati nella fortezza di Massada.

12. François Boucher, *San Pietro che tenta di camminare sull'acqua*, 1766.
Cattedrale Saint-Louis, Versailles.

Le calzature nel *Nuovo Testamento*: i calzari di Gesù

I testi degli apostoli Matteo, Marco, Luca e Giovanni confermano la predizione che Giovanni Battista compie durante il battesimo con l'acqua in Bethania, oltre il fiume Giordano: tutti e quattro evocano le scarpe di Gesù attraverso la voce del profeta: «… ma colui che viene dopo di me, è più forte di me, ed io non sono degno di portare i suoi sandali» (*Matteo*, 3:11). «Egli predicava dicendo: "Viene dopo di me colui che è più forte di me, al quale non sono neppur degno di chinarmi a sciogliere il laccio dei suoi sandali"» (*Marco*, 1:7).

«Io vi battezzo nell'acqua, ma viene colui che è più forte di me, al quale io non sono neppur degno di sciogliere il legaccio dei suoi sandali» (*Luca*, 3:16).

«[…] ma in mezzo a voi sta Uno che voi non conoscete. Questi è colui che verrà dopo di me, a cui io non son neppur degno di sciogliere il legaccio dei sandali» (*Giovanni*, 1:26-27).

Questa affermazione (ripetuta quattro volte) fa riferimento ai sandali che rimanevano saldi ai piedi grazie a dei legacci. Erano tipici durante l'occupazione romana della Palestina ed erano indossati dai contemporanei di Gesù. Se guardiamo alla storia di Matteo e Luca nella chiamata dei settantadue discepoli, Gesù consiglia loro di camminare scalzi: «Non prendete né oro, né argento, né moneta nelle vostre cinture; né bisaccia da viaggio, né due tuniche, né calzari, né bastoni» (*Matteo*, 10:9-10) «E se qualcuno non vi riceve, né ascolta le vostre parole, uscendo da quella casa o da quella città, scotete la polvere dai vostri piedi» (*Matteo*, 10:14) «Ecco, io vi mando come agnelli in mezzo ai lupi. Non portate né borsa, né bisaccia, né calzari» (*S. Luca*, 10:3-4).

Ma Marco fornisce una versione differente: «E ordinò loro di non prender niente per il viaggio, eccetto un bastone soltanto, non pane, né bisaccia, né denaro nella cintura, ma di essere calzati di sandali, e non rivestiti di due tuniche» (*Marco*, 6:8-9).

Sebbene si enfatizzi l'ascetismo, nella versione di Marco le scarpe sono considerate come simbolo di viaggio, come spiega Jean-Paul Roux in un articolo nel giornale dell'Istituto di Calceologia intitolato *Il simbolismo della scarpa nelle religioni discendenti da Abramo: Ebraismo, Cristianesimo, e Islam*. Nella parabola del figliol prodigo nel Vangelo di Luca, il padre dice del figlio ritrovato: «Portate subito la veste più bella e rivestitelo, mettetegli un anello al dito e i calzari ai piedi» (*Luca*, 15-22). Solo gli uomini liberi potevano indossare i sandali, dal momento che agli schiavi non era permesso portare le scarpe. In altre parti del *Nuovo Testamento*, il racconto della liberazione di San Pietro negli *Atti degli Apostoli* contiene una storia sui sandali: «Proprio la notte precedente, Pietro, legato con due catene, dormiva fra due soldati e le sentinelle montavano la guardia davanti alla porta della prigione. Ma ecco, si presentò un Angelo del Signore, mentre una luce risplendette nella prigione: e l'Angelo toccando Pietro in un fianco, lo svegliò, dicendo: "Presto, alzati!". Intanto le catene gli caddero dalle mani. Quindi l'Angelo gli disse: "Mettiti la cintura e i sandali". Pietro ubbidì e l'Angelo soggiunse: "Indossa il mantello e seguimi"» (*Atti*, 12:6-8).

Nell'iconografia successiva dei dipinti del XVII secolo di Philippe de Champaigne, *Cristo Crocifisso* (Augustins Museum, Tolosa), i sandali coi lacci evocati nella profezia di Giovanni Battista sono dipinti a terra, come gettati a caso. Infine, rifacendosi al *Vangelo di San Matteo*, si legge: «Alla quarta vigilia della notte Gesù andò verso di loro, camminando sul mare. Quando i discepoli lo videro camminare sul mare, si spaventarono e dissero: "È un fantasma!" E mandarono grida di paura. Ma subito Gesù disse loro: "Rassicuratevi, son io; non temete!" Ma Pietro rispose: "Signore, se sei tu, comanda che io venga da te sulle acque". Ed egli: "Vieni", gli disse. Allora Pietro, sceso di barca, cominciò a camminare sulle acque, per andare da Gesù. Ma vedendo che il vento era forte, ebbe paura e, incominciando ad affogare, gridò: "Signore, salvami!"» (*Matteo*, 14:25-30). Questa testimonianza evangelica fu il soggetto del dipinto del XVIII secolo di Boucher, *San Pietro che cammina sull'acqua*, in cui è da rilevare che l'apostolo è senza scarpe, mentre Gesù è dipinto in magnifici sandali sul modello di quelli indossati dai patrizi romani.

Concludendo, le scarpe più semplici (concepite per camminare piuttosto che per uso cerimoniale), scoperte nella fortezza di Massada costruita da Erode nel deserto del Mar Morto, forniscono una buona indicazione dei calzari indossati da Cristo e dai suoi contemporanei e si avvicinano maggiormente allo spirito cristiano di povertà.

A causa della concezione sorprendentemente moderna, il loro uso ha attraversato i secoli, soprattutto in Africa e nei paesi del terzo mondo, dove ancora oggi si possono osservare, spesso ridotte ad una semplice suola ritagliata da un copertone di recupero con un cinturino a forma di Y.

Il sandalo di Gesù è inoltre precursore dell'opera di certi stilisti del XXI secolo che a questo si sono ispirati aggiornandone la forma.

I Copti

I Copti, diretti discendenti dei Faraoni e considerati civiltà ponte tra l'Antichità e il Medioevo, erano Egiziani cristiani. La nostra conoscenza delle loro calzature proviene da scavi archeologici compiuti nel XIX secolo, in particolare ad Achmin.

Ulteriori informazioni sono ricavabili dai materiali tessili delle mummie e dai coperchi dei sarcofagi dal I fino al IV secolo d.C., in cui generalmente, anche se non sempre, erano raffigurate persone con sandali ai piedi. Le abitudini funerarie mutarono nel IV secolo quando i defunti cominciarono ad essere sepolti vestiti coi loro abiti più preziosi. Da quel momento in poi i tessuti dipinti iniziarono a scomparire e solo raramente le stele recavano immagini di scarpe a punta rialzata.

Così come nell'antichità egizia, i Copti non conoscevano il tacco: scarpe, stivali e sandali erano sempre con la suola piatta. L'uso di stivali interi o alla caviglia restava eccezionale e riservato agli uomini. Queste forme di calzature subirono pochi cambiamenti, ma i calzolai copti dimostrarono fantasia nelle tecniche decorative impiegate, usando pelli rosse e marroni, pelli arricciate in spirali, motivi geometrici ricavati da pelli dorate e addirittura suole di pelle scolpite.

I Greci

Così come in Egitto, anche in Grecia la calzatura più popolare erano i sandali. Gli eroi Omerici dell'*Iliade* e dell'*Odissea* calzano sandali dalle suole in bronzo, mentre le divinità sandali d'oro. Agamennone, leggendario re di Micene, si proteggeva con gambali allacciati con uncini d'argento.

I sandali compaiono in un racconto sul filosofo greco Empedocle, nato intorno al 450 a.C. ad Agrigento. Come narra la storia, Empedocle, che la gente credeva fosse asceso al cielo, si tuffò nel cratere dell'Etna. Il vulcano lo inghiottì, ma, gettando fuori i suoi sandali, svelò l'inganno del suicidio.

Scoperte archeologiche nelle tombe di Vergina confermano che i ricchi Macedoni durante il regno di Filippo II (382 a.C.-336 a.C.) indossavano sandali con le suole d'oro o d'argento dorato. I sandali greci, indossati sia da uomini che donne, avevano suole di pelle o sughero di variabile spessore, differenziavano il piede destro da quello sinistro ed erano legati con lacci.

In origine si trattava di calzature semplici, che col tempo acquisirono un'elegante complessità. Esempi si ritrovano su sculture del periodo, come i sandali indossati da *Diana Cacciatrice* (Museo del Louvre, Parigi). Vasi attici illustrano alcune figure calzanti stivali allacciati denominati *endromis*, anche conosciuti come *embas* se provvisti di risvolto.

Per quanto riguarda altri modelli di calzature greche, le scarpe appuntite stile Ittita, molto familiari agli Ionici, non raggiunsero mai la Grecia continentale, sebbene siano state rappresentate da pittori di vasi che desideravano dare un tocco orientale ai loro personaggi. Per quanto riguarda i coturni, Eschilo (525 a.C-456 a.C) ne è ritenuto l'inventore. Indossate dagli attori delle tragedie che interpretavano i ruoli degli eroi e degli dei, i coturni avevano una spessa suola di sughero che aumentava l'altezza a spese della stabilità. Questa calzatura teatrale si regolava per adattarla ad entrambi i piedi, da qui l'espressione «più versatile di un coturno». Il coturno, per la sua altezza, rappresenta la prima forma di tacco, il quale rimarrà sconosciuto nell'Antichità ed apparirà successivamente in Italia alla fine del XVI secolo.

Un'usanza greca era riservata ai cortigiani: indossare sandali abbelliti da pietre preziose. Pare che le suole decorate lasciassero un messaggio piuttosto esplicito sulla sabbia che recitava "seguimi". Questa ricca varietà di calzature andava contro il consiglio di Platone (428 a.C-348 a.C) che perorava la causa di camminare scalzi.

13. Pantofola maschile, tomaia decorata con motivi in lamine dorate. Egitto, periodo copto. Museo Internazionale della Calzatura, Romans.

14. Statuetta d'avorio di un attore greco che indossa coturni. Petit-Palais Museum, Parigi.

15. *Diana Cacciatrice*, copia dal II secolo a.C., adattamento da un originale greco del IV secolo a.C., attribuito a Léo Charès, marmo. Museo del Louvre, Parigi.

Gli Etruschi

Gli Etruschi, provenienti probabilmente dall'Asia Minore, comparvero in Italia nell'attuale Toscana, alla fine dell'VIII secolo a.C. Dipinti realistici che decoravano le loro tombe e cimiteri (Triclinium, Tarquinia, Caere) ritraggono divinità e mortali calzanti scarpe dalla punta all'insù secondo lo stile del modello ittita. Sandali, scarpe con la tomaia bassa e stivali coi lacci comparvero in Etruria nel IV secolo a.C. e stavano ad indicare l'instaurarsi di contatti con altre genti del bacino del Mediterraneo.

Roma

Roma fu l'erede diretta della civiltà greca e sentì la sua influenza nel settore calzaturiero: le scarpe romane erano soprattutto imitazioni dei modelli greci.

Nell'antica Roma, le calzature erano indicatori di status sociale e ricchezza. Alcuni patrizi indossavano scarpe con le suole in argento od oro solido, mentre i plebei si accontentavano di zoccoli o calzature rustiche dalla suola in legno. Gli schiavi, a cui non era permesso indossare scarpe, camminavano scalzi e i loro piedi erano ricoperti di gesso o intonaco. Quando i ricchi cittadini romani erano invitati ad una festa, avevano sempre qualcuno che portava loro i sandali a casa dell'ospite. I meno fortunati se li portavano da sé, poiché indossarli era considerato segno di maleducazione. Poiché a Roma la cena si svolgeva sul triclinio, le scarpe venivano tolte prima del pasto e rimesse quando si terminava.

Le calzature romane si suddividevano in due categorie: la *solea*, a forma di sandalo, e il *calceus*, scarpa chiusa appuntita abbinata alla toga. Altre tipologie si svilupparono con variazioni di colori, forme e fattura. I magistrati indossavano calzature dalla strana forma con punte ricurve di pelle bianca o nera e decorate lateralmente con una mezzaluna dorata o d'argento. Così come in Egitto e in Grecia, la differenza tra il piede sinistro e quello destro era ben marcata. I calzolai erano cittadini che lavoravano nelle botteghe, e non schiavi. Questa è una distinzione basilare per comprendere il ruolo e l'importanza delle scarpe.

Nell'antica Roma, fu nell'agone militare che la calzatura cominciò ad acquisire molta importanza. La *caliga*, la calzatura dei soldati Romani, era un tipo di sandalo. Legata al piede, aveva una suola di pelle spessa con borchie appuntite. Spettava ai soldati procurarsi le borchie, anche se, in determinate circostanze, venivano distribuite gratuitamente come parte di una cerimonia denominata *clavarium*.

Secondo un simpatico aneddoto pare che, da bambino, l'Imperatore Caligola amasse così tanto indossare la *caliga*, che da lui prese il nome. Il *mulleus*, scarpa chiusa di colore rosso, si differenziava leggermente dal *calceus*. Indossato da imperatori, magistrati e dai figli dei senatori, prese la denominazione dalla conchiglia da cui si estraeva un brillante color cremisi. Il *campagus* prese la forma di uno stivale che metteva in mostra il piede. Ornato di pelliccia, e spesso decorato con perle e pietre preziose, era destinato ai generali, mentre una versione cremisi era riservata esclusivamente agli imperatori.

Come nell'antica Grecia, i sandali e le pianelle erano soprattutto indossate dalle donne per stare in casa. Il *soccus*, un tipo di ciabatta con la punta all'insù ed identica per entrambi i piedi, pare fosse di origine persiana: divenne poi una tradizionale calzatura in Turchia. Queste delicate calzature suscitarono la concupiscenza dei feticisti dell'epoca.

16. Tazza attica con figure rosse, attribuito a Epitteto.
500 a.C. ca. Museo dell'Agora, Atene.

17. Urna attica con figure nere, raffigurante la bottega di un calzolaio.
520-510 a.C. circa. Boston Museum of Fine Arts, Boston.

Svetonio (70-128) racconta come il senatore romano Lucius Vitellus esibisse in pubblico, senza il minimo imbarazzo, la pianella indossata dalla sua amante al piede destro, che soleva portare sempre con sé sotto la tunica, e la ricoprisse di baci. Le scarpe rosse sono state per lungo tempo gli attributi privilegiati delle cortigiane romane prima che tutte le altre donne osassero indossarle.

Dopo che l'imperatore Aurelio (212-275) le indossò, le scarpe rosse divennero un simbolo imperiale, dando così vita ad una tradizione che in seguito fu ereditata dal Papato, poi dalle corti europee, in cui si calzavano scarpe rosse coi tacchi.

Dagli scritti di Giovenale (55-140) apprendiamo che dare una sculacciata con una scarpa era una punizione molto severa generalmente inflitta a bambini e schiavi.

I Romani di indole romantica usavano le scarpe in modo più galante, inserendo messaggi amorosi tra il sandalo e il piede del loro confidente. In questo modo, i sandali divennero un raccoglitore per messaggi amorosi così come raccontato da Ovidio (43 a.C-17 d.C.) nell'*Ars amatoria*.

18. Bassorilievo della colonna di Traiano, soldati delle legioni romane (calzature militari). Roma, 113 d.C. Marmo.

19. Statua colossale del dio Marte (calzato in *campagus*). I secolo d.C. Museo Capitolino, Roma.

I Gallo-romani

I Gallo-romani indossavano diverse versioni di scarpe piatte con punte arrotondate, tra cui le più popolari erano sandali ordinari per uomini e donne sul modello di quelli Romani.

La gallica era una scarpa chiusa con una suola in legno e fu l'antenata delle galosce (un successivo soprascarpa con una suola in legno).

Un monumento ad un calzolaio dell'XI secolo conferma l'esistenza di un'industria di calzolai e del rispetto di cui godevano.

20. Stele funeraria di un calzolaio. Reims, Marne, frazione Cérès, Gallo-romano, II secolo d.C. Collezione del Museo Saint-Rémi di Reims. Fotografo Robert Meulle.

21. Sandalo. Periodo bizantino. Museo Bally, Schönenwerd, Svizzera.

22. Mosaici dalle chiese di San Vitale e Sant'Apollinare in Classe di Ravenna. 547 d.C. circa. L'Imperatore Giustiniano e i suoi servi.

L'impero bizantino

La civiltà bizantina si estese dal V al XV secolo, producendo in questo periodo una gran quantità di scarpe in pelle cremisi, ornate con reminiscenze dorate degli stivali decorati in stile persiano, così come dei *soccus* e dei *mulleus* romani.

La ciabatte e le pianelle erano oggetto di lusso e ricercatezza inizialmente riservate all'Imperatore ed alla sua corte. Pianelle cremisi o dorate erano indossate nel bacino orientale del Mediterraneo, in particolare nell'area intorno ad Alessandria e alla valle del Nilo. Scavi ad Achim hanno portato alla luce molti esemplari che appartenevano a donne. L'arrivo dei calzolai cristiani in questa regione rianimò l'arte della calzoleria, visto che simboli cristiani furono aggiunti alla tradizione decorativa geometrica. Un buon esempio di ciò è un sandalo argentato scoperto in una tomba egiziana ed ora custodito nella collezione del Bally Museum. Datato al VI secolo d.C., è impreziosito dall'immagine di una colomba che rappresenta Cristo.

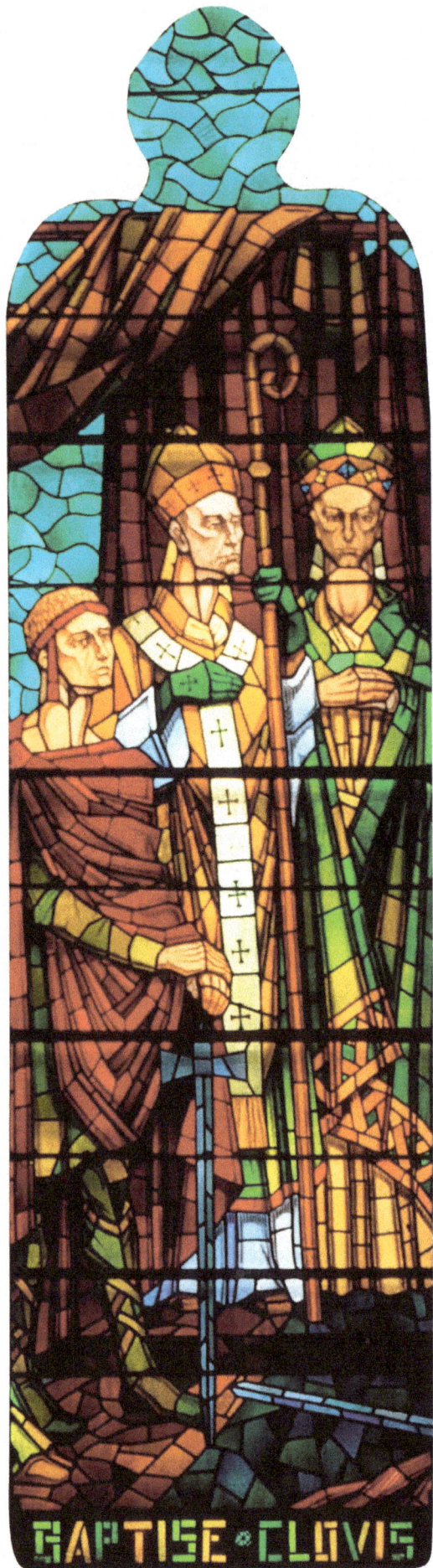

SAINT · REMY   BAPTISE · CLOVIS

22

LE·JOUR·DE NOEL·496

MTVRPTSVTOIPDCISBREC
SACS MARCUSANV

Il Medioevo

Quando il Medioevo fece la sua comparsa in Occidente, le calzature rimasero sotto l'influenza dei modelli Romani. I Franchi indossavano calzature con cinghie che salivano fino a metà coscia, mentre solo i capi calzavano scarpe appuntite.

Grazie allo straordinario grado di conservazione di certe sepolture, abbiamo un'idea di come fossero le calzature dei Merovingi. La tomba scoperta a Saint-Denis della Regina Arégond, moglie di Re Clotario I (497-561) ci ha permesso di ricostruire un'immagine delle sue scarpe, sandali di pelle flessibili con lacci che intrecciavano la gamba. In un altro luogo, il ritrovamento di fibbie per scarpe di bronzo dorato, decorate con animali stilizzati, in una tomba di un capo ad Hordaim, testimonia l'attenzione prestata all'ornamento delle calzature durante questo periodo. Le scarpe erano molto costose durante il Medioevo, motivo per cui appaiono nei testamenti ed erano tra le donazioni più comunemente elargite ai monasteri. Il prezzo elevato spiega anche il motivo per cui un fidanzato offrisse alla sua futura moglie un paio di scarpe decorate prima del matrimonio, una bella tradizione datata a Gregorio di Tours (538-594). Possiamo renderci conto dell'opulenza di questo regalo dalle scarpe di questo periodo conservate nel museo di Chelles vicino a Parigi.

Le calzature con cinghie o nastri continuarono durante il periodo Carolingio, abbellendo i modelli femminili, mentre per quanto riguarda le galliche o galosce, anch'esse rimasero in uso.

Da questo momento in poi, i soldati protessero le loro gambe con gambali di pelle o metallici chiamati *bamberges*. Nel IX secolo una scarpa chiamata *heuse*, realizzata con pelle flessibile che si estendeva alta sulla gamba, preannunciava l'arrivo dello stivale.

Sappiamo dal monaco del monastero di Saint Gall che l'Imperatore Carlo Magno indossava semplici stivali con cinghie intrecciate alle gambe, sebbene per le cerimonie calzasse stivali allacciati decorati con pietre preziose. Ma il contatto continuo tra Francia e Italia aiutò lo sviluppo nel gusto di abbigliarsi e la scarpa divenne un oggetto di grande lusso.

Allo stesso tempo, i concili religiosi ordinavano ai clerici di indossare calzature liturgiche mentre celebravano la messa; queste calzature sacre, denominate sandali, erano di tessuto e ricoprivano completamente il piede del clerico. Papa Adriano I (772-795) istituì il rituale che prevedeva il bacio ai piedi, e quando alcuni membri del clero dichiararono indegno questo rituale, si arrivò ad un compromesso. D'ora in poi, la pantofola papale sarebbe stata decorata da una croce, e baciare quest'ultima non sarebbe stato più un segno di asservimento, ma un omaggio al rappresentante di Cristo sulla terra. Riguardo alla fabbricazione delle scarpe, la parola francese *cordouanier* (che divenne *cordonnier* o calzolaio) fu adottata nell'XI secolo ed indicava qualcuno che lavorava con la pelle di Cordoba e, per estensione, tutti i tipi di pelle. Come nell'antichità, le calzature erano modellate separatamente per il piede destro e quello sinistro. Le scarpe realizzate con la pelle di Cordoba erano riservate all'aristocrazia, mentre quelle realizzate dai *çavetiers*, o ciabattini (riparatori di scarpe), erano confezionate in modo più grossolano. L'uso delle calzature cominciò ad espandersi nell'XI secolo, e il più popolare tipo era costituito da una scarpa aperta legata da una cinghia tenuta da una fibbia o da un bottone.

Altri tipi includevano l'*estivaux*, uno stivale estivo alle caviglie, di pelle flessibile e leggera, che apparve nelle seconda metà dell'XI secolo; gli *chausses* con suole, un tipo di stivale di tessuto, rinforzato con suole in pelle ed indossato con zoccoli (legno supplementare posto sotto le suole) per uso esterno, e gli *heuses*, stivali flessibili di varie forme originariamente destinati ai gentiluomini, ma che divennero comuni sotto il regno di Filippo Augusto (1165-1223). All'inizio del XII secolo, le calzature si allungarono, presero il nome di *pigaches*, e furono le antesignane delle calzature "alla polacca" (o *à la poulaine*), che pare siano state introdotte da un cavaliere di nome Robert le Cornu.

I Crociati portarono dall'Oriente lo stile esagerato dalle punte smodatamente allungate, il quale si basa sul modello delle punte all'insù della cultura siriana, accadica ed ittita, e riflette l'estetica verticale dell'Europa gotica. Quando le persone meno abbienti cominciarono ad imitare questa eccentrica moda inizialmente riservata all'aristocrazia, le autorità risposero regolando la lunghezza delle punte secondo i gradi sociali: 1/2 piede per le persone comuni, 1 piede per i borghesi, 1 piede e 1/2 per i cavalieri, 2 piedi per i nobili, 2 piedi e 1/2 per i principi che, per poter camminare, dovevano tenere su le punte delle scarpe con catene d'oro o d'argento attaccate alle ginocchia. La gerarchia legata alla lunghezza delle scarpe portò all'espressione francese *vivre sur un grand pied* (vivere su un grande piede), che denota la posizione sociale in rapporto alla lunghezza delle scarpe.

Le calzature "alla polacca" erano realizzate in pelle, velluto o broccato e le tomaie potevano sfoggiare intagli con le forme di finestre di chiese gotiche, nonostante fossero alcune volte usate immagini oscene. Una piccola campana rotonda o un ornamento a forma di becco di uccello spesso ciondolavano dalla punta della scarpa. C'era anche una calzatura *à la poulaine* militare che si accompagnava all'armatura di un soldato.

Durante la battaglia di Sempach tra le confederazioni svizzere e gli Austriaci nel 1386, è interessante sapere che i cavalieri dovettero tagliare le punte delle loro calzature "alla polacca", affinché non interferissero nel combattimento.

Indossata indistintamente da uomini e donne in tutta Europa, così come da certi clerici, questa calzatura fu condannata dai vescovi, scomunicata dai concili religiosi e proibita dai re. Ma la sua condizione immorale la rese ancora più seduttiva, e fu assai popolare alla corte Burgunda. Sarebbe scomparsa all'inizio del XVI secolo, dopo ben quattro secoli.

Le calzature a suola piatta durarono per tutto il periodo medievale, ma il tacco cominciò ad emergere come testimoniato nel *Ritratto dei coniugi Arnolfini* di Jan van Eyck. Il soprascarpa protettivo in legno, dipinto gettato con noncuranza sul pavimento alla sinistra del quadro, mostra un'inclinazione: il tacco posteriore è più alto del supporto frontale.

Le calzature erano oggetti rari e costosi nel Medioevo e quindi, per proteggerle nelle strade infangate, venivano utilizzate suole protettive in legno. Ma le sottosuole rendevano le scarpe troppo rumorose, per cui era strettamente proibito indossarle in chiesa.

Nelle pagine precedenti:

23. Vetrata colorata del battesimo di Clodoveo da parte di San Rémy (496).
Santuario di San Bonaventura, Lione, di L. Charat e
signora Lamy-Paillet in 1964.
Fotografia di J. Bonnet, Imp. Beaulieu Lyon.

24. *San Marco guarisce il calzolaio Aniano*, dettaglio da un mosaico.
XIII secolo. Basilica di San Marco, Venezia.

25. Scarpa *à la poulaine* o "alla polacca".
Museo Bally, Schönenwerd, Svizzera.
26. Scarpa liturgica di sciamito ricamato. Spagna, XII secolo.
Trama in seta e dorata. Museo storico dei tessuti di Lione, Lione.
27. Scarpa *à la poulaine*. Museo Bally, Schönenwerd, Svizzera.
28. Martin de Braga. *Catone in compagnia of Scipione e Lelio,*
in piedi di fronte a lui. Seconda metà del XV secolo.
Museo dell'Ermitage, San Pietroburgo.

29. Jan van Eyck. *Il ritratto dei coniugi Arnolfini*, 1434.
Olio su tavola. 83,8 × 57,2 cm. National Gallery, Londra.

30. *Filippo VI di Valois riceve tributo dal suo vassallo Eduardo III d'Inghilterra*,
dettaglio di una miniatura dalle *Cronache* di Jean Froissart. XV secolo.
Biblioteca Nazionale di Parigi, Parigi.

La leggenda di San Crispino
e San Crispiniano

Crispino e Crispiniano erano due fratelli appartenenti ad una famiglia romana patrizia che si convertì al Cristianesimo durante il regno di Diocleziano (245-313). Papa Caio (283-296) diede loro il compito di convertire Gaulo e nel 285 d.C. essi si stabilirono a Soissons per lavorare come calzolai e predicare la parola di Dio. Quando il generale romano Maximianus Herculeus chiese loro di rinunciare alla fede e venerare gli idoli pagani, essi rifiutarono e ciò li portò a subire una continua e crudele persecuzione. Furono flagellati, trafitti con lesine, bruciati con olio bollente e piombo fuso e poi gettati nel fiume Aisne con un masso intorno al collo, ma accadde il miracolo: il masso si allentò e i calzolai raggiunsero le coste sani e salvi, pregando Dio. Quando Maximianus ricevette la notizia, fece tagliare loro le teste nel 287.

I loro resti furono gettati in pasto agli avvoltoi, ma nonostante ciò i corpi dei calzolai rimasero intatti, e due anziani mendicanti diedero ai martiri degna sepoltura. Nel 649, l'Arcivescovo di Soissons, di nome Ansérik, spostò i resti dei due fratelli nella cripta della sua basilica, che più tardi venne denominata l'Abbazia Saint-Crépin-le-Grand. Quando nel 1379 fu fondata la corporazione dei calzolai nella cattedrale di Parigi da re Carlo V il Saggio (1338-1380), i calzolai scelsero san Crispino e san Crispiniano come loro patroni, formalmente celebrati il 25 ottobre. Molte immagini di questi due santi sono ancora conservate nelle cappelle delle parrocchie dove le corporazioni medievali pagavano tributo ai loro santi patroni e dedicavano altari.

31. Firma di un fabbricante di scarpe e stivali, "A San Crispino", 1593. Museo Carnavalet, Parigi.

32. Retablo del *Maestro agli Occhielli* (1500-1510):
due scene nella vita di San Crispino
e San Crispiniano.
Schweizerisches Landesmuseum, Zurigo.

vienent de Rome en france   gentilhomes se font cordoniez   ...et en chaussent les poures   ...sont punis par Ricciouaire preuost de la ville de soisson

Cõe ilz sont menes liez et garrotez deuant lempereur maximian   Cõe les sainctz martirz sont estandus sus vne roue battus rompus et brises   Cõe on met des halaines au bout des doigtz des sainctz martirz   Cõe on leurz enleue des corroyes de la peau de leurz doz & puis mis a la torture

Cõe on les iette dans la riuiere auec meules de molin pendues a leurz colz   Cõe les sainctz martirz sont par lange de dieu preserues du naufrage   Cõe les sainctz martirz sont reprins lies & exposes a nouueaux supplices   Cõe les sainctz martirz estant mis dans le plomb fondu sont preseruez de dieu

Cõe ilz sont remis dans la chaudiere plaine de gresse huille & poix bouillant   Cõe lange de dieu leurz reuele quilz auoir la teste tranchee   Cõe leurz corps furent iettes aux bestes sauluages par diuine prouidence sõt preseruez   Cõe lange aduertit deus vielles personnes denseuelir les corps des sainctz martirz

Honorable homé plaise filhol Maistre cordonier de cette ville de clairmont & ... barthelemi sa femme de leurz propres biens ont fait faire ce present tableau a lhoneur de la sainct

33. *Martirio dei Santi Crispino e Crispiniano*,
offerta votiva del 1594 del pittore Vital Despigoux.
Tavola su legno. Cattedrale di Clermont-Ferrand, Puy-de-Dôme.

Nelle pagine seguenti:

34. Carpaccio. *Le due cortigiane*, 1500. Museo Correr, Venezia.

35. *Chopine*. Venezia, XVI secolo. Museo Internazionale della Calzatura, Romans.

36. *Chopine* in legno rivestite in pelle e indossate dai Veneziani.
Italia, XVI secolo. Altezza: 49 cm. Collezione Jacquemart, deposito
del Museo Nazionale del Medioevo, Bagni Termali di Cluny a Parigi.
Museo Internazionale della Calzatura, Romans.

Il Rinascimento

Alla fine del XV secolo le scarpe "alla polacca", furono vittime del loro stesso successo e finirono per diventare di uso comune, finendo per essere seguite, senza soluzione di continuità, da calzature molto larghe con punte quadrate, destinate ai "modaioli". In contrasto con la storia della moda, questa scarpa fu in realtà ispirata da una malformazione: re Carlo VIII aveva sei dita per ciascun piede, da qui le punte molto larghe di queste scarpe. La reazione contro la moda precedente si allontanò velocemente in direzione opposta. Le calzature *Valois*, indossate durante il regno di Luigi XII (1462-1515), raggiunsero in alcune occasioni la larghezza di trentatré centimetri e la punta della scarpa, che era imbottita e decorata con corna di animali, ricordava la testa di una mucca, così da meritare soprannomi come *mufle de vache* (muso di vacca), *pied d'ours* (piede d'orso), e *bec de cane* (becco d'anatra). La sua forma eccentrica costringeva le persone a camminare a gambe larghe, così da suscitare naturalmente commenti sarcastici.

Nello stesso periodo, i Veneziani indossavano scarpe chiamate *chopine*, conosciute come *mules échasses* (pianelle sui trampoli) o *pied de vach* (piede di mucca). Legate al piede con nastri, queste bizzarre calzature mostravano piattaforme esagerate che potevano raggiungere i cinquantadue centimetri d'altezza, di legno o sughero e ricoperte con velluto o pelli riccamente decorate. Coperte dalle gonne, le scarpe rimanevano nascoste alla vista, ma costringevano a una camminata estremamente comica e, issate sopra tali calzature, le nobildonne dovevano sorreggersi sulle spalle di due servi per potersi muovere in modo sicuro. Questa moda eccentrica nacque di certo in Turchia, nazione con cui i Dogi della repubblica intrattenevano affari; era risaputo che le donne turche si recassero ai bagni su suole sollevate, e quindi, attraverso la forma modificata di una *chopine*, una scarpa di un harem turco è entrata nei palazzi degli aristocratici veneziani.

L'uso delle *chopine* fu proibito in Spagna dall'arcivescovo di Talavera, che etichettò le donne che le avrebbero calzate come "depravate e dissolute", mentre la più tollerante Chiesa italiana, da parte sua, fallì nel mettere all'indice le scarpe. Anzi la Chiesa, in collusione con i mariti gelosi, vide un modo per immobilizzare le volubili mogli in casa, e quindi ostacolare le situazioni illecite. Sebbene la *chopine* si diffuse in tutte le corti d'Europa, non fu mai più che una moda limitata. Non si diffuse nella ricca Inghilterra, dove l'*Amleto* di Shakespeare dice: «Dall'ultima volta che ci siam visti [...] Vossignoria s'è avvicinata al cielo dell'altezza d'un tacco di coturno» (nel testo inglese «Your ladyship is nearer to heaven than when I saw you last, by the altitude of a chopine») (William Shakespeare, *Amleto*, introduzione e traduzione di Gabriele Baldini, Biblioteca Universale Rizzoli (testo inglese a fronte), Milano, 1993, pp. 126-127).

La pantofola, o pianella, fu uno stile più moderato importato dall'Italia e adottato in Francia all'inizio del XVI secolo; costituita da una suola di sughero sottile senza la parte posteriore, la sua leggerezza la rese particolarmente confortevole alle donne per uso casalingo.

Dal regno di Francesco I (1494-1547) a quello di Enrico III (1551-1589), uomini e donne indossarono scarpe chiamate *escarfignons*. Anche note come *eschappins*, erano pianelle piatte di raso o velluto con tomaie basse e aperture. La loro disposizione orizzontale e verticale rivelava la preziosa fabbricazione delle calze indossate sotto. Rabelais (1494-1553) le descrive accuratamente in *Gargantua*, quando narra gli abiti dell'Abbazia di Thélème: «Gli stivaletti, scarpine e pantofole erano di velluto cremisi, rosso, o violetto, con striscioline a barba di gambero» (François Rabelais, *Gargantua e Pantagruele*, traduzione di Gildo Passini, Formiggini Editore, Roma, 1925). Come altri articoli di abbigliamento di questo periodo, le scarpe furono influenzate dallo stile tedesco e decorate con aperture chiamate *crevés*. Tuttavia, la creazione delle scarpe aperte è attribuita ai soldati di Francesco I durante le guerre con l'Italia, che dovendo sopportare le ferite inflitte dalle marce e dai combattimenti, dovettero adattare le loro scarpe ai piedi bendati mentre, per proteggere le scarpe dalla sozzura delle strade, le soprascarpe in legno rimasero popolari per uso esterno.

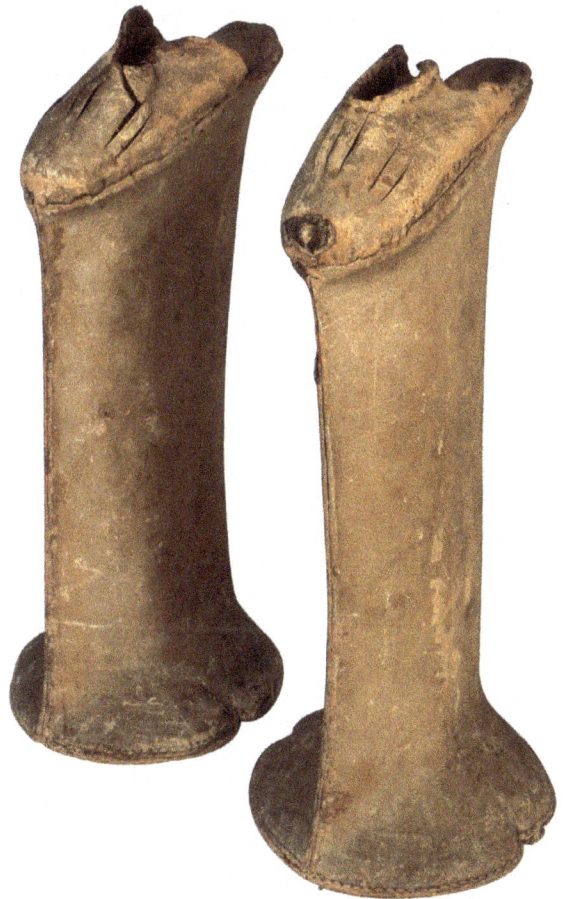

Si dice che Leonardo da Vinci abbia inventato il tacco, ma questo non apparirà se non alla fine del XVI secolo, probabilmente in risposta all'effetto pianificante dell'altezza maggiore prodotta dalla *chopine*. I primi tacchi furono attaccati alla suola attraverso un pezzo di pelle, come si può osservare dal dipinto della Scuola Francese, intitolata *Un ballo alla corte di Valois* (c. 1582) nel Museo delle Belle Arti di Rennes.

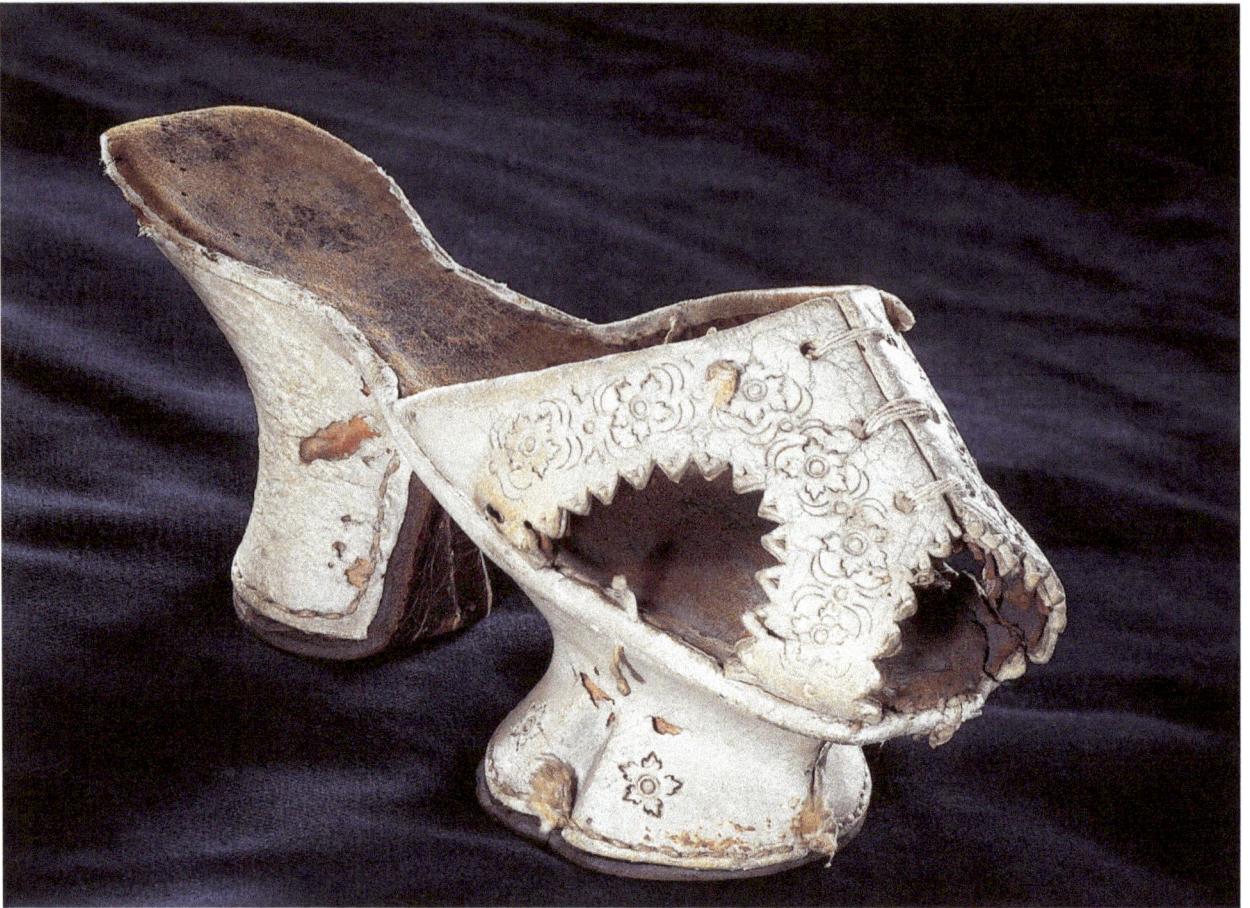

37. *Chopine* consunta. Venezia, Italia, 1600 ca.
Weissenfels Museum, con l'autorizzazione di Irmgard Sedler.

38. Calzatura maschile in pelle. 1530-1540 ca.
Weissenfels Museum, con l'autorizzazione di Irmgard Sedler.

39. Calzatura femminile. Periodo Enrico III, Francia, XVI secolo.
Museo Internazionale della Calzatura, Romans.

ors par la grace de dieu Roy
de france / Saunoir faisons a
tous presens et aduenir / Que
pour la tres parfaicte et singu
lieve amour que auons au noble ordie

40. *Re Luigi XI sul trono, circondato dai Cavalieri dell'Ordine di San Michele.*
XVI secolo. Museo dell'Ermitage, San Pietroburgo.

41. Paolo Caliari, noto come Veronese. *Cena a casa di Simone*, dettaglio,
1570 ca. Castello di Versailles.

Nelle pagine seguenti:

42. Anthony van Dyck. *Ritratto di Carlo I*, 1635 ca.
Olio su tela. 266 x 207 cm. Museo del Louvre, Parigi.

43. Frans Pourbus. *Enrico IV*, 1610. Museo del Louvre, Parigi.

Il XVII secolo

Il XVII secolo fu testimone dell'esportazione dello stile francese in tutta Europa. Le fragili *eschappin* del Rinascimento cominciarono a sparire durante il regno di Enrico IV (1553-1610), sostituite da robuste calzature con tomaie oltrepassanti di poco la suola. La punta delle calzature del XVII secolo, prima arrotondate, divennero quadrate durante il regno di Luigi XIII (1601-1643) e tutte le scarpe di quel periodo erano aperte lateralmente. Il nodo che legava le scarpe in cima veniva nascosto da una fibbia o da un grande fiocco, ma la grande novità del periodo fu il tacco, che portò uomini e donne ad assumere un portamento che sarebbe diventata la postura ordinaria delle corti europee nel XVII secolo.

La nuove calzature di questo periodo avevano un'apertura tra il tacco e la suola, da cui prese il nome *soulier à pont-levis* (scarpa a ponte levatoio) e venivano anche chiamate *soulier à cric* (scarpa a cric), un'onomatopea francese associata al suono che si produceva quando si camminava con queste scarpe, secondo il *pamphlet* di Agrippa d'Aubigné (1552-1630), *Le avventure del barone di Foeneste*. Intorno al 1640, la lunghezza delle scarpe oltrepassava il piede, ma la punta quadrata fu mantenuta. All'inizio del XVII secolo, Enrico IV inviò un conciatore di nome Roze in Ungheria per apprendere il loro metodo di concia delle pelli; il suo ritorno sancì la rinascita degli artigiani conciatori ungheresi che cominciarono a produrre una pelle leggera per stivali aderenti al polpaccio e alla coscia. Nella realizzazione degli stivali, la parte che oltrepassava il piede era sostenuta da una *soulette*, che veniva attaccata sotto il piede e sosteneva lo sperone. Dopo il 1608, quando gli stivali furono permessi a corte, nei saloni e nelle sale da ballo, lo sperone venne ricoperto con del tessuto, così da non danneggiare i vestiti delle donne.

Dal 1620, gli stivali vennero chiamati *bottes à entonnoir* o *bottes à chaudron* (stivali a imbuto), che potevano essere tirati su oltre il ginocchio per cavalcare o rimanere ai polpacci per altre occasioni. Il tacco puramente funzionale venne posizionato sotto lo stivale per supportare i piedi nelle staffe, e le calze, appositamente fabbricate per gli stivali e decorate con lacci, venivano indossate per non rovinare quelle di seta, poiché tali stivali avevano lo svantaggio di assorbire acqua se indossati in condizioni climatiche non clementi. I *lazzarines* e i *ladrines* erano più corti e più leggeri, con un ampio risvolto molto popolare durante il regno di Luigi XIII. Ma gli stivali cominciarono a scomparire dai saloni e dalle corti durante il regno di Luigi IV (1638-1715), anche se continuavano ad essere indossati per la caccia e in guerra. Persino gli stivali pesanti, indossati dai soldati fino all'inizio del XIX secolo, furono lentamente sostituiti in ambienti eleganti da una versione più leggera. Nel 1663, un calzolaio di nome Nicolas Lastage, stabilitosi a Bordeaux con il nome commerciale di *Loup Botté*, presentò al re delle calzature senza cuciture, e questo suo capolavoro gli procurò grande fama e prestigio, a cui si aggiunse uno stemma che conteneva uno stivale dorato, una corona dorata e il giglio della casa di Francia, ma il suo segreto sarebbe stato rivelato solo molto più tardi: egli lavorava un pezzo unico di pelle, ricavata dal piede di un vitello, che rimaneva intatta. A Versailles, la residenza reale dal 1678, Luigi XIV indossava pianelle custodite dal primo valletto durante il cerimoniale previsto dai rituali di etichetta. Esse entravano in possesso del ciambellano uscente o del valletto alla fine dell'anno. Durante il regno di Luigi IV vi furono molti sviluppi nel settore calzaturiero: le aperture laterali furono eliminate e i tacchi in legno divennero appannaggio di artigiani specializzati denominati *tallonier* (costruttori di tacchi). Il Re Sole possedeva tacchi ornati di pelle rossa e i suoi cortigiani si affrettarono ad imitarlo. I tacchi rossi rimasero il segno di privilegi aristocratici fino alla Rivoluzione Francese ed erano portati solo dai nobili ammessi alla corte. L'altezza stessa dei tacchi era spiegata come simbolo della vanità della società in una lettera scritta al Cardinale Montalto dallo sprezzante cortigiano Marigny: «Indosso scarpe appuntite con un'imbottitura sotto il tacco che mi rende alto abbastanza da aspirare al titolo di Altezza Reale».

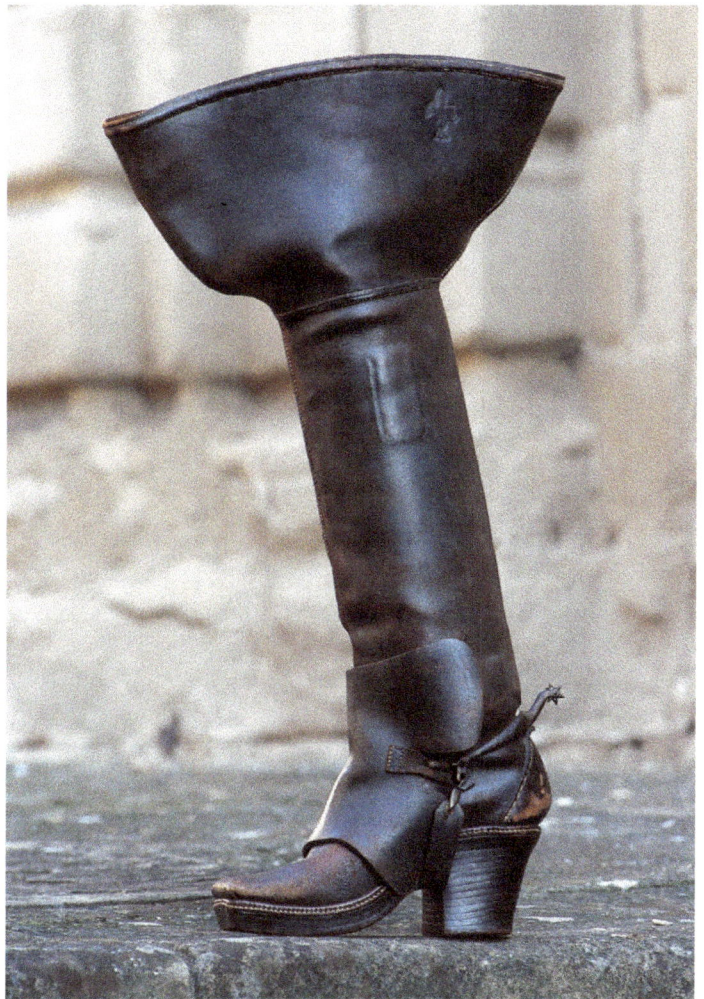

44. Gerritsz van Brekelenkan. *Ritratto di un gentiluomo*, Scuola olandese, 1655. Museo Internazionale della Calzatura, Romans.
45. Stivale da moschettiere. Francia, XVII secolo.

Nelle pagine seguenti:
46. Hiacynthe Rigaud. *Luigi XIV*, 1701. Tela, 277 x 194 cm. Museo del Louvre, Parigi.
47. Anonimo. *Il conte di Tolosa vestito come un novizio dello Spirito Santo*, 1694 ca. Museo Condé, Chantilly.

Jean de la Fontaine (1621-1695) era ben consapevole dell'impaccio delle donne nel camminare con i tacchi alti: nella sua favola intitolata *Pierina e il Secchiolino del latte*, Pierina, la lattaia, indossa scarpette basse in modo da poter fare passi lunghi, muoversi con agilità e recarsi in città senza incidenti. Intorno al 1652, la moda era rappresentata dalle scarpe a punta, successivamente da quelle quadrate; le scarpe delle donne si basavano sulle forme maschili, ma spesso facevano uso di materiali più rifiniti, in particolare broccato di seta, velluto, e *brocart*, un ricco broccato di seta intessuto d'oro e d'argento. La pelle nelle scarpe femminili era spesso ornata con ricami di seta fine e le soprascarpe, chiamate galosce, venivano indossate per proteggere queste preziose e delicate scarpe dal fango delle strade. Alcune scarpe avevano due linguette attaccate con una fibbia al collo della scarpa, che era disteso come un risvolto sulla parte superiore della scarpa e in francese era chiamato *oreille*. Queste scarpe erano originariamente decorate con una largo ornamento composto di due nastri chiamati *ailes de moulin à vent,* o pale di mulino a vento, moda questa che Molière (1622-1673) derideva in *La scuola dei mariti*, «Gli scarpini leziosi, seppelliti dai nastri, che vi dan l'apparenza di piccioni impiumati» (Molière, *La scuola dei mariti*, Rizzoli, Milano, 1985).

Tra il 1670 e il 1680, le fibbie, abbellite con una combinazione di perle e diamanti veri e finti, andarono a sostituire i fiocchi sulle scarpe, mentre fibbie di bronzo non decorative venivano indossate durante il lutto. Le fibbie venivano conservate in portagioie e adattate all'uso su scarpe diverse. Le calzature per bambini erano una versione più piccola dei modelli degli adulti, e i bambini di famiglie abbienti indossavano scarpe di velluto di lana.

Le scarpe indossate dalle classi inferiori non subirono grandi sviluppi, infatti le masse indossavano zoccoli in legno o grandi scarpe di pelle finché non si usuravano completamente. Esempi si possono trovare nei dipinti del periodo dei fratelli Le Naín.

Regamey lith   F Séré direxit

ARMOIRIES

Concedées par LOUIS XIV , à son Cordonnier ordinaire ,
Maître Nicolas LESTAGE de Bordeaux
Inventeur de la Botte incomparable sans couture .

Chromolih. Engelmann & Graf, Cité Bergère, 1, à Paris

48. Calzatura femminile in pelle blu con decorazioni ricamate in argento.
Italia, XVII secolo. Museo Internazionale della Calzatura, Romans.

49. Blasone offerto da Luigi XIV al suo calzolaio di fiducia,
Master Nicolas Lestage, inventore dell'incomparabile stivale senza cuciture.

50. Calzatura femminile. Italia, XVII secolo. Museo Internazionale della
Calzatura, Romans.

51. Calzatura femminile con zoccolo protettivo. Periodo Luigi XIV, XVII secolo. Data la fragilità di queste scarpe era necessario indossare degli zoccoli protettivi per camminare all'esterno nei terreni fangosi. Lo zoccolo è provvisto di un intaglio in cui inserire il tacco. Museo Internazionale della Calzatura, Romans.

52. Calzatura femminile in damasco ricamato con fili d'oro e d'argento. Periodo Luigi XIV, XVII secolo. Museo Internazionale della Calzatura, Romans.

53. Le Brun, *Il Cancelliere Séguier*, 295 x 351 cm. Museo del Louvre, Parigi.

54. Pianelle femminili. 1720-1730 ca. Weissenfels Museum,
con l'autorizzazione di Irmgard Sedler.

55. François Boucher. *La Toilette*, 1742. Olio su tela. 52,5 x 65,5 cm.
Collezione Thyssen-Bornemisza, Madrid.

56. William Hogarth. *Matrimonio alla moda. Dopo il Matrimonio*, 1734-1735.
Olio su tela. 70 x 91 cm. National Gallery, Londra.

Il XVIII secolo

All'inizio del XVIII secolo, la Francia deteneva ancora il dominio sul mondo dell'eleganza.

Dalla Reggenza alla Rivoluzione Francese (1715-1789), non ci furono grandi cambiamenti nella forma delle scarpe, le cui punte potevano essere sia rotonde che aguzze e alcune volte all'insù, ma mai quadrate. Un tacco fu denominato Luigi XV, soprannominato il Benamato (1710-1774). Le donne eleganti preferivano due stili: la pianelle per gli interni e le scarpe a tacco alto per abiti più formali. Scarpette con tacchi di altezza variabile avevano tomaie di pelle bianca, di velluto o seta, che normalmente era ricamata, e molti modelli di pianelle e scarpe furono dipinti nelle opere degli artisti dell'epoca, ad esempio le stampe di Beaudoin e Moreau il Giovane e i quadri, tra gli altri, di Quentin de Latour, Boucher, Gainsborough, e Hogarth. L'altalena di Fragonard mostra una giovane donna birichina con una gonna svolazzante portata in alto dal dondolio, che punta la sua pianella rosa contro il naso del suo pretendente, steso tra i rami sotto la sua amata creatura.

Le linee curve dello stile Luigi XV sono anche riconoscibili nelle scarpe col tacco del periodo, che raggiunge ora la massima altezza. Il tacco curvo, posizionato sotto l'arco del piede, fungeva da peduncolo e dava equilibrio alla scarpa, sebbene l'andatura rimanesse precaria – come camminare nelle *chopine* veneziane nel Rinascimento.

Per superare questo inconveniente, le donne alla moda iniziarono ad usare le canne nel 1786, come il Conte de Vaublanc annotò tra le sue memorie: «Se lei non stesse sostenendo il suo peso con una canna, la bambola cadrebbe sul suo naso».

La vetta della ricercatezza del XVIII secolo si sarebbe raggiunta con i tacchi rivestiti di diamanti, che venivano indicati come *venez-y voir* (date un'occhiata), nonostante la civetteria rimanesse segreta, dal momento che i vestiti toccavano quasi il pavimento. Restif de la Bretonne (1734-1806), la cui esaltazione dei piedi e delle scarpe femminili è ben nota, si sta chiaramente riferendo a tali calzature nella seguente descrizione:

«Era una calzatura di madreperla con un fiore fatto di diamanti: i lati erano decorati di diamanti, così come il tacco che risultava più sottile rispetto al suo ornamento. Questo paio di scarpe costa duecento *écus*, senza contare i diamanti nel fiore che valevano tre o quattro volte questa cifra: era un dono di Saintepallaire» [*Il Bel Piede*].

Queste incantevoli scarpe erano di pelle ricamata bianca o seta preziosa da abbinare agli abiti e terminavano con una fibbia che poteva essere cambiata a seconda dell'abbigliamento. Come nel secolo precedente, fibbie di argento lucido, decorate con gemme di vetro e pietre preziose, erano custodite in scatole portagioielli e venivano trasmesse in eredità.

Le donne continuarono a proteggere le loro scarpe quando uscivano, indossando soprascarpe in legno, che ora venivano assicurate con due lacci di pelle legati all'estremità superiore del piede, mentre la suola veniva incisa per adattare il tacco. La Francia del XVIII secolo visse una forte passione per l'Oriente, come risulta evidente dai contesti storici, economici e culturali. Nell'ambito delle calzature, il gusto per l'esotico condusse ad una mania per le scarpe appuntite con le punte rialzate, denominate scarpe *à la turque* (alla turca), *en sabot chinois* (alla cinese) o *à l'orientale* (all'orientale).

Gli uomini indossavano calzature semplici, dal tacco piano e abbellite da una fibbia. Di pelle scura o nera, queste scarpe mettevano in risalto le calze di colore chiaro che gli uomini indossavano con i pantaloni di seta; alcune scarpe di questo tipo realizzate in seta o velluto da abbinarsi ai farsetti degli uomini riscontrarono una grande popolarità, mentre intorno al 1770 si accese il gusto per un tipo di stivali importati dall'Inghilterra (e molti altri particolari della moda inglese). Un nuovo tipo di stivale leggero in pelle con risvolti da indossare con l'abbigliamento da caccia o le uniformi di corte iniziò ad

Nelle pagine seguenti:

57. Fragonard. *L'altalena*. Olio su tela. 81 x 64,2 cm. Collezione Wallace, Londra.

58. Calzatura femminile. Periodo Luigi XV, Francia, XVIII secolo. Fibbia d'argento impreziosita da pietre del Reno. Museo Internazionale della Calzatura, Romans.

59. Calzatura femminile, punta rivolta verso l'alto in stile orientale. Periodo Luigi XV, Francia, XVIII secolo. Museo Internazionale della Calzatura, Romans.

ottenere grande popolarità durante gli ultimi venti anni del XVIII secolo e rimase in voga fino al secolo successivo. Il ritorno ad una maggiore semplicità e a linee diritte preferite durante il regno di Luigi XVI ebbe la sua controparte nelle calzature. Per esempio, la fibbia sulle scarpe degli uomini assunse grande preminenza e i tacchi delle donne si accorciarono, e inoltre i tacchi furono foderati di pelle bianca, mentre le fibbie delle scarpe da donna furono rimpiazzate da un ornamento fatto di un tessuto drappeggiato chiamato *bouillonné*, che veniva posizionato sulla tomaia della scarpa e abbinato agli abiti. Durante il Rinascimento, i calzolai smisero di realizzare scarpe diverse per il piede destro e per quello sinistro, ma questa pratica ebbe un limitato ritorno alla fine del XVIII secolo, per poi divenire, a partire dalla seconda metà del XIX secolo, una tecnica di produzione standard, dal momento che la fabbricazione di scarpe si stava industrializzando. Negli anni precedenti la Rivoluzione Francese, i calzolai prosperavano nella gestione delle loro botteghe. Lo scrittore Sébastien Mercier ricorda che, «nei loro vestiti neri e con le parrucche impolverate, sembravano Cancellieri del Tribunale», ma con il sopraggiungere della Rivoluzione, i calzolai simpatizzarono con lo spirito della nuova era: settantasette calzolai parteciparono ai tumulti della Bastiglia. Ad Arras, Robespierre si fece portavoce delle ufficiali lamentele dei riparatori di scarpe, mentre in Vierzon un incaricato della Commissione di Pubblica Sicurezza nel settembre 1793 scrisse al rappresentante Laplance che aveva sostituito la corte «costituita da vecchie teste imparruccate», designando un calzolaio. Quando il rivoluzionario Saint Just si accorse che diecimila soldati dell'esercito di Rhine stavano procedendo scalzi, ordinò alla città di Strasburgo di privare diecimila aristocratici delle loro scarpe e di inviarle ai soldati prima delle dieci del mattino successivo. Per evitare la ghigliottina, era necessario eliminare tutto ciò che ricordasse il lusso aristocratico, aprendo la strada ad uno stile più sobrio, ma comunque elegante. Anche le scarpe ostentavano una coccarda rivoluzionaria, il simbolo della nuova religione patriottica. Gli uomini non osavano indossare belle scarpe con fibbie per paura di essere etichettati come aristocratici, sebbene lo stesso Robespierre le indossasse. Il popolo portava generalmente gli zoccoli. A quel tempo Antoine Simon lavorava come semplice calzolaio nella *rue des Cordeliers* a Parigi. Prima Giacobino e poi membro della Comune Parigina, fu scelto dall'Assemblea per badare al giovane delfino nel Tempio, dopo che questi fu separato da sua madre, la regina Maria Antonietta, il 3 giugno 1793. Il nuovo tutore del "Giovane Capeto", lui stesso un illetterato, ricevette l'ordine di far dimenticare al bambino la sua condizione sociale e con l'aiuto di sua moglie il calzolaio riuscì a trasformare il bambino in un perfetto piccolo *sans-culotte*, insegnando al suo pupillo di nove anni un repertorio di invettive contro Dio, la sua famiglia e l'aristocrazia, ed anche canzoni rivoluzionarie come *Ça ira, ça ira* e *La Carmagnole*.

Diversamente da come viene abitualmente dipinto l'aguzzino, il grezzo ed illetterato calzolaio si affezionò al piccolo Luigi XVII, e così anche Madame Simon: per compiacere il bimbo, Simon gli comprò un cane di nome Caster, e poi degli uccellini che sistemò in una larga uccelliera con diciassette sbarre dove il bambino allevò dei colombi, un fatto confermato dagli stessi racconti del Tempio, in cui si rammenta che del cibo fu comprato per nutrire il piccione del "Giovane Capeto". Ma nel gennaio 1794, per ordine della Commissione di Pubblica Sicurezza, Simon venne esonerato dai suoi doveri. Ciò avvenne contro il suo volere e quello del bambino, che supplicò il calzolaio di portarlo via e di insegnargli a confezionare calzature, ma purtroppo Simon il calzolaio fu ghigliottinato dopo il 9 Termidoro (la caduta di Robespierre il 27 luglio 1794).

Dal 1795 al 1799, le calzature sotto il Direttorio cominciarono ad evolversi in uno stile neoclassico sostenuto da Napoleone e il nuovo stile, leggero, piano e appuntito, sia per uomini che donne, confermava la fine del tacco del regime precedente. Le donne più eleganti e belle di questo periodo, dette *les merveilleuses*, indossavano sandali muniti di nastri che portavano legati intorno alle gambe.

60. Calzature femminili. Periodo Luigi XV. Collezione Jacquemart, Museo Internazionale della Calzatura, Romans.

61. Fibbia di calzatura femminile e il suo astuccio. XVIII secolo.

62. Pianelle ricamate. Francia, inizio XVIII secolo.

63. Calzatura femminile. Inghilterra, XVIII secolo. Museo Internazionale della Calzatura, Romans.

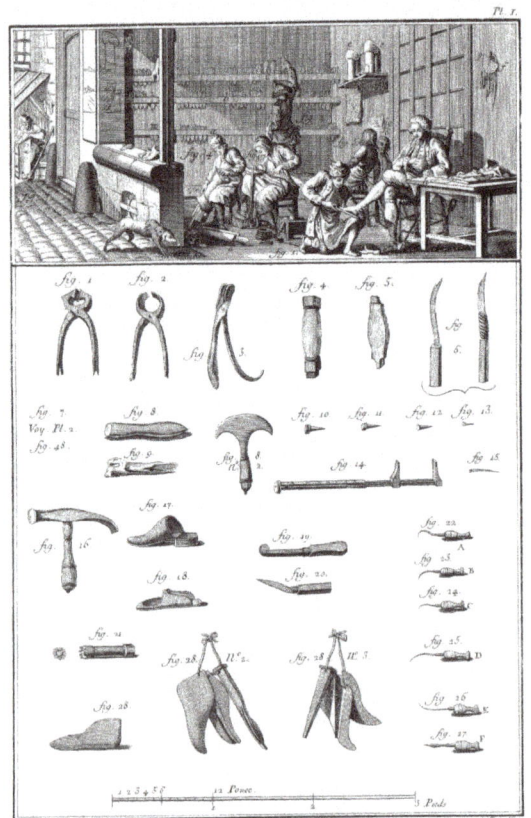

64. Zoccoli in legno intagliato, laccato e dipinto. Periodo Luigi XVI,
Francia, XVIII secolo. Museo Internazionale della Calzatura, Romans.

65. Tavole dell'*Enciclopedia* di Diderot e d'Alembert.

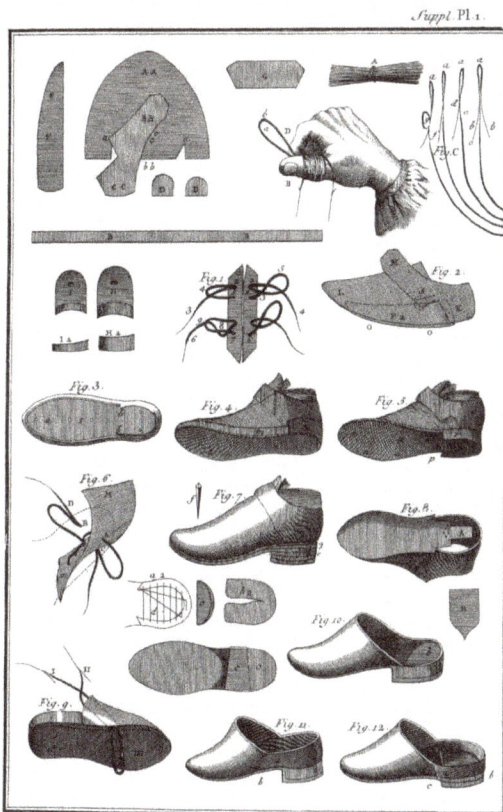

66. Pianella femminile. Francia, 1789 ca. Collezione Guillen,
Museo Internazionale della Calzatura, Romans.

Patent Blacking
Cruikshank Del.
SHOEING ASSES.
The Present Fashion of Making Boots Everlasting.
Publish'd Apr. 20.1807. by LAURIE & WHITTLE. 53, Fleet Street, London.
166

67. Cruikshank. *Ferratura degli asini*. Museo Internazionale della Calzatura, Romans.

Il XIX secolo

Le donne del XIX secolo indossavano stivaletti di lana, ma erano particolarmente conosciute per le loro scarpe da ballo di pelle finemente lucidata, di raso o seta. Queste aderivano al piede come un guanto ed erano legate alla caviglia con nastri incrociati. Molto fragili, difficilmente queste effimere scarpe sopravvivevano alla durata di un ballo.

Nel 1809 l'inventario del guardaroba dell'Imperatrice Josephine (1763-1814) contò 785 paia di ballerine realizzate dal calzolaio Lalement. Il ballo era un passatempo molto frequente durante l'Impero, a corte e altrove, durante gli interludi tra le battaglie.

Per quanto riguarda le calzature maschili, i pantaloni al ginocchio e le calze di seta reintrodotti da Napoleone mostravano le *escarpins* stile Impero, scarpette di vernice piatte fatte di cuoio verniciato e decorate con una fibbia. Lo stivale stile militare fu una calzatura standard per i soldati; poteva essere alta o bassa, con o senza risvolti.

L'Imperatore, un sagace stratega, dichiarò: «Perché un soldato sia ben equipaggiato sono necessarie tre cose: un buon fucile, un cappotto militare e buone scarpe». Ma le scarpe militari di Napoleone potevano anche essere oggetto di ironia, come appare in questa storia dalle memorie di un ufficiale della Grande Armata: «Un giorno andai con il Generale P... in una casa disabitata; pioveva dentro e i nostri vestiti si inzupparono; così accendemmo un fuoco per scaldarci.

"Siediti", mi disse il Generale.

"Perché?"

"Voglio toglierti gli stivali".

"Mi state prendendo in giro!"

"No. Dammi i tuoi stivali".

"Generale, non posso".

"I tuoi stivali sono inzuppati e i tuoi piedi sono bagnati. Rischi di prenderti un raffreddore".

"Ma me li posso togliere da solo".

"Voglio toglierteli io".

Contro la mia volontà, e con estrema sorpresa, il Generale tolse i miei stivali. Quando stava per finire: "Ora è il mio turno", disse. "A ciascuno il suo. Toglimi gli stivali".

"Ne sarei felice".

"Ho fatto quel che ho fatto solo perché tu facessi questo"».

Durante la Restaurazione e il regno di Luigi Filippo, gli uomini indossavano stivali ed *escarpins* di pelle nera. Solo i mezzi stivali leggeri potevano essere beige, bronzei o marroni.

Il dandy britannico George Brummel (1778-1840), meglio conosciuto come "Beau Brummel", indossava stivali allacciati alla caviglia con pantaloni stretti. Soprannominato da Balzac il "re della moda", il suo abbigliamento divenne standard di eleganza senza confini. Il Principe di Galles e il Re Giorgio IV d'Inghilterra (1762-1830) erano tra i suoi ammiratori.

Anche le donne indossavano stivaletti piatti fatti di tessuto e allacciati lateralmente. Fino al 1830 perdurò anche un certo gusto per le *escarpins* in raso e seta legate con nastri.

Il tacco fece il suo ritorno sotto Luigi Filippo (1773-1850), ma fu solo nel 1829 che la notizia della sua sorprendente riapparizione fu pubblicata nel periodico di moda "Le Petit Courrier de Dames": «Osiamo riportare le scarpe con il tacco alto posizionato a metà suola, che dia maggior armonia e quindi grazia all'andatura. Almeno, se realizzati in questo modo, i nostri tacchi non saranno ridicoli come quelli delle nostre nonne».

Un'altra pubblicazione di moda, "Les Modes Parisiennes", nel 1850 riportava: «Alcune donne per capriccio stanno portando scarpe coi tacchi; questo è solo espressione del desiderio di seguire la moda poiché sono molto scomode per ballare; anche gli stivaletti cominciano ad apparire con un piccolo tacco; questo può risultare comodo solo per coloro che non devono indossare soprascarpe di gomma». Il Secondo Impero preferiva il lusso ed aveva una smania per le feste.

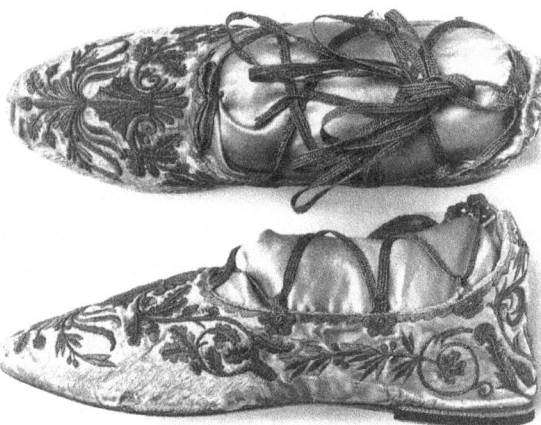

68. Gli stivali dell'Imperatore. Collezione privata.

69. Pianelle di Napoleone I per la sua incoronazione nel 1804. Andate perse durante la Seconda Guerra Mondiale.

70. Louis Boilly. *Ritratto di un uomo*, 1805. Museo delle Belle Arti, Lille.

71. Stivali del Principe Imperiale Napoleone Eugenio Luigi Giovanni Giuseppe, unico figlio di Napoleone III e di Eugenia di Montijo. Museo Internazionale della Calzatura, Romans.

72. Calzatura femminile in pelle di capretto bronzeo, doppio attacco. Carlo IX.
Abbottonato lateralmente, ricamato con perline metalliche dorate, suola in
cuoio, tacco a rocchetto. XIX secolo. Museo Internazionale della Calzatura,
Romans.

73. Paio di scarpe maschili in pelle nera con trafori di seta nera.
1830 ca. Museo Galliera, Museo della Moda della Città di Parigi.
Fotografia di Pierrain, PMVP.

In contrasto con la corte borghese di Luigi Filippo, quella di Napoleone III (1808-1873) dimostrò di essere estremamente brillante. I suoi saloni e i suoi viali divennero teatro della vita sociale, mentre le operette di Jacques Offenbach, in particolare *La Vie Parisienne*, rispecchiava la *joie de vivre* con umorismo. La passione per la crinolina nata intorno al 1850 portò alla rinascita della moda femminile. L'Imperatrice Eugenia (1826-1920) portò fama al suo sarto, Charles-Frederic Worth, che aprì il suo salone nel 1858, vestendo le attrici e le cortigiane del periodo, oltre che la sua cliente imperiale. Intanto la borghesia accelerava la sua crescita, ottenendo successi finanziari. Gli stivaletti spopolavano, realizzati in pelle o tessuto ed erano molto stretti. Decorati con ricami e nastri, venivano sia allacciati che abbottonati attraverso una file di piccoli bottoni, da cui l'invenzione del gancetto per bottoni o allacciascarpe.

Il Secondo Impero inoltre segna un passo decisivo nella storia della calzatura, caratterizzato da progressi nella meccanizzazione nell'industria su larga scala. Il confezionamento tradizionale delle calzature, che cambiò nel 1809 quando in Inghilterra fece la sua apparizione una macchina per fissare le suole, fu trasformato dalla rivoluzione industriale. Nel 1819, un'altra nuova macchina fabbricava picchetti di legno per fissare le suole. Ma il più importante cambiamento fu apportato dall'invenzione di Thimonnier: la macchina da cucire, brevettata nel 1830. Un'invenzione perfetta, la macchina da cucire permetteva di realizzare le tomaie con materiali leggeri e cominciò a diffondersi tra i calzolai nel 1860. La tecnica migliorò la produttività, dal momento che, posizionao il tacco, la macchina cuciva le tomaie e le fissava alla suola. Dopo il 1870 divenne comune usare una forma per ciascun piede, così da permettere alle scarpe di corrispondere anatomicamente. La nascita e l'espansione delle fabbriche, come la Rousset Company in Blois nel 1851 fece sì che lo sviluppo industriale prendesse il sopravvento sulle scarpe confezionate a mano. La carriera di François Pinet ne è un classico esempio.

74. Calzatura da sposa, disegno a perline a forma di cuore. Matrimonio del 10 novembre 1896.
Museo Internazionale della Calzatura, Romans.

75. Calzatura da sposa, dettaglio, disegno a perline a forma di cuore. Matrimonio del 10 novembre 1896.
Museo Internazionale della Calzatura, Romans.

Scarpe e povertà

Sulla scia della *Fête Impériale* del Secondo Impero o Celebrazione Imperiale, il gusto per la magnificenza dell'abbigliamento si accompagnava all'opulenza nell'arte calzaturiera. Esempi di questi stili, indossati dagli aristocratici e da una borghesia sempre più ricca, possono essere osservati oggi in collezioni pubbliche e private. Testimonianza delle tendenze del tempo, esse sono prova della maestria tradizionale trasmessa da una generazione all'altra, rivelando l'individualità e l'arte dei suoi creatori, sia famosi che anonimi. Dall'altra parte, le classi meno abbienti indossavano le loro scarpe finché non si deterioravano completamente; tale realtà era molto comune e queste scarpe raramente sono pervenute ai giorni nostri. Nonostante ciò, immagini di queste calzature sopravvivono grazie all'arte della pittura. Lo scrittore Pierre-Joseph Proudhon (1809-1865), un amico di Gustave Courbet (1819-1877), insegnava che l'arte doveva servire la società e dare una risposta alle sue richieste.

Anche se Napoleone III si preoccupò di lenire il duro operare dei lavoratori, i conflitti sociali rimasero e scossero il sistema di valori tradizionale nonostante tutti gli sforzi. Gli artisti risposero a quanto li circondava dipingendo nei loro quadri le trasformazioni economiche e sociali apportate dalle macchine e dall'industrializzazione. Il pittore tedesco Adolf Menzel (1815-1905) prima di tutto visitò Parigi nel 1855. All'Esposizione Mondiale scoprì il padiglione riservato al realismo di Courbet. Menzel era un pittore di corte che commemorava cerimonie e celebrazioni, ma era anche interessato al lavoro di fabbrica e guardava alle persone con sincero ed onesto interesse. Questo era importante perché l'artista doveva considerare il lavoratore come un soggetto degno prima che questo potesse diventare il punto focale del quadro. Ne *Il Laminatoio* (Nationalgalerie Staaliche Museum zu Berlin Preussicher Kulturbesitz), datato intorno al 1872-1875, gli operai sono ritratti impegnati nel lavoro con indosso rozze e vecchie scarpe dai tacchi consumati, portate senza calze. Lo scrittore e critico d'arte Champfleury, autore di un libro sull'immaginario popolare e collaboratore del giornale socialista "La Voce del Popolo", ispirò il pittore Gustave Courbet. Egli dipinse le modeste scarpe indossate dalle classi lavoratrici nei suoi quadri socialisti, come *Gli Spaccapietre*, che scomparì dal Museo di Dresda durante la Seconda Guerra Mondiale, e *La Sepoltura a Ornans*. *Gli Spaccapietre* ritrae il lavoratore in primo piano a destra con un paio di zoccoli, di cui quello sinistro è rotto all'interno. Il lavoratore che sposta le pietre in primo piano a sinistra invece protegge meglio i suoi piedi con rustiche scarpe di pelle grezza allacciate. *La Sepoltura a Ornans* rappresenta gli abitanti del villaggio, poveri e ricchi, riuniti in uno stesso luogo per assistere ad un'umile sepoltura. Il forte contrasto tra le diverse classi sociali è enfatizzato dalle loro scarpe: le semplici scarpe allacciate del becchino sono consunte, mentre le eleganti calzature nere indossate dalle figure sociali di spicco sembrano nuove.

Figlio di un contadino, Jean-François Millet (1814-1875) ritrasse scene di vita rurale, ciascuna come testimonianza dell'umile lavoro dei contadini e della nobiltà dell'uomo sulla terra. Gli operai delle fattorie, lavoratori giornalieri, erano generalmente ritratti con semplici zoccoli, come si osserva in *L'Angelus* (1857-1859), *La morte e il taglialegna* (1859), e *La Spigolatrice* (Salone del 1857).

Anche il pittore Jules Breton era interessato alla vita contadina, di cui dipinse vivide scene. Ne *Il richiamo delle spigolatrici* (Salone del 1859) ritrae giovani donne in zoccoli o scalze. L'assenza di scarpe era un chiaro segno di oggettiva povertà, simboleggiata dall'espressione francese *va-nu-pieds* che letteralmente significa "chi va scalzo". Come spiega Jean-Paul Roux: «Durante il Medioevo indossare le scarpe divenne uno degli indicatori primari della nascita benestante di un individuo. Era di tale importanza che per lungo tempo al signore feudale capitava di portare le scarpe dei contadini insieme a quelle di pelle! Questo è tutt'altro che un modo di dire! Un individuo con le scarpe era tutto, quello senza era una nullità. *Va-nu-pieds*! Questa espressione, ora una frase fatta, non ha un significato reale oggi e raramente la si usa. Ma piuttosto recentemente, per centinaia di anni o più, nell'inequivocabile testimonianza dei romanzieri del XIX secolo, la frase ha avuto un peso notevole come sinonimo della parola mendicante, e stava ad indicare un uomo talmente povero da non potersi permettere un paio di scarpe».

76. Adolph Menzel. *Il Laminatoio*, 1872-1875.
Olio su tela. Nationalgalerie,
Staatliche Museen zu Berlin-Preussischer Kulturbesitz.

77. Jules Breton. *Il richiamo delle spigolatrici*, 1859.
Olio su tela. 90 x 176 cm. Museo d'Orsay, Parigi.

78. Gustave Courbet, *Le setacciatrici di grano*, 1854-1855,
olio su tela, Musée des Beaux-Arts, Nantes.

Da calzolaio a capo di un'azienda

François Pinet nacque a Château la Vallière (Indre e Loira) il 19 giugno 1817. Figlio di un calzolaio, fu introdotto al commercio da suo padre. Quando sua padre morì nel 1830, Pinet aveva tredici anni e venne mandato da un maestro calzolaio per completare la sua formazione professionale. Si imbarcò nel suo *Tour de France* e nel 1836 fu nominato operaio accreditato professionalmente (*Compagnon Cordonnier Bottier du Devoir*) con il nome *Tourangeau la Rose d'Amour*.

A sedici anni, con un totale di sedici franchi a suo nome, il giovane François trovò un lavoro a Tours guadagnando uno stipendio settimanale di cinque franchi. Vivendo con questo modesto salario, riuscì a comprarsi i suoi strumenti e ad acquisire la sua indipendenza. Passò tre anni a Bordeaux, e poi si trasferì a Marsiglia, divenendo capo della *Société des Compagnons Cordonniers* (Associazione di mestiere dei calzolai). Nel 1844 si recò a Parigi dove continuò la sua formazione nella produzione su larga scala. Osservatore intelligente, Pinet fu in grado di comprendere l'utilità della divisione del lavoro e a vedere come le sue varie componenti si combinassero per accrescere la qualità della produzione.

Nel 1845, divenne agente di commercio e iniziò ad imparare i trucchi del mondo degli affari. Nel 1854, ottenne l'abilitazione per un nuovo metodo di fabbricazione dei tacchi che li rendeva più leggeri e solidi rispetto a quelli realizzati dalla sovrapposizione di più strati. Nel 1855, aprì una fabbrica di scarpe per donne al numero 23 di *rue du Petit Lion Saint Sauvent*. Quando la ditta crebbe, si spostò in uno luogo più spazioso (al numero 40) nella stessa via. Nel 1858 si sposò. Sua moglie arricchì l'unione matrimoniale con le qualità del cuore, il fascino, la grazia e la vivacità di spirito. Focalizzando immediatamente la sua intelligenza ed educazione sulla ditta, essa divenne una collaboratrice illuminante.

François Pinet attese fino al 1863 per costruire nuove botteghe ed uffici al numero 44 di *rue Paradis Poissonnière*. I fabbricati furono costruiti in base ai suoi stessi progetti e sotto la sua gestione. In questo nuovo modello di fabbrica, funzionale per il periodo, i lavoratori si sentivano apprezzati e rispettati. Pinet assunse 120 persone nelle sue botteghe e 700 uomini e donne che lavoravano da casa. Le creazioni di François Pinet attirarono una ricca clientela sia dalla Francia che dall'estero. Donne eleganti si accalcavano nel suo grande magazzino di calzature in *boulevard de la Madeleine* per comprare stivaletti, *escarpins* e *derby* che avvolgevano il piede nella più soffice delle pelli. Tessuti scintillanti e colori raggianti caratterizzavano le sue scarpe, ricamate e dipinte a mano. Come proprietario, Pinet fondò inoltre nel 1864 la prima associazione imprenditoriale di produttori confederati di scarpe e ne divenne il leader.

Pinet ricevette molti premi per il suo lavoro, tra cui, all'Esposizione Mondiale di Parigi del 1867, una straordinaria medaglia che avrebbe poi inciso sotto le suole delle scarpe come segno del suo talento. Quello stesso anno, inventò una macchina che era in grado di dar forma ai tacchi stile Luigi XV in un unico pezzo. Composta da una pressa e da un punzone, la tecnologia di questo macchinario fu brevettata. Gli sviluppi tecnologici di questo tipo segnarono la transizione dall'industria artigiana alla produzione industriale del periodo. Durante gli eventi del 1870-1871 che scossero la Francia, e soprattutto Parigi, Pinet aiutò finanziariamente i feriti e costruì un'unità ospedaliera mobile di 20 posti letto a sue spese.

Nel 1892, durante il tradizionale banchetto di San Crispino, divenne membro di una nuova società di operai specializzati chiamata *Union Compagnonnique*. Morì nel 1897. Da umile calzolaio di provincia, riuscì a vestire i piedi delle donne più eleganti del mondo. Nel suo percorso, egli diede un enorme contributo alla diffusione dell'influenza dell'alta moda a livello internazionale. Ci furono altri sviluppi nel XIX secolo.

79. Jean Beraud. *Parigina, place de la Concorde*. Museo Carnavalet, Parigi. Fotografia di Ladet, PMVP.

80. Stivaletto in miniatura in pelle di capretto lucida, tomaia traforata, notevole cucitura che riproduce l'effetto cuoio, allacciato lateralmente; suola in cuoio, tacco a rocchetto. Eseguito da Rousselle. Secondo Impero. Museo Internazionale della Calzatura, Romans.

81. Stivaletto da donna ricamato a mano in raso. Eseguito da Pinet. Parigi, 1875 ca. Museo Internazionale della Calzatura, Romans.

82. Miniatura di scarpa femminile in pelle di capretto nero, tomaia smerlata, allacciata nella parte superiore da un fiocco con nastri di seta marrone, suola in cuoio, tacco Luigi XV. Francia, 1880 ca. Museo Internazionale della Calzatura, Romans.

83. Scarpa femminile. Oxford in raso bianco, ricami in argento, lacci
infiocchettati. Suola in cuoio , tacco a rocchetto rivestito. Eseguita da
Pinet. Parigi, 1897 ca. Collezione Guillen. Museo Internazionale della
Calzatura, Romans.

L'avvento dei grandi magazzini nel 1852 fece sì che una gran quantità di scarpe
fossero subito disponibili. Il ritorno del tacco, dopo lo scarso successo sotto
Luigi Filippo, divenne comune e acquisì la forma *demi-bobine* o mezzo
arrotondata. L'arco del piede veniva quindi supportato dal cambriglione della
scarpa, e il tacco poteva essere posizionato all'estremità posteriore della suola.
Un'aura di mistero circondava lo stivaletto nascosto sotto la crinolina. Secondo
le note e le memorie di Madame Jules Baroche, una tendenza più significativa
sarebbe arrivata dall'Inghilterra: «Quest'anno le donne di corte hanno adottato
una moda molto inglese: una gonna di lana multicolore che fa intravedere le
caviglie indossata con cappello stile Luigi XIII, l'occhio malizioso, il naso all'insù,
e stivaletti di cuoio verniciato coi tacchi. Sfortunatamente questo abbigliamento
richiede una gamba magra e un piede delicato. Per il resto è intelligente, ardito,
informale, e più adatto di qualsiasi altro per passeggiare nei boschi».

Ma al principe Napoleone non piacque questa moda: «Le donne tradiscono
se stesse, la mattina con quelle gonne indiscrete e la sera con quelle camicette
sconsiderate; cosa ne sarà di noi?» L'Imperatrice indossava stivali
infiocchettati per le corse a Longchamp.

Durante questo periodo, il piede femminile fu protagonista di molti scritti.
La letteratura del XIX secolo abbonda di descrizioni di piedi vestiti di *mules
d'appartament* (pantofole da casa) e *bottines* (stivaletti).

Honoré de Balzac (1799-1850), Emile Zola (1840-1902) e Guy de
Maupassant (1850-1893) furono tra i molti scrittori che si soffermarono su
questi accessori di tendenza.

In *Madame Bovary*, Gustave Flaubert (1821-1880) descrive più di un
centinaio di paia di scarpe. Marc Costantin scrisse la seguente descrizione ne

L'Almanacco delle buone maniere (1854): «Lo stivaletto ha deposto la scarpa e regna vittorioso, niente è più bello di un flessibile stivale allacciato che stringe il piede, così da renderlo ancora più piccolo! Snellisce la parte inferiore della gamba e rende il passo elegante».

Per le sere o per un ballo, le donne indossavano *escarpins* di drappo o seta estremamente sofisticate, che spesso venivano abbinate agli abiti. Gustave Flaubert ne parla in *Madame Bovary*: «Chiuse con devozione nel comò il bel vestito e perfino le scarpe di raso dalle suole un po' ingiallite per la cera scivolosa del pavimento» (Gustave Flaubert, *Madame Bovary*, Arnoldo Mondadori Editore, Milano, 1997, p. 64). Questi modelli si ispiravano alle scarpe aperte con i tacchi dei periodi di Luigi XV e Luigi XVI.

La *mule d'appartament* (pantofola) in seta o velluto era un altro tipo di scarpa comune. Gli uomini indossavano stivali neri o stivaletti, per i bambini vi erano versioni più piccole dei modelli per adulti.

Dal 1870 al 1900, le scarpe furono in competizione con gli stivaletti per l'abbigliamento di città. Le scarpette di vernice continuavano ad essere indossate di sera. Le punte arrotondate diventarono appuntite. Le forme stavano lentamente cambiando, ma la vera rivoluzione nell'abbigliamento attuata da Paul Poiret avrebbe fatto sì che d'ora in poi le scarpe fossero disponibili per tutti.

84. Calzatura maschile stile Oxford di A. Biset in pelle di capretto marrone chiaro. Punta allungata e rivoltata con trafori.
Francia, 1890 ca. Museo Internazionale della Calzatura, Romans.

85. *Pump* in pelle di capretto ricamata. Parigi, 1855. Collezione Guillen, Museo Internazionale della Calzatura, Romans.

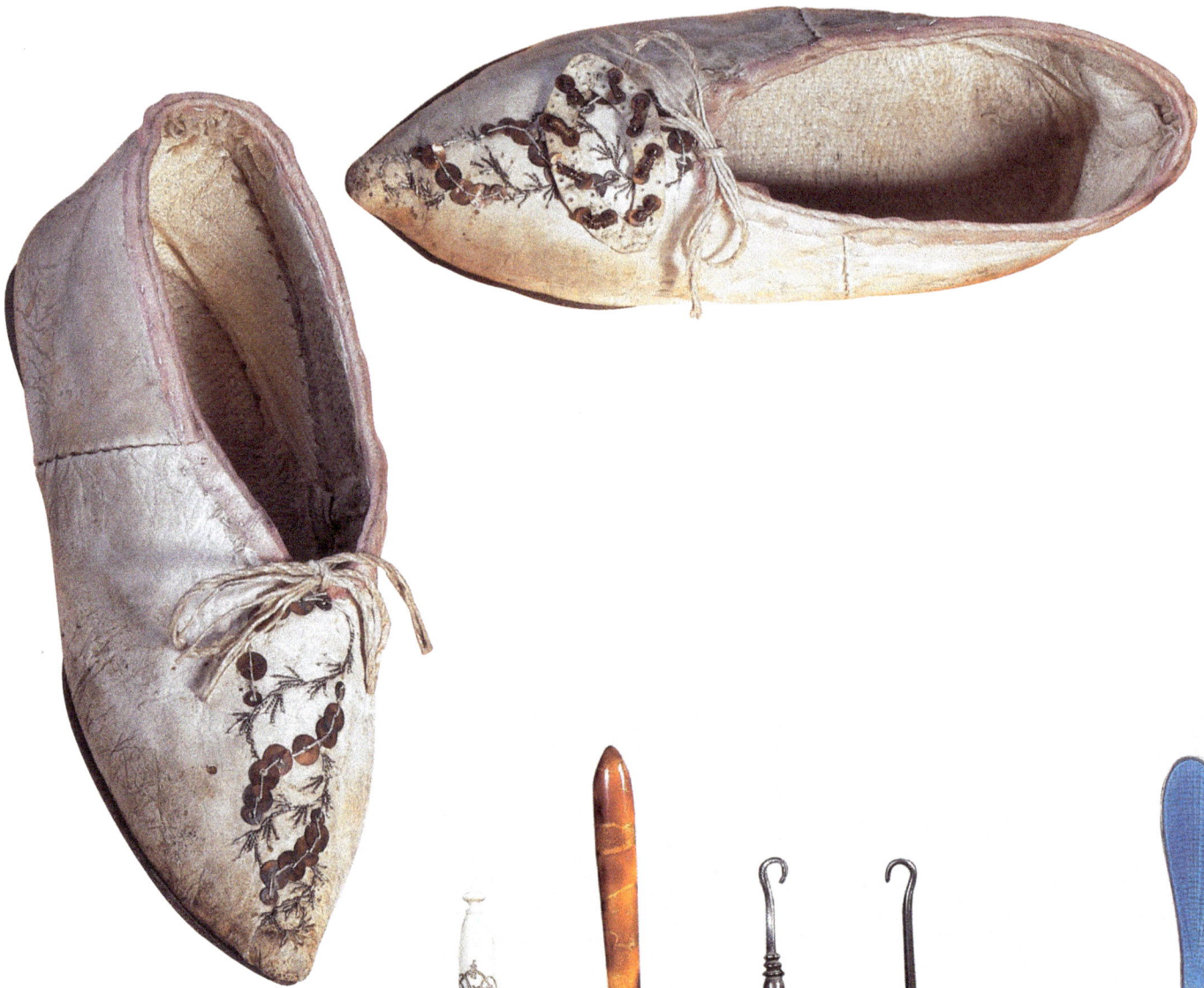

86. Calzature per bambini. 1800 ca.
Museo di Weissenfels, con l'autorizzazione
di Irmgard Sedler.
87. Ganci per bottoni per stivali e stivaletti,
Collezione Saltran, Museo Internazionale
della Calzatura, Romans.

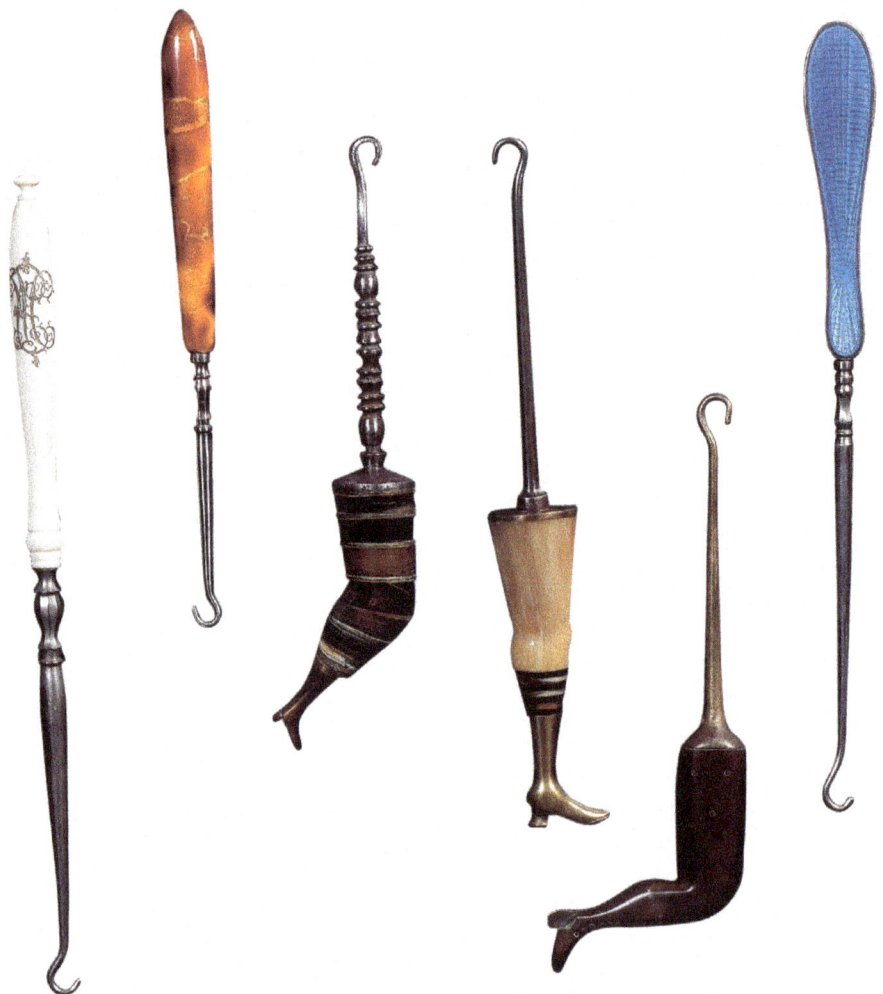

88. Dipinto di una vetrina di un negozio di scarpe, 1840 ca. Litografia. Museum Carnavalet, Parigi.

89. Scarpe col tacco cosiddetto "Shock". Parigi, 1987. Create da Roger Vivier.
Museo Internazionale della Calzatura, Romans.

La scarpa nel XX secolo

La storia e l'evoluzione della calzatura nel XX secolo possono essere comprese solo in relazione alle varie personalità di questo settore e alle aziende più antiche che ne hanno spianato la strada, così da permettere una comprensione maggiore dell'attività produttiva tradizionale ed industriale. Si tratta di vere "dinastie", e alcuni di questi calzolai tradizionali ed industriali si stanno ancora espandendo nel XXI secolo. Molti tra i nomi citati in questa sede sono stilisti di talento e prestigiose società, ma, poiché questo libro non può essere esaustivo, molti altri non sono presenti. Tutti meritano la più grande riconoscenza, non solo per il loro contributo alla crescita della moda in Francia e nel mondo, ma anche per il passaggio della loro tradizionale abilità tecnica alle generazione successive.

È inoltre impossibile capire il settore calzaturiero del XX secolo se non viene considerato in stretta relazione con i contesti storico, economico ed artistico. Questi fattori basilari condussero ad una rivoluzione nell'abbigliamento che avrebbe prodotto la funzionalità versatile degli abiti moderni. Per gli stilisti che concepiscono le scarpe come accessori di tendenza questi fattori sono ricche fonti d'ispirazione.

Molti aspetti storici contribuirono all'evoluzione delle calzature del XX secolo. Innanzitutto, lo sviluppo delle relazioni internazionali promosse le influenze straniere, mentre le grandi fiere mondiali, cui l'alta moda francese partecipò, facilitarono lo scambio artistico. In secondo luogo, le sfilate d'alta moda ed il ruolo informativo dei giornali di moda, diffusi dalla fotografia e dal cinema, furono tra i principali agenti di cambiamento. A questi fattori vanno aggiunte la crescita d'importanza degli sport e l'introduzione dell'automobile. Inoltre una ricca clientela francese e straniera che indossava solo vestiti e scarpe su misura continuava a coesistere insieme alla fiorente industria dell'abbigliamento, un fenomeno che permise la produzione di massa di abiti ispirati all'alta moda accessibili al maggior numero di consumatori a prezzi contenuti, che a sua volta promosse la crescita degli affari legati alle calzature. In questo modo nomi come André e anche Bata divennero l'orgoglio del mercato di massa nel settore calzaturiero. Considerevole sarebbe anche stato l'impatto delle due guerre mondiali. In definitiva, l'avvento del Designer di Moda e le innovazioni tecnologiche nel settore avrebbero accompagnato le calzature nel XXI secolo.

Una serie di eventi segnò gli anni intorno al 1900: l'avvento della rivoluzione negli abiti femminili, la mania inglese per gli sport e l'aria aperta stabilitasi in Francia; ed un costume da bagno con stivaletti di stoffa con suole in gomma che giunse a Etreat e Trouville. Le donne che si avventuravano nell'andare in bicicletta osavano indossare calzoni a sacchetto ispirati dai *bloomers* (abito femminile costituito da una sottana corta e da calzoni lunghi, stretti alla caviglia) (una moda diffusa anche dall'altro lato del Canale) e suscitarono scalpore mostrando i loro piedi nelle scarpe, come si osserva nel quadro *La Casa della bicicletta in Bois de Boulogne* (Museo Carnavalet, Parigi), dipinto da Jean Béraud intorno al 1900. Dal 1900 al 1914 i sarti prolificarono, cavalcando l'onda della Belle Époque e dell'House of Worth. Tra i tanti si possono elencare Paquin, le Sorelle Callot, Doucet e Lanvin. Le donne di società e le cortigiane sperperavano le loro fortune in vestiti. I nuovi ricchi si pavoneggiavano, nei loro abiti più eleganti, tentando di costruire un'immagine della loro opulenza appena conquistata. Fino al 1910, lo stivaletto abbottonato o allacciato "d'oro", beige o nero era tipico della stagione invernale, mentre durante l'estate si indossavano scarpe rivestite.

Scarpe scollate a punta con tacchi stile Luigi XV erano il massimo della sofisticatezza per la sera, indossate in abbinamento con vestiti e calze.

L'eleganza per gli uomini consisteva nel calzare stivaletti abbottonati, ma bassi; mentre scarpe allacciate in alto erano ideali per un abbigliamento sportivo ed informale. La maggior parte di queste calzature venivano realizzate da artisti provenienti da zone diverse di Parigi che lavoravano

90.-91. Fabbrica di cucito, "Sigle & Co" a Kornwestheim (successivamente prenderà il nome di "Salamander") 1910 ca.

92. *Pump* femminile di A. Gillet in stile Carlo IX in vistosa seta verde. Applicazioni in pelle di capretto dorata. Tacco Luigi XV. Parigi, 1928, 1930 ca. Museo Internazionale della Calzatura, Romans.

93. Sandalo da città per donna in pelle di capretto color panna e rosso di A. Gillet. Suola a piattaforma rivestita con pelle di capretto rossa. Parigi, Estate 1935. Museo Internazionale della Calzatura, Romans.

94. *Pump* da donna in capretto d'argento. Motivo con puntini rosa e piccoli rettangoli verdi in spazi geometrici che rendono largamente visibile la base argentata. Tacco rivestito Luigi XV. Suola in cuoio. Parigi, 1925 ca. Museo Internazionale della Calzatura, Romans.

95. Pianelle, non adatte a camminare, in capretto nero e raso azzurro, piccolo cabochon in porcellana. Altezza del tacco: 20 cm. Vienna, Austria, 1900 ca. Collezione Guillen. Museo Internazionale della Calzatura, Romans.

nell'anonimato, producendo in modo rapido, ma competente, su richiesta, prima che l'ordinazione di calzature su misura divenisse una pratica comune.

La rivoluzione dell'abbigliamento innescata da Paul Poiret portò all'eliminazione dei corsetti e delle gonne accorciate. L'uso di gonne dritte dalle linee morbide e fluide di ispirazione Orientale mise in risalto le scarpe, che precedentemente avevano ottenuto scarsa visibilità. Il nuovo stile ricordava gli abiti leggeri del periodo del Direttorio e dell'Impero quando le scarpe venivano esposte, rivelando buona parte del piede.

Gli abiti diritti di Paul Poiret crearono anche un look che necessitava di una scarpa dal taglio più raffinato. La prima guerra mondiale (1914-1918) portò ad un peggioramento delle condizioni di vita dell'intera società. Le donne, per esempio, si trovarono a dover svolgere con gli uomini le più svariate mansioni, sperimentando così la necessità di vestirsi in modo più pratico permettendo ai piedi di muoversi più liberamente. Messa in risalto, ora, quasi naturalmente, la scarpa acquisì una nuova eleganza. Ai ruggenti anni Venti seguirono i terribili anni della guerra. Le donne si tagliavano i capelli e le minigonne trionfavano. Gli stivali alti e le calze nere lasciarono il posto a calze chiare che mettevano in risalto le nuove calzature disponibili in tutti i colori. Ebbe così inizio il lungo regno dello stile Carlo IX. Le scarpe scollate con tacco stile Luigi XV furono soprattutto indossate di pomeriggio. Per la sera si portavano scarpe di tessuto abbinate al vestito lungo, o di lamé dorato o d'argento.

Le calzature con allacciatura alta degli uomini, spesso coperte da una piccola ghetta di lana grigia o nera, davano l'idea di uno stivaletto. Negli anni Trenta, Elsa Schiaparelli e Coco Chanel stabilirono le tendenze della moda e, con l'ulteriore influenza di Madeleine Vionnet, i vestiti da sera si allungarono, enfatizzando le linee del corpo con un taglio diagonale. Di conseguenza le scarpe si assottigliarono, i tacchi si allungarono e le asole vennero nascoste. Le calzature piane e con la suola in gomma venivano portate con abiti sportivi. Allo stesso tempo, con l'arrivo della Seconda Guerra Mondiale, cominciarono ad apparire le zeppe. Le restrizioni sull'uso della pelle durante la guerra imposero a tutta la popolazione delle zeppe standardizzate. Purtroppo le zeppe di legno (dipinto brillantemente o rivestito di tessuto) o di sughero erano scomode e brutte, nonostante l'innovazione del tacco in legno articolato avrebbe poi fornito una maggior facilità nell'andatura. Anche gli stilisti usarono materiali surrogati come la rafia ed il feltro per produrre le tomaie.

Queste pesanti scarpe zeppate divennero piedistalli per una sagoma diritta dalle spalle larghe, fin dopo la Liberazione nel 1947, quando Christian Dior lanciò il *New Look*. La nuova tendenza, uno stile molto parigino, era caratterizzata da una vita stretta e una gonna larga che scendeva sotto il polpaccio (detta "a corolla"), da indossare con tacchi esili in perfetta armonia con la *silhouette*. Da questo momento in poi, nella mente degli stilisti, una donna sarebbe stata elegante solo con scarpe dal tacco alto. Il tacco a spillo, quindi, nacque come risposta alle pesanti calzature della guerra. Una parte centrale in metallo ne garantiva la stabilità, ma questo tacco perforava i pavimenti dei luoghi pubblici fino a che non fu inventata una punta protettiva. Il tacco sopravvisse fino agli anni Sessanta, sebbene il suo profilo si fosse leggermente curvato sotto la suola. La popolarità delle minigonne portò alla sua scomparsa, sostituito da scarpe con la punta rotonda (poi appuntite). Gli scaffali dei negozi erano invasi da due diversi stili: il *Richelieu* (la tomaia anteriore cucita su quella posteriore) e il *Derby* (la tomaia posteriore cucita su quella anteriore), mentre il mocassino, una scarpa senza lacci, attirava la clientela più giovane.

Secondo Sylvie Lefranc, capo del *Bureau de Style de la Fédération de l'Industrie de la Chaussure de France* (Ufficio di Moda della Federazione dell'Industria Calzaturiera Francese), i consumatori, nei primi anni Sessanta, non avevano accesso ad una gran quantità di stili e prodotti. Un'insana omologazione pervadeva tutte le linee di produzione, eccetto quelle dei prestigiosi calzolai che lavoravano su ordinazione, solo a

96. Stivaletti da uomo con bottoni. Francia, dal 1895 al 1910. Museo Internazionale della Calzatura, Romans.

97. Stivaletto da uomo. 1912 ca. Museo Internazionale della Calzatura, Romans.

disposizione di pochi. Ed è qui che fa la sua comparsa Roger Vivier, che ebbe il genio innovativo di aprire la strada al consumismo moderno. In una collaborazione produttiva con la *Société Charles Jourdan*, Vivier lanciò una linea *prêt-à-porter* di belle scarpe, costose, ma comunque accessibili per un gran numero di consumatori. Vivier fu in grado di esprimere il suo talento personale per profili audaci usando materiali sofisticati. La democratizzazione dell'eleganza divenne una tendenza e segnò l'avvento dello stilista di moda della calzatura: nuovi prodotti furono da qui in poi oggetto di ricerca estetica, e la ricercatezza stilistica di contorni e volumi divenne riflesso della personalità dello stilista.

Tra gli stilisti che ebbero l'abilità di imporre uno stile unico e ben identificabile alle scarpe ci furono Roland Jourdan, che seguendo le orme di Roger Vivier nei suoi esercizi di stile si focalizzò sui tacchi; Robert Clergerie, che conferì il suo prestigio ad uno stile maschile e femminile creando nuove forme; Stéphane Kélian, inventore della passamaneria e mago degli stivali da cavallo, ed infine Walter Steiger, che ritoccò le linee con la meticolosità di un vero stilista. Questa nuova generazione di stilisti influenzarono fortemente gli anni Settanta e scatenarono una vera mania tra le consumatrici femminili che erano appassionate di scarpe, ormai considerate a pieno titolo come oggetto di moda.

In concomitanza con il fenomeno della moda urbana sofisticata che si era sviluppata come reazione alla banalità delle scarpe comuni, fece la sua comparsa una nuova tendenza generata dallo stile di vita. Originaria degli Stati Uniti e poi giunta in Europa, questa tendenza corrispondeva all'avvento di un abbigliamento sportivo e dei jeans, o look informale. Il fondatore di Kicker, Daniel Raufast, comprese il significato di questa moda (di rilievo soprattutto nei mercati giovanile ed infantile a partire dai primi anni Settanta) e, di conseguenza, creò un prodotto informale e vivace. Durante lo stesso periodo il signor Helaine di Arche introdusse uno stivale piccolo, colorato e morbidissimo che venne distribuito ovunque. Il mondo delle avventure e la nostalgia per i pionieri e i soldati attrasse una nuova generazione di giovani uomini, come calzature dal passato glorioso – gli stivali da deserto di Clarks, Pataugas, e Pallabrousse di Palladium – vennero adottate per il tempo libero. Negli anni Settanta ci furono novità importanti nelle prestazioni tecniche con la vincente introduzione delle suole in gomma modellate su tomaie di tessuto; una volta che il movimento venne lanciato, non si tornò più indietro.

All'inizio degli anni Ottanta, l'abbigliamento sportivo cessò di essere l'unica fonte d'ispirazione per nuovi stili, dal momento che gli sport stessi dettavano le regole. I Girbaud furono tra i pionieri di questo settore, eleggendo specifici prodotti per vari contesti sportivi, conferendo loro diritto di citazione. Le principali marche specializzate fecero altrettanto seguendo il mercato giovanile: Adidas, Reebok, Converse, Puma e Superga divennero attori a pieno titolo nel settore della moda. In questo frangente tutto avvenne velocemente, ma è da notare che la Nike svolse un ruolo importante nello sviluppo di nuove linee caratterizzate da uno stile modernista.

Altre tendenze sorsero da un approccio volutamente ecologico – prima che qualcuno sentisse parlare dei Verdi. Queste correnti durarono negli anni, sempre fedeli al culto della natura, dell'ergonomicità e dell'autenticità. Bama, Birkenstock e Scholl sono tra i leader di cui il contemporaneo Camper è erede.

La svolta a 360 gradi della moda verso valori primari e più intimistici privilegiò le persone che vanno oltre l'apparenza ed è soprattutto evidente nelle calzature, attento riflesso dello stile di vita contemporaneo. L'abbigliamento sportivo oggi "contamina" il mondo dell'eleganza. Quale casa d'alta moda non possiede nelle sue collezioni scarpe e corpini da ginnastica? Addirittura gli uomini sono stati sedotti dall'abbigliamento casual chic (informale elegante) di Tods e Hogan, dopo aver sperimentato la resistente comodità di Paraboots.

Ma la scarpetta di Cenerentola è ancora fonte d'ispirazione per la fantasia, e fascino ed eleganza esistono ora più che mai. Scarpe da donna sofisticate hanno oggi nuove sostenitrici. Nuovi stilisti portano la fiaccola dei grandi artisti della seduzione, ridisegnando nuovi profili e tacchi originali, giocando con materiali e decorazioni: Rodolphe Ménudier, Michel Perry, Manolo Blahnik, Pierre Hardy e Benoît Méléard, tra i più famosi.

Il rapido cambiamento nelle calzature, sia dal punto di vista dello stile che della produzione, è perfettamente dimostrato dalle carriere di molti illustri calzolai specializzati: Andrea Pfister, Berlutti, Ferragamo, Massarro e Yantorny. Ciascun nome è sinonimo di una diversa concezione, ma sono tutti rappresentanti di eccellente devozione. Qui di seguito le loro biografie, che offrono uno sguardo dietro le quinte dell'arte calzaturiera.

98. Calzatura maschile. Scamosciato nero e vernice nera. UNIC di Romans, 1923 ca. Calzatura maschile in capretto traforato bianco e capretto nero. UNIC di Romans, 1938 ca. Museo Internazionale della Calzatura, Romans.

99. Scarpe da sera in velluto blu scuro, disegno con perline d'acciaio, tacco di celluloide intarsiato di strass. Create da Hellstern. 1925 ca. Museo Internazionale della Calzatura, Romans.

100. Sandali dal doppio tacco indossate con calze di capretto nero. Chiusura con trenta bottoni bianchi, frange dorate sui lati. Estremità simili a dita dei piedi con unghie di strass. Altezza del tacco posteriore: 24 cm. Creati da Hellstern. Parigi, 1950 ca. Museo Internazionale della Calzatura, Romans.

101. Stivali alla coscia in pelle di capretto rosa montati su una scarpa alata con volute in bronzo dorato. Allacciatura frontale con diciassette bottoni. Creati da Hellstern. Parigi, 1950 ca.

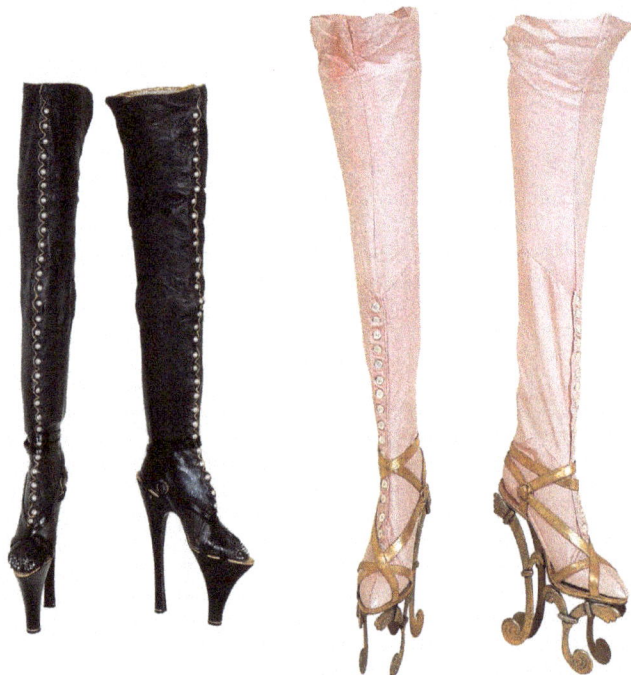

Calzolai di ieri e di oggi

Non si può discutere della storia e dell'evoluzione della scarpa nel XX secolo senza far riferimento ai personaggi e alle società di lunga carriera il cui ruolo aiuta la comprensione dello stile tradizionale ed industriale.

Vere e proprie "dinastie", alcuni calzolai e produttori si stanno ancora espandendo nel XXI secolo. Tra gli stilisti di talento e le rinomate case di moda, nonostante vengano citati molti nomi, altrettanti sono assenti. In nessun modo questo studio pretende di essere esaustivo. Al contrario, tutto merita di essere meglio conosciuto per contribuire al prestigio della moda in Francia e nel mondo e trasmettere l'esperienza dei maestri alle generazioni future.

Hellstern

Hellstern, inizialmente specializzato in scarpe da uomo, fu fondato nel 1870 a Parigi in *rue du 29 juillet* e successivamente, intorno al 1900, si spostò in *place Vendôme*. Insieme, i tre fratelli Hellstern (Maurice, Charles e Henri) lavorano alacremente per potenziare la ditta, che al suo picco (1920-1925) darà impiego a più di cento dipendenti, una cifra considerevole per quel periodo. Da casa, i lavoratori a cottimo assicurano una produzione esclusiva: nella regione della Loira dove la Scuola di Calvary fece nascere una forza lavoro specializzata nell'arte calzaturiera, nel Sud (Midi) dove erano di stanza operai italiani di grande talento.

L'influenza della ditta è significativa per quel periodo: un settore è rimasto a Bruxelles fino al 1949, un altro a Londra fu chiuso solo nel 1965 e a Cannes un negozio rivolto al *prêt-à-porter* rimase aperto fino al 1970. Ma la fama di Hellstern è essenzialmente parigina. La società partecipa alle sfilate di alta moda, attirando così una clientela francese e straniera alla ricerca di prodotti di lusso. Veste i piedi delle celebrità di quel tempo: principi e principesse delle corti europee, star di teatro e cinema, donne di società e "starlette".

Alcuni clienti sono così devoti da ordinare fino a tre paia a settimana – più di cinquecentocinquanta l'anno – pagabili mensilmente, trimestralmente o annualmente. Vere e proprie fortune, un paio di scarpe Hellstern costavano in media circa 525 franchi francesi nel 1919, 250 nel 1924 e 1000 franchi nel 1929!

Il lavoro era suddiviso fra i tre fratelli. Henri, che dopo la seconda guerra mondiale diventerà il Presidente dell'Unione Nazionale dei Calzolai Francesi, è il responsabile delle relazioni pubbliche. Charles è lo stilista e si occupa della creazione di calzature femminili in questo periodo (1920-1930) essenzialmente caratterizzate da tre stili: il "Carlo IX", scarpa piatta o coi tacchi, allacciata al collo del piede con un nastro passante dall'interno alla parte esterna dove è attaccato con una bottone o una fibbia; il "Salomé" derivato dal Charles IX, calzatura legata alla caviglia da un nastro a forma di T; la *pump*, piatta o coi tacchi, dalla suola fine che mostra il collo del piede senza allacciature.

Il Museo Internazionale della Scarpa di Romans possiede più di 250 paia di scarpe di produzione Hellstern che un tempo appartenevano ad una sola proprietaria. Questa eccezionale collezione, acquistata dall'Associazione degli Amici del Museo di Romans, è evocativa di tutti i momenti della vita di un'elegante donna borghese di quei tempi. Si tratta del periodo compreso tra le due guerre, esplosione della sfrenata *joie de vivre* dopo le terribili traversie:

la donna doveva essere bella e lo ostentava in ogni momento del giorno e della sera ed in privato.

Naturalmente questi tre stili di scarpe alla moda, da passeggio e da sera, si trovano nella collezione Hellstern.

Gli stili "Charles IX" e "Salomé", per forma e concezione vengono riprodotti in vari colori, fino a tredici, e realizzati in pelle scamosciata, capretto, pelle di lucertola, serpente e coccodrillo. Le tonalità sono brillanti: viola, verde, fucsia, giallo, rosso, blu, bianco, eccetera. Le seconde sono generalmente allungate con la punta leggermente arrotondata. Applicazioni di pelle di un colore contrastante a quello della tomaia spesso formano un disegno geometrico dalla superiore qualità di esecuzione, mettendo in risalto il virtuosismo nell'arte della cucitura attraverso l'uso di un ago molto sottile che permette di eseguire punti che misurano meno di un millimetro. Ma ormai l'impiego di questa tecnica è scomparso. La maggior parte dei tacchi sono in stile Luigi XV, con un'altezza dai cinque agli otto centimetri, sempre ricoperti di legno con pelle o celluloide intarsiate con strass o vetri di vari colori. Gli ornamenti sono essenzialmente rappresentati da fibbie, dall'uso esclusivamente decorativo. Ogni paio viene personalizzato, per qualsiasi stile. Qui, le fibbie sono pezzi di bigiotteria e addirittura gioielli: alcune di argento massiccio, di ambra nera o più semplicemente di perle, metallo dipinto, strass o marcasite. Altre, più vecchie, datate al XIX secolo, sono espressione dell'ingegnosità del calzolaio.

Per le scarpe da sera, i modelli sono di velluto, lamé, broccato di seta, pelle di capretto dorato o argentato, capretto ritagliato in lacci di pelle, con ornamenti scintillanti che ricordano il fox-trot ed il Charleston.

La *pump*, in pelle di capretto ornata con seta di grossa grana, si distingue per la sua elegante semplicità, mentre la Salomé e soprattutto la Carlo IX sono estremamente impreziosite.

Durante la Seconda Guerra Mondiale, la pelle fu l'unico materiale utilizzato da Hellstern per le sue novantanove paia di stivali da città in pelle di capretto: arrivano fino al ginocchio, hanno un tacco stile Luigi XV e una chiusura sulla parte esteriore costituita da un'elaborata abbottonatura di taglio che stringe la gamba. Pochi modelli avevano i lacci.

L'unicità della forma è compensata dall'enorme quantità di colori, alcune variazioni sono evidenti nell'abbottonatura, che può essere sia nella parte posteriore sia su entrambi i lati. I bottoni, sempre ventiquattro, sono di madreperla, di giaietto o di strass.

Infine, il più incredibile esemplare della collezione è rappresentato da più o meno venti modelli inadatti a camminare, che sfiorano il feticismo: sandali, scarpe e stivali da salotto (*boudoir*) dalle forme più stravaganti. Sono sempre caratterizzati da un tacco molto alto, fino a ventisei centimetri, mentre la parte anteriore del piede è dotata di una leggera imbottitura alla base. In certi modelli, la scarpa ed il tacco coincidono. L'arco è estremamente accentuato. Le tonalità della pelle, sempre di capretto, si limitano al nero, rosso, oro o argento. I tacchi alcune volte sono decorati con strass, le tomaie traforate.

Tra gli esemplari più curiosi, ci sono un paio di stivali alla coscia di pelle rosa montati su una scarpa con spirali laterali in bronzo dorato e un paio di stivali alla coscia neri e dorati con un doppio tacco che vestono il piede come un guanto le cui dita sono impreziosite da unghie di strass.

102. Capolavoro di P. Yantorny: calzatura di piume.
Museo Internazionale della Calzatura, Romans.

Pierre Yantorny:
le scarpe più care del mondo

Il velo di mistero intorno a Pierre Yantorny, che si autodefiniva "il calzolaio più costoso del mondo", è stato finalmente sollevato, grazie alla donazione del suo diario personale, delle fotografie, giornali e scarpe da parte del nipote al Museo Internazionale della Calzatura di Romans. Questi ricordi ci permetteranno di riesaminare la sua biografia e dissipare i miti circa le sue origini indonesiane ed il suo ruolo come sovrintendente del Museo Cluny di Parigi.

Pierre Yantorny era italiano, nato il 28 maggio 1874 a Marasso Marchesato, in Calabria. Frequentò la scuola per soli sei mesi all'età di otto anni, quando iniziò a lavorare in un pastificio dove guadagnava venti centesimi al giorno, lavorando dalle sei del mattino alle sei di sera. Successivamente lavorò per un individuo come guardiano ed allenatore di cavalli. Quando suo padre si stabilì a Chicago, il ragazzo, che aveva dodici anni, si recò a Napoli e fece pratica con un altro apprendista calzolaio: la sua retribuzione consisteva solo nell'arte che imparava.

Sei mesi dopo, assunto da un vero padrone, cominciò a mettere soldi da parte, così da poter partire alla volta di Genova. Dopo un breve soggiorno, si recò a Nizza dove perfezionò la sua arte, ma già nei suoi sogni dominava Parigi. Al fine di finanziare il viaggio e accantonare quarantadue franchi per il biglietto del treno, un altro calzolaio suggerì a Yantorny di far domanda al mattatoio delle pecore di Marsiglia.

Come Yantorny scrive nel suo diario:

«E così arrivai a Parigi il 13 giugno del 1891, dopo un viaggio di tre giorni poiché non si trattava di un treno veloce; alle quattro del mattino feci la mia trionfante entrata nella capitale francese. Avevo l'indirizzo della bottega di un calzolaio a *rue Saint-Honoré* dove avrei trovato artigiani che mi avrebbero potuto aiutare a trovare un lavoro. Ma dannazione! La bottega non c'era più da cinque anni».

Grazie alla gentilezza di un ristoratore italiano di *rue Traversière*, Yantorny conobbe un artigiano che lavorava per i principali locali parigini e che acconsentì a prenderlo con sé. Il giorno lavorativo iniziava alle quattro del mattino e andava avanti fino alle dieci di sera. Il duro lavoro ed il talento lo portarono presto a maneggiare il coltello ed il punteruolo come un professionista. Ma purtroppo il suo benefattore scomparve senza lasciare un indirizzo.

Yantorny trovò allora un lavoro come lavapiatti in un ristorante per tre mesi così da poter acquistare gli attrezzi necessari. Ma, non riuscendo a trovare lavoro, fece ritorno prima a Genova e poi a Nizza il 17 gennaio 1892, con venti centesimi in tasca. Trascorse là l'inverno perfezionando ulteriormente la sua arte, poi tornò a Parigi dove soggiornò fino al 1898, presentandosi come un artigiano degno delle aziende più affermate – un titolo che costantemente risalta nel suo diario.

I due anni trascorsi a Londra lo avrebbero introdotto in un nuovo settore dell'arte calzaturiera, poiché fu lì che apprese l'arte di fabbricare le forme per scarpe, che lui considerava un elemento indispensabile per il mestiere. Questa esperienza inoltre risultò essere un'ottima opportunità per imparare l'inglese, un aspetto notevole, considerando la sua futura clientela americana.

Una volta tornato a Parigi per l'Esposizione Mondiale, abbandonò temporaneamente la sua arte calzaturiera per imparare la fabbricazione delle forme. La sua stanzetta su *rue Saint-Dominique* divenne lo scenario delle sue investigazioni personali. Come riporta nel suo diario:

«Questo è il luogo dove ho cominciato i miei studi sulla fabbricazione delle forme, completamente da autodidatta; ho lavorato per lunghe ore, per giorni non ho mangiato; l'esperienza stessa mi ha nutrito, poiché ho realizzato che facevo progressi in ciò che miravo a realizzare».

Quattro anni dopo, affittò un vecchio panificio al 109 *faubourg Saint-Honoré* dove si stabilì come fabbricante di forme per calzolai. La perfezione di quattro differenti modelli con, per dirla con le sue parole, «tutte le linee necessarie per incantare gli occhi», gli procurò un'eccezionale mole di lavoro. Ma egli continuava a coltivare l'idea di conquistare una ricca clientela: «Volevo confezionare calzature per persone che le indossano per abbinarle ai loro abiti e naturalmente per ottenere questo dovevo fare molti più sacrifici...».

Alcuni anni dopo, aprì un negozio al 26 di *place Vendôme*, dove attualmente si trova la gioielleria Boucheron. Quando vennero a mancare ordini e venne criticato dalla corporazione dei calzolai, disse: «le azioni parlano più chiaramente delle parole e il tempo ne sarà giudice».

Per attirare clienti, Yantorny pose un cartello sulla vetrina che recitava «le più costose scarpe nel mondo». L'espressione finì per essere una sigla commerciale. Maestro della sua arte, andò alla ricerca dei clienti più ricchi che possedevano il gusto, il tempo e soprattutto i mezzi per versare una caparra di tremila franchi e sottoporsi dalle sei alle otto prove richieste per produrre la scarpa perfetta.

Nel suo diario, Yantorny sottolinea l'abilità di provare un paio di stivaletti: il processo doveva risultare una perfetta corrispondenza tra forma, piede e scarpa. Secondo Yantorny, una negligenza da parte del calzolaio poteva causare la formazione di unghie incarnite, duroni, calli, e dita ingrossate, che lo portarono a concludere:

«Se a causa del calzolaio il cliente avrà questi problemi, se li terrà per il resto della vita e nessun dottore o chirurgo sulla Terra potranno guarirlo. Questo è il motivo per cui gli individui che si curano della loro salute e del loro benessere devono fare attenzione e non affidare i loro piedi al primo calzolaio che incontrano».

Yantorny in varie circostanze esaminò ironicamente gli effetti provocati dal portare scarpe inadatte:

«Se delle scarpe scadenti si bagnano c'è il rischio, per chi le indossa, di prendersi il raffreddore o altre malattie» (anche confermato da Pasteur);

«Se siete impegnati in una trattativa e i vostri piedi dolgono per la pessima qualità delle scarpe, il cattivo umore vi impedirà di portare a buon fine il vostro affare»;

«Se si va a teatro ad assistere ad una rappresentazione che si apprezza, ma i piedi fanno male, non ci si godrà lo spettacolo» ed infine;

«Se si va a cena fuori, non importa quanto sia buono il cibo o piacevole la compagnia, se i piedi fanno male non ci si divertirà affatto».

Queste le ragioni per cui Yantorny insiste che il piede vada calzato in perfetta comodità, da una scarpa di qualità foggiata sulla sagoma del piede.

Ricco di consigli tecnici, il diario fornisce informazioni sulla perfezione della sua arte. Il calzolaio condivide con noi l'amore per il suo lavoro, che descrive nei minimi dettagli:

«Per le scarpe femminili, gli occhielli devono essere fatti a mano così come le asole, ma per essere di buona fattura, gli occhielli devono essere molto arrotondati e i punti piatti abbastanza affinché non danneggino la pelle, per questo devono essere molto ravvicinati». Per quanto riguarda l'estetica, basta aprire il suo diario ed osservare quanto gli stia a cuore:

«La mia unica preoccupazione è quella di associare costantemente la tradizione alla creazione artistica.

1. L'aspetto tradizionale consiste nel non provocare dolori al piede.

2. L'aspetto artistico implica la capacità di far sembrare il piede il più piccolo e fine possibile ed addirittura di correggere i difetti naturali.

Esempio: per un piede senza forma, confezionare delle calzature che gli diano tutte le linee e l'equilibrio necessario a catturare lo sguardo».

103. Duca di Guise di P. Yantorny. Velluto in seta cremisi ricamato con fili d'oro e d'argento. Ispirato dagli abiti liturgici del XVII secolo; Tacco Luigi XV. Parigi, 1912 ca. Museo Internazionale della Calzatura, Romans.

104. Duca di Guise di P. Yantorny. Base in raso nero e applicazioni di perline di raso rosso, fibbia di strass e tacco Luigi XV. Parigi, 1912 ca. Museo Internazionale della Calzatura, Romans.

pour avoir des clients dans ces conditions il a fallu la transformation complète de toute la cordonnerie du monde. C'est donc pour vous donner une idée de ma nouvelle école.

Le Soulier en Plumes

Le chef d'œuvre que j'ai voulu soumettre aux yeux du public c'est le soulier de plumes qui est fait avec de petites plumes d'oiseaux venant du Japon mesurant chacune à peu près 1 millimètre et demi. Il a fallu 6 mois pour pouvoir en achever une paire. Je n'ai pas fait cela pour une spéculation de vente mais seulement pour un objet artistique et faire voir jusqu'où je pouvais pousser le degré de la cordonnerie.

·LE·BOTTIER·LE·PLUS·CHER·DU·MONDE·

P. YANTORNY

N°

26, Place Vendôme

Paris, le   19

Reçu de

la somme de [████] mille francs à valoir sur l'ensemble de sa commande conformément au règlement de la maison.

105. Estratto dal diario di P. Yantorny.
Museo Internazionale della Calzatura, Romans.

106. Ricevuta da P. Yantorny, "il più costoso produttore di scarpe al mondo".
Museo Internazionale della Calzatura, Romans.

107. Baule di P. Yantorny, realizzato da Rita Acosta Lydig. Cuoio e seta.
The Metropolitan Museum of Art, New York.

L'espressione "catturare lo sguardo" compare nel diario anche quando egli commenta l'industrializzazione:

«La produzione calzaturiera industriale possiede scarse forme e per i piedi confeziona piccole scatole che vengono chiamate scarpe. Le calzature confezionate a mano devono essere realizzate secondo i gusti estetici dei clienti»;

«È molto difficile produrre scarpe che si conformino ai piedi della gente e ai gusti individuali»;

«Se c'è una cucitura dietro la tomaia, spesso è realizzata malamente ed è evidente dal calcagno così come dalla gamba quando si guarda una persona da dietro».

Sebbene Yantorny nel duo diario dichiari che il suo obiettivo non è quello di arricchirsi, le sue creazioni, comunque, sono costose. Prima del 1914, il primo ordine arrivò a 35.000 franchi, probabilmente per riconoscenza al suo talento e alla forte personalità. Un prezioso libro degli ordini rilegato in pelle con fogli in pergamena conferma l'elevato prezzo del suo primo ordine, che includeva la creazione di numerose forme di scarpe, uno studio tradizionale ed artistico del piede, cinquanta paia di scarpe senza ornamenti al prezzo di centoventicinque franchi ciascuno, cinquanta forme di scarpe, due bauli per scarpe e stivali, sei paia di calze per ciascun paio di scarpe (per un totale di trecento paia di calze) ed infine fibbie, calzanti, ganci per bottoni e tutti gli accessori per la manutenzione.

Chi erano i suoi clienti? Pochi di numero e ricevuti solo su appuntamento, erano russi e francesi, ma soprattutto donne americane, come la ricca Rita de Acosta Lydig. Una delle donne più eleganti ed importanti di New York, Lydig ordinò più di trecento paia di scarpe. Veri capolavori, erano conservate in bauli di pelle russa con interni in panno di velluto che ne contenevano dodici paia. Il Metropolitan Museum di New York conserva un esemplare di uno di questi meravigliosi bauli. Ciascuna scarpa perveniva con la sua forma su cui era inciso il nome Rita. Alcune di queste scarpe erano realizzate in tessuti *vintage*: Yantorny era un conoscitore di tessuti ed ottenne velluto, broccato, raso e pizzo dai collezionisti per produrre le sue creazioni.

Questo infaticabile lavoratore ad un certo punto, intorno al 1930, avvertì la necessità di fermarsi per concedersi un periodo sabbatico di due anni in India. Coloro che gli erano più vicino ricordano bene la storia:

«Un giorno ho realizzato che stavo cominciando a riflettere sulle cose che non avevo mai fatto. Così ho preso il treno per Marsiglia e la nave per Bombay. Non ho fatto soste finché non sono giunto a Darjeeling. Là ho camminato fino ad un punto dove potevo contemplare il Monte Everest senza che nessuno mi disturbasse; sono rimasto per cinque giorni, fissando solo l'Himalaya nella sua tranquillità. Questo è ciò di cui ha bisogno la maggior parte della gente: fermarsi e guardare qualcosa che è fuori dall'esperienza ordinaria».

Ritornò da questo lungo interludio asiatico vegetariano e devoto al silenzio e alla meditazione. Nonostante ciò, il suo temperamento italiano si ripresentò velocemente e nella sua casa nella Valle di Chevreuse si diede alla coltivazione dei campi. Seminò con una aratro trainato da due buoi, raccolse il suo stesso grano e fece il pane.

Andando al lavoro, si intristiva sempre nel vedere passanti che indossavano scarpe scadenti.

Dalle sue meditazioni, gli sopraggiunse l'idea di fondare una nuova scuola calzaturiera.

Il sogno di tramandare un codice completo della sua maestria, a fini educativi, rivestiva un ruolo fondamentale nel suo diario:

«Abbiamo bisogno di una scuola e i suoi studenti hanno bisogno di passare gli esami ed essere premiati in base al loro livello di intelligenza; in altre parole calzolaio al primo posto, calzolaio al secondo e terzo posto» e «I giovani selezionati devono provenire dalle montagne, non dalle grandi città, così possono imparare meglio senza le distrazioni metropolitane».

Yantorny esortava l'ammissione degli studenti a quattordici anni, poiché ritenava che le competenze artistiche richiedessero otto anni, di cui cinque dedicati alle sagome e alle forme. L'esame consisteva nella misurazione del piede di tre differenti persone e la creazione delle sagome, delle scarpe e delle forme per ciascuno di essi. Il candidato che passava con successo l'esame riceveva il titolo di maestro calzolaio e come aggiunge Yantorny:

«Se ottiene il primo premio, avrà il diritto di confezionare scarpe per le persone più eleganti e ricche della terra, vincendo premi prestigiosi».

La scuola di Yantorny non venne mai fondata. D'altra parte, la sua stessa ricerca fu premiata. Nel 1924 negli Stati Uniti, brevettò una modalità di allacciamento di scarpe. Undici anni più tardi, il Cardinale Pacelli, il futuro Pio XII, lo ringraziò a nome di San Pietro per la sua generosa offerta ai lavori e alle necessità della Santa Sede, con una speciale benedizione apostolica dal Papa per Yantorny e la sua famiglia.

Quest'uomo che parlava in modo fluente tre lingue (l'italiano, la sua madrelingua, il francese e l'inglese) era analfabeta. Dovette quindi essere aiutato nella stesura del diario che avvenne sotto la sua dettatura. Il diario si conclude con la descrizione di Yantorny delle scarpe piumate, ora conservate nel Museo Internazionale della Calzatura di Romans:

«Il capolavoro che volevo presentare al pubblico era la scarpa fatta con piume di un piccolo uccello giapponese, ciascuna della lunghezza di un millimetro, un millimetro e mezzo. Ci sono voluti sei mesi per farne un paio. Non le ho realizzate con l'intenzione di venderle, ma solo come oggetto d'arte per dimostrare quanto lontana si poteva spingere la produzione calzaturiera».

Poi conclude:

«Il mio unico scopo è quello di lasciare qualcosa al museo della scarpa che le future generazioni possano ammirare, non un lascito finanziario, ma l'elaborazione artistica che si può trovare nelle calzature».

Le creazioni più significative di questo calzolaio atipico, che morì il 12 dicembre 1936, si trovano in parte al Metropolitan Museum of Art di New York ed in parte al Museo Internazionale della Calzatura di Romans.

André Perugia:
l'ultimo dei grandi artisti rinascimentali, primo dei moderni

Considerato uno dei più grandi produttori di calzature su richiesta del XX secolo, André Perugia nacque nel 1893 in Toscana, figlio di un riparatore di scarpe. La famiglia fuggì la povertà emigrando a Nizza, dove il padre aprì una bottega di calzolaio.

Il suo apprendistato cominciò nella bottega del padre per poi continuare con un fabbricante di stivali di Nizza quando aveva sedici anni. Perugia subito intuì che la sua conoscenza era superiore a quella del padrone e decise di subentrare nella bottega del padre. Qui percepì le limitazioni del lavoro di calzolaio, dimostrando già una forte inclinazione all'invenzione.

I modelli di Perugia attirarono l'interesse della moglie del proprietario dell'hotel Negresco, che gli offrì una vetrina per esporre le sue scarpe agli avventori dell'albergo. Paul Poiret fu uno di questi durante un viaggio a Nizza, dove si era recato per presentare le sue collezioni alle principesse indiane e alla ricca clientela che trascorreva le sue vacanze in Riviera. Poiret voleva accrescere lo splendore di questo spettacolo di moda con accessori colorati e solo André Perugia, con così breve preavviso, acconsentì a produrre i modelli richiesti dallo stilista. Dopo una trionfante rappresentazione, Poiret propose a Perugia di stabilirsi a Parigi, ma la guerra sconvolse i piani che si attuarono solo nel 1920.

Alla sua sfilata di moda Poiret effettivamente introdusse Perugia alla sua elegante clientela. E quest'ultimo non dovette aspettare molto il successo, poiché tornò a casa pieno di ordini. Ma egli, comunque, stava ancora nella sua bottega di famiglia e sognava di confezionare scarpe per lo scintillante mondo dell'alta società parigina.

L'anno successivo, il sogno divenne realtà con l'apertura di una boutique al numero 11 di Faubourg Saint-Honoré. Le scarpe di clienti famosi mostrate insieme ai loro nomi e alcuni modelli stravaganti attirarono l'attenzione dei giornalisti. Per Poiret fu semplice promuovere il giovane; il talento di Perugia fece il resto.

Il calzolaio creò vari modelli per lo stilista, tra cui l'"Arlequinade" e il "Folie", che corrispondevano ai nomi dei profumi di Poiret. Intanto, una clientela dell'alta società sfilava all'interno della ditta Perugia, tra cui Mistinguett (star francese del teatro di varietà), Josephine Baker (ballerina esotica dei Ruggenti Anni Venti), regine, principesse, star del palcoscenico e dello schermo, ed aristocratici. Perugia realizzava solo scarpe femminili, anche se per cortesia e in via eccezionale confezionava calzature maschili, come per esempio per Maurice Chevalier.

A partire dal 1927, egli attraversò l'Atlantico per conquistare la ricca clientela americana. Il successo anche in America era solo su appuntamento da "Monsieur Perugia" che si trasformò in "Mister Perugia". Nel 1933, stabilitosi al 4 di *rue de la Paix*, lanciò il marchio "Padova" distribuito negli Stati Uniti da *Saks Fifht Avenue*.

La sua rete di vendite straniere crebbe con Rayne in Inghilterra. Inoltre, nel 1936, la Regina d'Inghilterra gli fece l'onore di un ordine durante una visita a Parigi. Nel 1937 si sarebbe stabilito una volta e per sempre, fino al giorno della sua morte, al 2 di *rue de la Paix*.

Perugia lasciò un'enorme quantità di opere. Per poterle interpretare e comprendere l'osservatore deve considerare i suoi aspetti tecnici, i suoi temi d'ispirazione e la collaborazione di Perugia con gli stilisti. Il lavoro di un calzolaio su commissione è simile a quello di uno stilista d'alta moda. Il calzolaio realizza un calco o un disegno del piede e ne prende le misure. Lo stile e l'altezza del tacco ne determinano la forma. Da questi elementi si ricava una struttura iniziale senza ornamenti, che il calzolaio può aprire nella parte superiore, laterale e nel tacco durante la prova. Quando la struttura calza perfettamente il piede del cliente, la scarpa è pronta per la produzione.

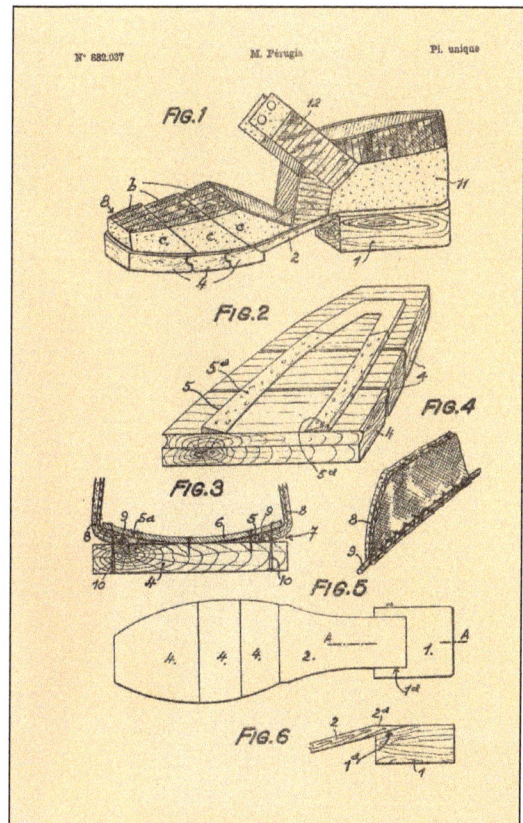

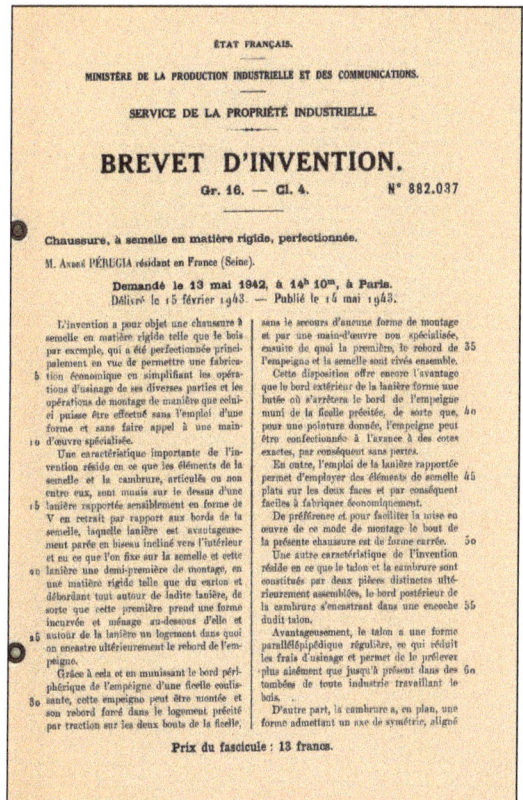

108. Stampa: *La casa di Perugia o il calzolaio alla moda.*
Collezione Guilen. Museo Internazionale della Calzatura, Romans.
109. Brevetto ottenuto da Perugia nel 1942. Museo Internazionale della Calzatura, Romans.

110. Calzature da guerra: tomaia ricavata da pezzi di abiti e pellame, tacco quadrato, suola in legno con lamine attaccate alla tela. 1942.
111. Stampa: *Consultazione-Scarpe di Perugia*. Museo Internazionale della Calzatura, Romans. Fotografia di Joël Garnier.
112. Vetrina del negozio di Perugia, Faubourg Saint Honoré, Parigi.

Una parte degli ordini ricevuti da Perugia venivano evasi nelle sue botteghe; le rimanenti dai calzolai che lavoravano a casa.

Per Perugia la difficoltà di esecuzione e le spese erano cose di poco conto, mentre ciò che risultavano di capitale importanza erano la comodità della scarpa e la sua perfetta adattabilità.

I clienti di Perugia ordinavano circa quaranta paia a stagione al prezzo approssimativo per unità di 50.000 franchi, che negli anni Venti ammontavano ad una considerevole cifra annuale. L'opera di Perugia mostra una straordinaria quantità di materiali: pelli esotiche e spesso sorprendenti (tra cui pelle di stomaco di lama e pelle di antilope, dipinta e ricamata), tessuti, pizzi, fibre vegetali e crine di cavallo.

Non esitava a trasformare completamente pelli tradizionali: pelle di serpente che diventava oro e pelle di alligatore che sfoggiava allegri colori. A questo si aggiungeva l'opulenza di ornamenti smaltati o ricamati, che trasformavano la scarpa in un esclusivo oggetto di design. Perugia fu un vero maestro in questo mestiere e allo stesso tempo fu consapevole dei propri limiti, che lo motivarono a continuare la ricerca tecnologica: non smise mai di inventare nuovi sistemi di lavorazione, quaranta dei quali furono brevettati e meticolosamente illustrati.

Questi brevetti segnarono la sua intera carriera dal 1921 al 1958. Non si deve a Perugia solo l'invenzione nel 1942 del tacco in legno articolato, che prosperò durante la seconda guerra mondiale, ma anche l'invenzione nel 1956 dell'astuto sistema del tacco intercambiabile. Inoltre Perugia inventò un collo della scarpa di metallo; i fabbri artigiani realizzavano i tacchi per lui. Le sue calzature sfidavano le regole dell'equilibrio cambiando la struttura fissa del tacco.

Il suo interesse per la nudità del piede lo condusse a produrre un sandalo per la sera. Senza renderlo inadatto al movimento, eliminò quanto più possibile della tomaia ed usò un vinile trasparente per creare l'illusione del piede nudo. Sollecito a migliorare l'adattabilità delle scarpe, pensò più al piede in movimento piuttosto che al piede fermo com'era d'abitudine.

Per Charles Jourdan per cui fu consulente tecnico dal 1962 al 1966, Perugia adottò le sue invenzioni brevettate ed il suo know-how su scala industriale, ma non fu coinvolto nel processo creativo propriamente detto.

L'originalità della sua arte fu chiara fin dalle prime creazioni. I tempi cambiarono e differenti culture nutrirono i motivi del suo stile. Il tema orientale appare in tutta la sua opera ed è evidente nelle scarpe da sera, da città, d'appartamento ed anche da spiaggia. Lo stile orientale di Perugia fu parte di un movimento nato dall'amore per i Balletti Russi. Dal 1909 la compagnia di Diaghilev si esibiva in Francia. Il balletto *Shehezerade* sfoggiò la sensualità delle donne dell'harem in un tumulto ed esplosione di colori e sconcertò piacevolmente il pubblico con le grazie dell'Oriente. Il 24 giugno del 1911 Poiret organizzò una celebrazione persiana denominata "Le Mille e una Notte" e si presentò ai suoi invitati vestito come un sultano. Ad arricchire la sua immaginazione contribuì anche il viaggio in Marocco che effettuò nel 1918. Fu sicuramente per influenza di Poiret che Perugia si immerse nello spirito orientale, che divenne un motivo ricorrente. L'effetto è evidente nei suoi motivi di ispirazione cinese, come le pianelle da appartamento con i tacchi rialzati. Perugia poi volse lo sguardo verso il Giappone e realizzò suole intagliate su imitazione delle ghette; più vicino a casa, trovò ispirazione dalle pianelle veneziane che sfoggiavano le maschere.

Rifacendosi alla storia per trovare ispirazione, Perugia prese come modelli il coturno dei Greci ed il *campagus* dei Romani. Il periodo medievale influenzò il suo gusto per le calzature semplici del X e dell'XI secolo, costituite da una tomaia alta sostenuta da una corda fine. Egli ottenne successo nel confezionare un'elegante versione del tipo "Dagobert". Oltre ad un nome evocativo, la Dagobert aveva una suola sostenuta da una corda fine nascosta da un piccolo risvolto. Seguirono i modelli Carlo IX, Salomé e la scarpetta di vernice da ballo, conosciuta come *escarpin*. Alcune di queste scarpe, con le tomaie alte di pelle d'antilope beige stampata in oro e con disegni di diamanti traforati, erano chiare reminiscenze delle vetrate intagliate delle chiese gotiche.

CONSULTATION

CHAUSSURES, DE PÉRUGIA

113. Perugia. *Pump* in capretto blu con stampe dorate, tacco e quartiere ricavati da un singolo pezzo di legno intagliato e laminato d'oro. 1950 ca. (copia di un modello creato nel 1923). Museo Internazionale della Calzatura, Romans.

114. Perugia. Modello creato per Arletty. Scarpa da sera in capretto dorato, suola a piattaforma in sughero ricoperta d'oro. 1938. Museo Internazionale della Calzatura, Romans.

115. Perugia, sandalo in capretto d'oro e strass, tacco di metallo intarsiato con strass. 1952. Museo Internazionale della Calzatura, Romans.

116. Perugia, calzatura senza tacco in capretto vellutato viola, trina di capretto dorato, base sughero lucidato verniciato d'oro. 1950. Museo Internazionale della Calzatura, Romans.

Ma l'ambiente artistico dello stesso calzolaio ebbe su di lui un impatto considerevole. Poiret, che fu mecenate di pittori, scrittori e stilisti, trasformò Perugia in un esperto ed illuminato collezionista d'arte. Tra il 1925 e il 1930 i motivi dell'Arte Decorativa erano ovunque. I tacchi in legno di Perugia, prima scolpiti e poi dorati con foglie d'oro, sono rivelatori della sua vera impresa artistica. Questo straordinario calzolaio fu il primo ad esibire le sue opere al Salone delle Arti Decorative.

Intorno al 1955, egli toccò il picco della sua carriera con una collezione creata negli Stati Uniti. Ciascuna scarpa era intesa come omaggio ai pittori del XX secolo come Picasso, Braque, Matisse, Fernand Léger, Mondrian, ecc. Ma le sue calzature-oggetto d'arte ancora soddisfano la loro primaria funzione del camminare. Oltre a queste audaci creazioni, egli confezionò molti modelli per gli stilisti. In qualità di calzolaio ufficiale di Paul Poiret, creò calzature appuntite con ricchi ornamenti e di vari brillanti colori che si abbinavano perfettamente alle figure lunghe e diritte dello stilista.

Una lunga collaborazione dal 1930 al 1950 con Elsa Schiapparelli, con cui condivise una complementare competenza, diede vita a nuove ed originali forme che furono estremamente notevoli per la loro straordinaria modernità.

Dopo la Seconda Guerra Mondiale, Perugia pose il suo talento al servizio di Dior, Jacque Fath, Balmain e Hubert de Givenchy. Durante questo periodo continuò a dividere il suo tempo tra la Francia e gli Stati Uniti, dove collaborò con I. Miller, uno dei più famosi calzolai su misura d'America. La sua superba carriera si avviò al termine con Charles Jourdan, a cui lasciò la sua straordinaria collezione personale. Risorsa artistica ispiratrice, è visibile oggi al Museo Internazionale della Calzatura di Romans. André Perugia morì a Nizza il 22 Novembre 1977. Anche se alcuni dei suoi modelli si rifanno al passato e sono influenzati dallo spirito orientale, il ruolo di innovatore di questo straordinario calzolaio è confermato dai risultati della sua ricerca tecnica ed estetica.

Il suo posto nel mondo della moda eleva la bellezza della scarpa ed afferma la sua modernità. La perfezione della novità dei materiali, delle forme e dei procedimenti produttivi rimane valida ancora oggi. «L'ultimo dei grandi artisti rinascimentali ed il primo dei moderni», la descrizione che Baudelaire fece di Delacroix può essere anche applicata a questo calzolaio per l'eccellenza della sua arte calzaturiera.

117. Perugia. *Pump* in capretto, di vernice nera, tomaia a forma di pesce, tacco costituito di una lamina metallica di vernice nera, modello ispirato ad un dipinto di Braque. 1955 ca. Museo Internazionale della Calzatura, Romans.

118. Perugia. Pianella in capretto, color panna e velluto marrone con ricami dorati, tacco rivestito da dischetti neri e dorati. 1949. Museo Internazionale della Calzatura, Romans.

119. Perugia. Sandalo da sera in raso rosso e capretto dorato, modello creato per Jacques Fath. 1953 ca. Museo Internazionale della Calzatura, Romans.

120. Riproduzione di pelle bronzea, 1985, ispirato a un modello creato nel 1923 da Salvatore Ferragamo ad Hollywood per il film *I dieci comandamenti*, diretto da Cecil B. De Mille. Museo Ferragamo, Firenze.

121. Salvatore Ferragamo ed Emilio Schubert durante la prima sfilata di moda a Firenze nel 1951. Presentavano la loro ultima invenzione "Il Kino".

122. Il laboratorio di Ferragamo a Firenze, dopo il ritorno di Salvatore Ferragamo nel 1927. Fotografie scattate per la rivista "Gran Bazar" e pubblicate alla fine degli Anni Venti. Museo Ferragamo, Firenze.

Ferragamo

Salvatore Ferragamo nacque nel 1898 a Bonito, un povero paesino del sud Italia. Figlio di un contadino, confezionò il suo primo paio di scarpe a nove anni. Furono un regalo per sua sorella in onore della sua prima comunione, perché non voleva che quel giorno si recasse in chiesa con gli zoccoli. Incoraggiato dalla sua prima esperienza, cominciò il suo praticantato con un calzolaio a Napoli. Nel 1914 emigrò negli Stati Uniti, dove visse per tredici anni, lavorando inizialmente per l'industria cinematografica realizzando calzature di scena e per la città per i più grandi nomi del grande schermo. In fatto di comfort ed eleganza, studiò anatomia all'Università della California. Questa educazione gli insegnò il ruolo fondamentale che l'arco del piede aveva nella distribuzione del peso sul corpo. Portò a termine quindi un supporto arcuato d'acciaio che da allora in poi incluse in tutti i suoi modelli. Ritornato in Italia nel 1927, si stabilì definitivamente a Firenze nel 1935 in prossimità del quartiere dove si trovavano le botteghe degli artigiani tradizionali. Quindi comprò il Palazzo Spini-Feroni, che rimane la sede dell'impresa familiare ancora oggi conosciuta a livello internazionale.

I problemi economici dell'Italia di quel periodo, seguiti dalla guerra, spinsero Salvatore Ferragamo non solo ad usare materiali poveri, come carta intrecciata, paglia e canapa, ma anche a sostituire i suoi famosi supporti con sughero. Queste difficoltà non oscurarono la sua ragguardevole immaginazione creativa. Accadde il contrario, poiché fu proprio allora che egli realizzò la sua più famosa creazione: la zeppa, che ebbe uno straordinario successo e glorificò il genio del calzolaio. Gli anni Quaranta furono segnati da nuove invenzioni, come il sandalo invisibile con la tomaia fatta di fili di nylon e tacchi scolpiti a forma di F.

L'esilarante atmosfera dell'Italia negli anni Cinquanta rese Roma, Amalfi e Portofino destinazioni turistiche dell'élite, che mai rinunciava a fare una tappa a Firenze per comprare le ultime straordinarie creazioni del calzolaio. Un giorno Greta Garbo acquistò settanta paia di scarpe in un colpo solo e la Duchessa di Windsor faceva provvista di scarpe bicolori ogni primavera.

La creatività, l'originalità e la fantasia di Ferragamo si combinavano armoniosamente con la straordinaria conoscenza tecnica. Queste qualità gli fecero vincere nel 1947 il premio Neiman Marcus. Vent'anni dopo, sua figlia Fiamma ha ripetuto questi successi. Salvatore Ferragamo morì nel 1960. Ma ancora ci parla attraverso le sue più belle creazioni esposte nel museo di palazzo Spini-Feroni che porta il suo nome, per il piacere di tutti i visitatori.

123. Ferragamo. Sandalo in nylon e pelle dorata. Museo Ferragamo, Firenze.
124. Ferragamo. Modello creato per Sophia Loren, perline e motivi ricamati in
     raso. Museo Ferragamo, Firenze.

Alfred Argence

Fondata nel 1900, Argence aprì la sua prima attività all'89 di rue du Faubourg Saint-Honoré, prima di spostarsi a rue des Pyramides, dove rimase fino alla chiusura. La prestigiosa ditta che si specializzò nella creazione di eleganti scarpe femminili, fu membro del Syndicat des Bottiers de Paris (Sindacato dei Calzolai di Parigi), ed attirò una clientela famosa e chic, tra cui Sarah Berhnardt e Cléo de Mérode. Argence fu molto premiato nel contesto delle fiere internazionali, come nel 1908 alla fiera del Lavoro di Firenze e, sempre nel 1908, alla fiera internazionale dell'industria moderna e delle arti decorative e commerciali di Roma. Suo successore fu il figlio Alfred Victor Argence che lavorò in collaborazione con l'alta moda. Anche a lui furono assegnati diversi premi in varie esposizioni, come in "Gli Artigiani di Parigi" nell'ottobre del 1942 e la "Fiera delle aziende calzaturiere" organizzata dalla Federazione Nazionale dei Calzolai Francesi e l'Unione di Francia nel contesto del Congresso della Sezione Internazionale Conciaria a Parigi nel 1984. Gli affari della ditta si affievolirono gradualmente prima della chiusura definitiva negli anni Ottanta.

125. Scarpe da sera. Mary Jane in scamosciato nero, applicazioni di capretto dorato, ricamo in strass, fibbia di filigrana argentata. Tacco Luigi XV rivestito di celluloide dorata e strass. *Pump* realizzata da Julienne. Museo Internazionale della Calzatura, Romans.

Julienne, la calzolaia

Figlia di un maestro calzolaio, Julienne cominciò ad imparare i segreti del mestiere molto giovane. Nel 1919, aprì una bottega a Parigi al 235 di *rue Saint-Honoré*, e successivamente una boutique in Biarritz. La sua creatività come modellista e la conoscenza tecnica dell'artigianato tradizionale francese la posero accanto ai migliori.

Julienne si specializzò in raffinate scarpe per la distribuzione, puntando su una clientela di donne eleganti che si potevano permettere calzature su misura.

Le sue scarpe erano belle copie degli stili realizzati su ordinazione; l'eccellenza dei materiali e delle forme distinsero nettamente le sue calzature dalle banali marche della distribuzione di massa. Sempre attenta alle nuove tendenze, Julienne assimilò le influenze esotiche della produzione coloniale e le adattò al gusto parigino. Smise di lavorare prima della Seconda Guerra Mondiale.

126. *Pump* realizzata da Julienne. Larga fibbia di bachelite decorata con perline bianche, applicazioni in capretto rosso. Museo Internazionale della Calzatura, Romans.

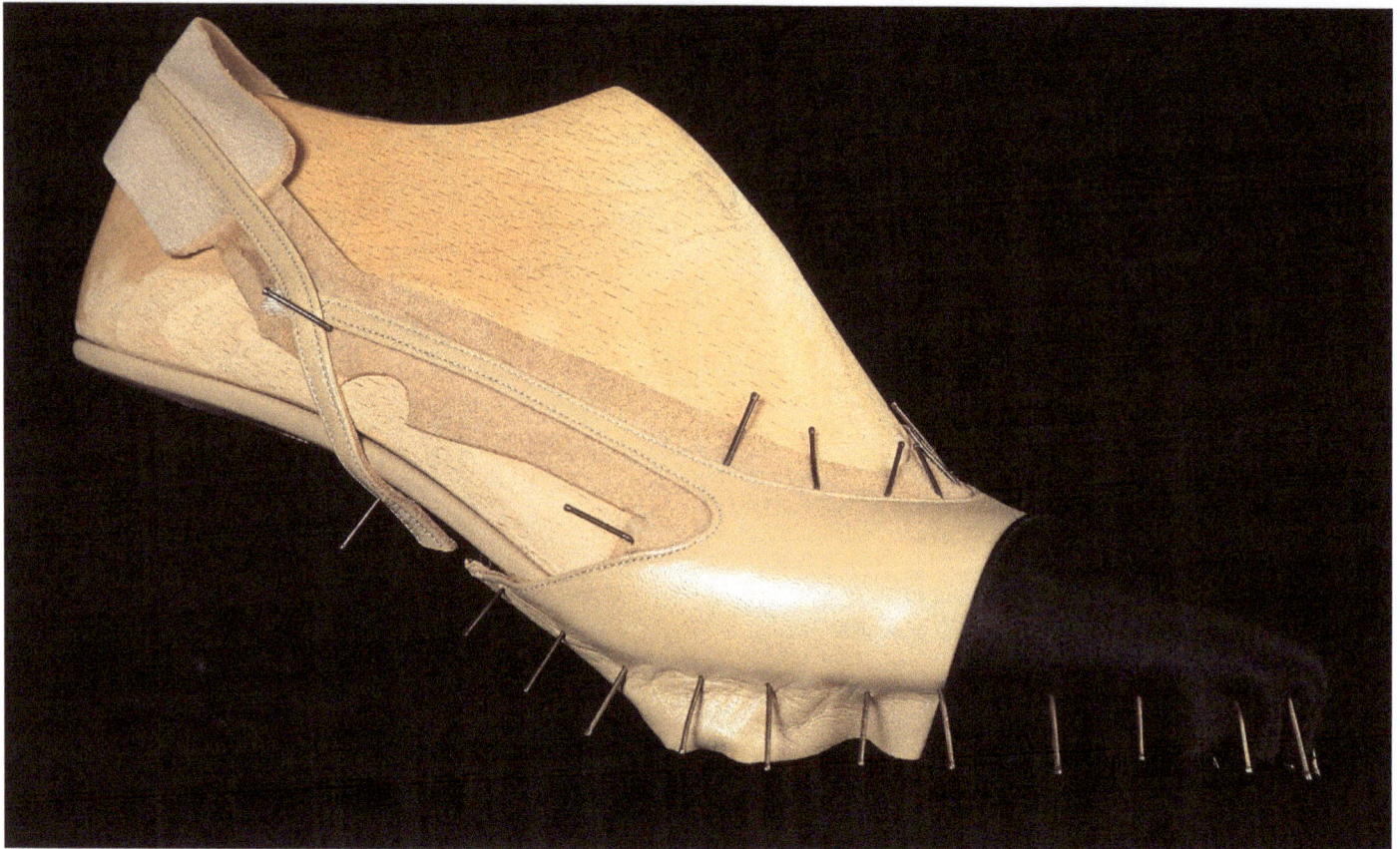

La Maison Massaro:
una dinastia di produttori di scarpe

Sébastien Massaro fondò la ditta che porta il suo nome nel 1894, aprendo una bottega al 2 di *rue de la Paix* a Parigi. I quattro figli François, Xavier, Donat e Lazare impararono il mestiere sotto la sua supervisione.

Il figlio di Lazare, Raymond Joseph Massaro, nacque il 19 Marzo del 1929. La sua carriera lo condusse all'*Ecole des métiers de la chaussure* (una scuola commerciale francese per calzolai) a *rue de Tuigo* a Parigi, dove nel 1947 ottenne l'attestato di formazione professionale nelle scarpe femminili stile Luigi XV. Il giovane Raymond terminò la sua formazione presso la bottega di famiglia. Egli ricorda il tempo in cui suo padre confezionava scarpe per Elsa Schiapparelli, la Duchessa di Windsor, la Contessa Von Bismarck, la milionaria Barbara Hutton, Shirley MacLaine ed Elizabeth Taylor, tutte abituali clienti della boutique in *rue de la Paix*, insieme ad altre celebrità.

La famiglia Massaro realizzava creazioni soprattutto per clienti privati, ma cominciò ad avere legami più stretti con l'alta moda parigina. Nel 1954, Lazare Massaro creò una ballerina per Madame Grès che avrebbe influenzato l'intero periodo. A questa fece seguito, nel 1958, l'invenzione del famoso sandalo bicolore in beige e nero per Coco Chanel.

Raymond Massaro rilevò la gestione della ditta e continuò il lavoro del padre e del nonno. Il suo talento fu riservato a molte celebrità, tra cui Re Hassan II, di cui divenne produttore di calzature, l'attrice Romy Schneider e più recentemente alla collezionista privata di alta moda, Mouna Ayoub.

Raymond Massaro soddisfò anche alcune particolari richieste per scarpe piuttosto strane. Una volta ci fu un maharajah, residente abituale di un lussuoso hotel di Parigi, che si recò nella capitale con il suo segretario personale. Quest'ultimo era così abituato all'antica tradizione del suo paese di rimanere scalzo all'interno del palazzo, che non era in grado di camminare con le scarpe all'interno del lussuoso hotel se non con grande difficoltà. Il principe vassallo indiano voleva rispettare per educazione i costumi francesi, quindi chiese al calzolaio di confezionare un paio di scarpe senza suole che avrebbero permesso ai piedi del suo segretario di stare a diretto contatto col terreno. L'astuzia permise al segretario di rispettare contemporaneamente sia le tradizioni francesi che quelle indiane.

Molte aziende di moda si rivolsero a Raymond Massaro, tra cui: Emmanuel Ungaro, Guy Laroche, Gianfranco Ferré, Christian Dior, Thierry Mugler, Ocimar Versolato, Christophe Rouxel, Olivier Lapidus, Jean-Paul Gaultier e Dominique Sirop. Egli realizzò vari modelli per Karl Lagarfeld a Chanel e produsse tacchi in resina che sembravano gambe femminili per Azzedine Alaïa. Costantemente innovativo, questo stilista era totalmente votato all'originalità.

Nel 1994, il Ministro Francese della Cultura gli conferì in esclusiva il titolo di Maestro d'Arte per aver unito una consumata abilità allo spirito creativo. Il produttore calzaturiero è membro inoltre del Committee Signé Paris, fondato nel 1997 per promuovere in Francia e all'estero le eccellenti ditte che rappresentano la moda parigina attraverso la qualità del loro know-how artistico. Nel 1999 Raymond Massaro esibì le sue scarpe a Tokyo in occasione dell'Anno della Francia in Giappone.

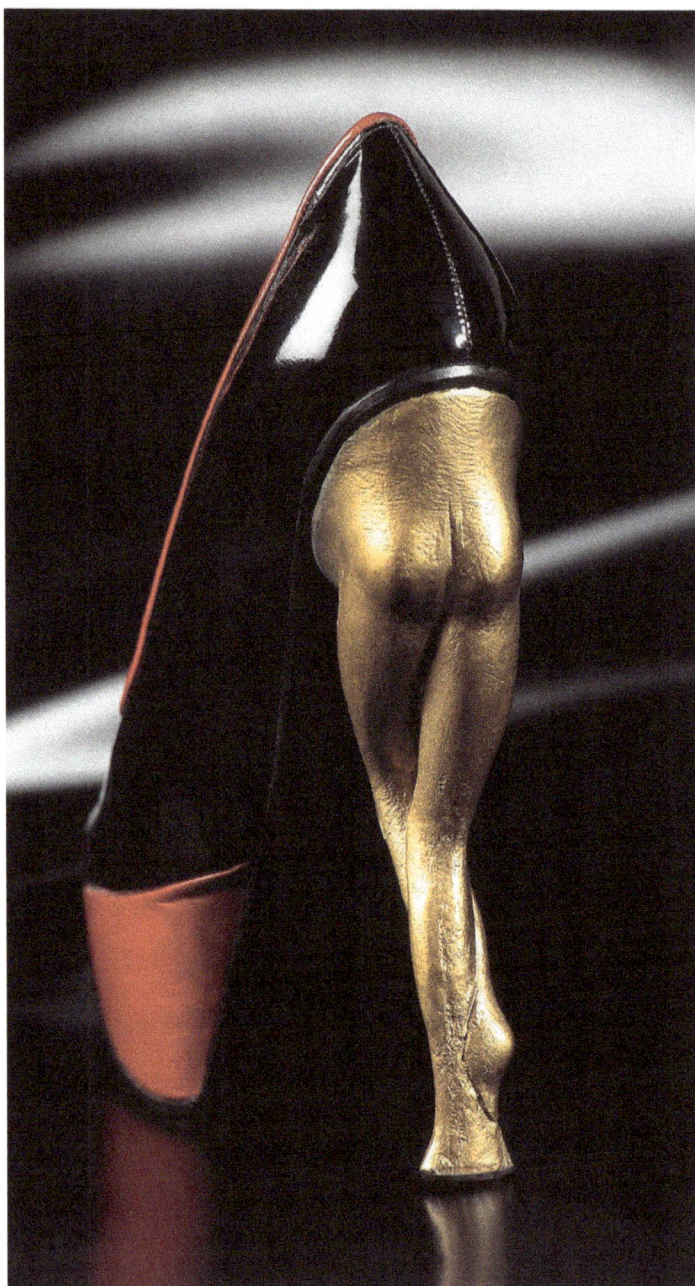

Nelle pagine precedenti:

127. Massaro nel suo laboratorio.

128. Calzatura di Massaro prodotta per Chanel.

129. *Pump* elastica creata per Madame Grès
(articolo da spiaggia) da Massaro. 1955.

130. Calzatura creata da Massaro per Chanel, 1958.

131. Calzatura creata da Massaro, 1992.

132. Sandalo di vernice nera con suola a piattaforma in sughero creato da
Massaro per Chanel nell'estate 2001. Sui tacchi di sughero, è possibile
leggere l'iscrizione "Château Chanel".

133. Massaro. "Gambe" zatteroni per Azzedine Alaïa. 1991.
Vernice nera, capretto rosso e base rossa. Ottenuto usando la resina,
il "tacco gamba" è stato intagliato a mano.

134. Calzatura creata da Massaro, 1991.

135. Massaro. Pianella bianca dipinta interamente a mano con stemma
di Parigi, 1997. Creazione per la commissione Signé di Parigi.

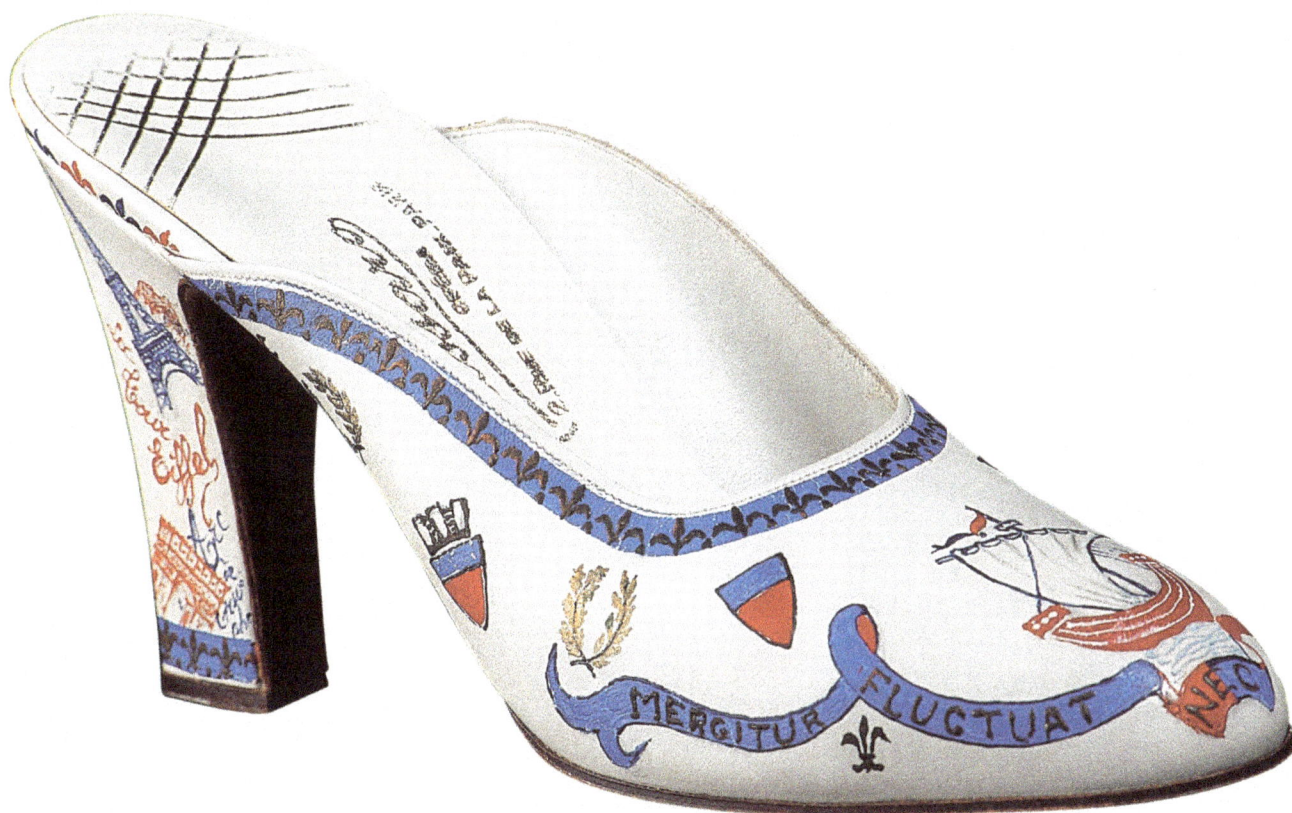

MERGITUR FLUCTUAT NEC

Sarkis Der Balian:
il calzolaio immortale

Sarkis Der Balian nacque in Armenia all'inizio del XX secolo ad Aïtab Cilicia (Piccola Armenia). Egli mostrò un interesse precoce per le calzature. Orfano dall'età di sette anni, fu accolto da un calzolaio regionale, che lentamente gli insegnò l'arte mentre andava a scuola. Presto scoprì nel suo giovane apprendista uno studente dotato ed un infaticabile lavoratore che possedeva una destrezza manuale particolare, tanto da incoraggiarlo a proseguire.

Totalmente dedito alla sua arte, il bambino rappresentava il detto armeno «conoscere un'arte tradizionale è come avere un braccialetto d'oro intorno al polso». Egli giunse in Francia il 7 marzo del 1929, mettendo in pratica la sua arte nelle varie botteghe dei calzolai su misura di Parigi. Intorno al 1934 si recò a lavorare da Enzel, un calzolaio di *rue Saint-Honoré*, dove gli fu affidata la gestione di un gruppo di 40 operai. Il famoso Charles Ritz portava avanti l'impresa ed ammirava il lavoro di Balian. Durante questo periodo egli realizzò scarpe per Marie Curie, l'aviatrice Hélène Boucher, Mistinguett, tra gli altri.

A completamento di questi anni produttivi egli creò inoltre modelli per Enzel come stilista indipendente, cosa che gli permise di imporsi come artigiano in proprio. Tra i clienti per cui lavorò c'erano Max Bally, le ditte della Unic-Fenestrier a Romans, le imprese Fougères e la ditta Besson, un piccolo produttore parigino di scarpe femminili. Inoltre perfezionò tecnicamente alcuni modelli realizzati per i grandi stilisti.

Nel 1935 viaggiò per l'Italia, che gli lasciò un'immagine di bellezza perfetta che avrebbe poi sempre guidato ed illuminato la sua opera con la creazione di ballerine, sandali, stivali e calzature. Gli eventi del 1936 portarono alla chiusura di Enzel. Si spostò quindi all'angolo tra *rue de Rivoli* e *rue Renard* da "Cecile", un'impresa specializzata in calzature per uomini, donne e bambini dove ottenne la mansione di Direttore tecnico. Nel 1939 declinò l'invito da parte di Delman che gli offriva l'opportunità di confezionare scarpe negli Stati Uniti. Affezionato al suo paese d'adozione, la Francia, aprì un negozio in *rue de la Sourdière* a Parigi lavorandoci dal 1943 al 1945. Gli interni rococò della sua prima attività, che lui stesso ideò e realizzò di propria mano, sono tuttora presenti. Il successo lo condusse nel 1947 a spostarsi in un negozio più ampio al 221 di *rue Saint-Honoré*. Ancora una volta, lasciò la sua impronta sugli interni architettonici e le decorazioni e creò un ambiente che desse il benvenuto e seducesse una clientela esigente, interessata all'eleganza e alla comodità. Il comfort delle sue calzature si meritarono l'etichetta di "linea comfort Der Balian" per questo consumato artigiano, produttore di scarpe e stivali, modellista e stilista, come lui stesso si definiva.

La sua necessità di raggiungere costantemente nuovi traguardi lo portarono a creare capolavori come la storia di Cenerentola. Come un vero e proprio dipinto in miniatura, era realizzato con più di cinquecentomila minuscoli pezzi di pelle. La stessa tecnica si ritrova su una scarpa che ritrae la città di Zurigo vista dalle finestre del Municipio. Al tempo, la città cercò in tutti i modi di acquistare la scarpa, ma Balian si rifiutò sempre. L'opera rappresentava la fatica di più di un anno per questo artigiano di oggetti d'arte, che non badava mai alle ore di lavoro, sempre pronto, se necessario, a disfare e rifare, interessato solo al risultato.

In tutta la sua lunga carriera Balian confezionò scarpe per molte celebrità, tra cui i pittori Salvador Dalí e Dunoyer de Segonzac; lo scultore Paul Belmondo; gli attori Claude Dauphin, Gaby Morlet, Greta Garbo e Laurent Terzieff; il pugile Goerges Carpentier; gli artisti Henri Salvador e Yehudi Menhin; gli scrittori Jean Anouilh, Aragon ed Elsa Triolet e l'aviatore Jean Mermoz.

Conosciuto all'estero fin dal 1930, ricevette numerosi premi ed i più alti riconoscimenti in tutte le mostre nazionali ed internazionali. Nel 1955 vinse la coppa del mondo della calzatura a Bologna per il suo capolavoro chiamato "floralie", una scarpa straordinaria caratterizzata da un tacco d'argento concavo intarsiato. La giuria fu colpita così favorevolmente da questa calzatura che soprannominò Balian "il Michelangelo delle scarpe". In onore di ciò, la città di Parigi lo insignì della *médaille de vermeil*. Miglior lavoratore di Francia nel 1958, la sua mansione di consulente per la formazione tecnica fu rinnovata per cinque volte dal Ministro Francese dell'Educazione Nazionale.

La sua generosità lo portò a trasmettere spontaneamente le proprie conoscenze alle generazioni più giovani. Inoltre era in grado di riconoscere ed ammirare la qualità del lavoro con totale imparzialità e farlo era il suo più grande piacere. Sempre assistito dalla moglie e dalla figlia Astrid, continuò a lavorare fino al 1995 e morì il 29 marzo del 1996.

Questo virtuoso dell'arte calzaturiera, di cui era assolutamente appassionato, continua a comunicare con noi se ci soffermiamo a contemplare la sua opera conservata ed esposta al Museo Internazionale della Calzatura di Romans.

136. Sarkis Der Balian al suo tavolo da lavoro.

Nelle pagine seguenti:

137. Zurigo, creazione di Sarkis Der Balian. Parigi, 1950. La tomaia è di pergamena intarsiata di pelle tinta naturalmente. La vista di Zurigo è quella che si ha dalla finestra del Municipio.

138. Modello Carlo IX in raso marrone, suola a piattaforma, tacco rettilineo, disegno di capretto dorato simile alla verniciatura, creazione di Sarkis Der Balian. 1940 ca.

139. Flora, creazione di Sarkis Der Balian, Parigi, per la coppa del mondo vinta nel 1955. Tomaia composta da strisce bordate e intrecciate, tacco argentato e intarsiato con pelle iridiscente.

140. Cenerentola, creazione di Sarkis Der Balian. Parigi, 1950. Favola realizzata su una tomaia in velluto intarsiata con minuscoli lustrini multicolore.

Berluti:
tre generazioni di artisti

Nativo di Senigallia in Italia, Alessandro Berluti cominciò il suo apprendistato da adolescente in una falegnameria. Questo alimentò la sua passione per la lavorazione raffinata del legno, che avrebbe poi riscoperto più tardi nell'arte della forma per le scarpe.

In possesso di una grande destrezza manuale, acquisì poi conoscenza dell'arte conciaria, ereditata dai suoi discendenti. Le avvincenti storie di Ilebrando, un vecchio calzolaio emigrato a Marsiglia, raggiunsero il villaggio di Berluti e gli fecero sorgere l'idea per i viaggi. Così, intorno al 1887, portando come bagaglio gli scintillanti strumenti di Ilebrando, si avventurò verso nuovi orizzonti. Una volta sulla strada, incontrò un gruppo di saltimbanchi che accompagnò per diversi anni, realizzando le scarpe per gli artisti della compagnia.

Arrivato a Parigi nel 1895, si dedicò all'arte calzaturiera, creando scarpe esclusivamente su misura, una tradizione tuttora in auge per la ditta Berluti. L'esposizione mondiale del 1900 gli offrì l'occasione di farsi conoscere ad un pubblico più ampio. Col suo ritorno nel Paese natio, aprì una bottega dove lavorò fino alla sua morte e trasmise i segreti della sua arte al figlio Torello.

Quest'ultimo fece pratica nel negozio del padre dove si dimostrò un infaticabile lavoratore che non desiderava altro che proseguire su questa strada. Con l'abilità di uno scultore, le sue mani misuravano, tagliavano, lucidavano e confezionavano scarpe. Durante i ruggenti anni Venti, si stabilì a Parigi, aprendo una boutique nel 1928 in *rue du Mont Thabor* con il nome commerciale di Berluti, esclusivamente per scarpe su misura.

Lo stile della ditta era fondato su tre emblematici modelli: la ballerina allacciata (o calzatura papale, una forma semplice ricavata da un unico pezzo senza cuciture), il mocassino in un unico pezzo denominato "la scarpa della principessa del Rinascimento" ed infine il Napoleone III, un modello alto con elastico laterale, che un giorno avrebbe suscitato il seguente commento da parte del Duca di Windsor: «Qualcosa di modesto e malizioso allo stesso tempo».

Da questo momento in poi, Berluti conquistò una reputazione e l'attenzione di una clientela internazionale degli hotel di lusso, testimoniate dal suo trasloco al 26 di *rue Marbeauf*. Il luogo d'élite divenne un tempio dedicato alle calzature e all'eleganza maschile, decorato in legno e pelle, in omaggio alla doppia abilità artistica della famiglia.

All'inizio degli anni Cinquanta, molte celebrità passarono da Berluti: James de Rothschild, Alain de Gunzburg, Sacha Distel, Eddy Constantine, Bernard Blier, Gaston e Claude Gallimard, Charles Vanel, Fernand Gravey, Marcel l'Herbier, Pierre Mondy, Yul Brynner, Marcel Achard, Jules Roy e André Hunnebelle. Questi nomi dimostrano bene come la fama di Berluti attirasse il Jet Set nel 1958.

All'inizio degli anni Sessanta, la ditta era affermata con successo ed il figlio di Torello, Talbino, ne prese le redini. Egli era stato introdotto all'arte calzaturiera all'età di quattordici anni, ma poi intraprese gli studi di architettura. I ruoli furono immediatamente suddivisi tra il padre ed il figlio: Talbino, il cui talento era soprattutto di carattere intellettuale ed immaginativo, generava idee e le abbozzava, mentre suo padre trasformava in materia concreta i sogni di suo figlio. Da questa stretta collaborazione, agli inizi degli anni Quaranta, nacque il mocassino allacciato. Ma nel 1959, Talbino ruppe con la tradizione permettendo ad esclusive confezioni *prêt-à-porter* di entrare nel mondo dove le calzature su misura regnavano con la loro lenta produzione. Questa nuova direzione soddisfò i clienti esigenti ed impazienti. Immediatamente disponibili, queste scarpe "esclusive e pronte da indossare" permisero un abbassamento dei prezzi, espandendo la clientela e facendo crescere l'impresa. Ma come ottenere una perfetta

adattabilità senza prendere le misure? Talbino e sua cugina Olga risolsero il problema perfezionando come in un gioco cinque tipologie morfologiche di piede: il pretenzioso, l'intellettuale, il fragile, il masochista e lo scortese. Questi ritratti corrispondevano ad una "tabella visiva" che permetteva di visualizzare il modello più adatto una volta che il cliente, togliendosi le scarpe, mostrava il piede.

Tra il 1960 ed il 1980, Talbino, infaticabile, fece progredire la ditta. Egli e il padre davano ai clienti il benvenuto in un mondo di raffinatezza.

Per quanto riguarda Olga Berluti, italiana di nascita, ella trascorse la sua infanzia a Parma e Venezia, ma divenne poi parigina di cuore e cultura. Durante l'Università si orientò verso la filosofia prima di dedicarsi all'arte calzaturiera su misura. Il suo arrivo nel 1959 a *rue Maurbeuf* segnò l'inizio di dieci anni di intensa e produttiva pratica, unita allo studio che intraprese con i chirurghi che erano clienti della ditta. Insieme esaminarono l'utilizzo delle scarpe, in relazione alla postura e alla forma del piede, potendo così diagnosticare problemi collegati ai piedi e alla schiena di cui alcune persone soffrivano.

141. Calzature da uomo create da Berluti.
142. Fotografia di Olga Berluti.

143. Boutique Berluti a Parigi, 26 rue Marbeuf.
144. Calzature da uomo create da Berluti.

Nelle pagine seguenti:

145. Calzature da uomo create da Berluti.
146. Calzature da uomo create da Berluti.

Questa vera e propria "ricerca clinica" portò alla linea fisiologica denominata "Comfort". Nuove idee erano nell'aria. Olga offrì ai clienti abituati ad indossare scarpe classiche nuovi modelli che avevano forme e colori da loro desiderati. Particolari tonalità di verde, grigio e giallo attiravano clienti come François Truffaut, Andy Warhol, Roman Polanski e Jacques Lacan. La boutique divenne un salotto con persone indaffarate che si fermavano solo a scambiare qualche facezia con Olga. Il calzolaio era diventato artista e poeta. Perfino la magia della luna, nonostante l'effetto sbiancante sulla pelle delle scarpe esposte ai suoi raggi, collaborò con Olga, che raggiunse tonalità profonde ed una brillantezza prima sconosciuta. Come ambasciatrice di questo marchio prestigioso, la straordinaria, emozionante e appassionata Olga era responsabile della promozione e della decorazione delle boutique Berluti, presenti in tutto il mondo. I modelli attuali della ditta riflettono il fenomeno di moda delle scarpe sportive da città, come si può osservare da quelli presentati nel nuovo negozio su *boulevard Saint-Germain*.

È improbabile però che i cambiamenti del nostro secolo alterino i metodi onorati dal tempo dell'arte di confezionare a mano le scarpe, simbolo, per tre generazioni, della ditta Berluti.

147. Calzature da uomo create da Berluti.

148. Forma di scarpe creata da Gaston Gallimard.

149. Calzatura creata per Gallimard da Berluti.

150. Calzature da uomo. Collezione Tatoues, Casa Berluti.

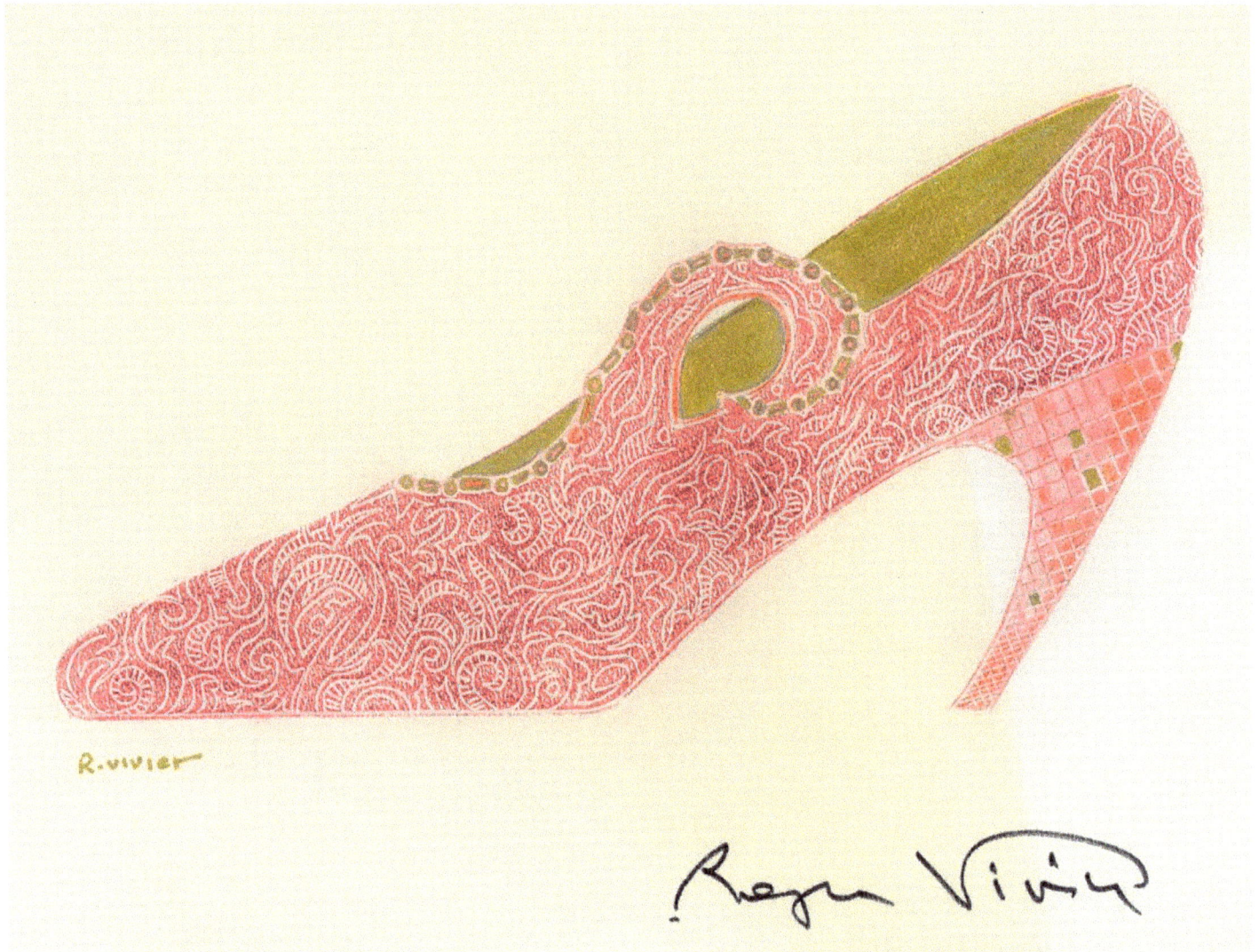

R. vivier

Roger Vivier

Roger Vivier:
stilista della scarpa

Roger Vivier nacque a Parigi nel 1907. All'età di tredici anni andò a lavorare in una fabbrica di scarpe di proprietà di amici di famiglia dove imparò i fondamenti tecnici e le diverse tappe della produzione.

Le sue abilità artistiche lo portarono naturalmente all'*Ecole des Beaux-Arts* di Parigi dove studiò scultura. Tra il 1926 ed il 1927, all'età di vent'anni, decise di dedicarsi alla progettazione calzaturiera. L'incontro con il decoratore teatrale Paul Seltenhammer fu decisivo; con questi, Vivier visitò Venezia e Berlino, puntando la sua attenzione ad un mondo strettamente connesso all'avanguardia letteraria ed artistica del suo tempo. Mistinguett ordinò scarpe di Vivier, così come Josephine Baker e Marianne Oswald, che cantava Cocteau. Vivier si mosse in tutte le tendenze d'avanguardia con gusto eclettico, immergendosi nei grandi movimenti artistici del periodo: le arti decorative in Francia, il Bauhaus in Germania, il Wiener Werkstätten in Austria. L'assimilazione di questa cultura fu poi evidente nella decorazione degli appartamenti dove visse successivamente.

Assunto nel 1936 come stilista esclusivo e confezionatore di modelli per Laborémus, la divisione francese della conceria tedesca, collocata al numero 16 di *Place Vendôme*, Roger Vivier fu responsabile della produzione di un'elegante linea parigina che avrebbe ottenuto il favore degli acquirenti e incrementato la vendita del pellame.

Nel 1937, Roger Vivier aprì il suo primo negozio in *rue Royale*, dove i modelli, creati all'interno della bottega, venivano venduti ad una vasta clientela francese ed americana. Inoltre progettò scarpe per i più grandi produttori del mondo come Delman che garantì l'esclusività dei suoi modelli negli Stati Uniti, ed attrasse l'attenzione del mondo della moda, specialmente di Elsa Schiapparelli.

La guerra portò alla chiusura del suo laboratorio in *rue Royale*, quando si arruolò nell'esercito. Congedato nel 1940, fu invitato da Delman a continuare il suo lavoro negli Stati Uniti. Nel 1941 partì per New York sul transatlantico *L'Exeter*. A bordo incontrò Suzanne Rémy, la principale modista di Agnès, che stava emigrando con sua madre. Quando gli Stati Uniti entrarono in guerra, l'uso della pelle fu estremamente limitato così da poter soddisfare le prioritarie richieste dell'esercito. A corto di materie prime, Roger Vivier si diede ad un'attività complementare e divenne l'assistente del fotografo Georges Hoyningen-Huene, che stava lavorando per "Harper's Bazaar". Qui venne in contatto con la moda mondiale e incontrò Carmel Snow, a quel tempo editore di "Harper's Bazaar". Strinse anche amicizia con Fernard Léger e frequentò altri artisti europei in esilio come Max Ernst, Calder e Chagall. Allo stesso tempo, lavorò per Bergdorf Goodman e realizzò copricapi da sera con Suzanne Rémy. La celebre modista di Agnès gli insegnò l'arte di produrre cappelli. Un negozio di cappelli aprì nel 1942 con il nome "Suzanne e Roger" all'angolo tra *Madison Avenue* e la Sessantaquattresima Strada. In un anno il negozio divenne la principale destinazione parigina di New York. Nel 1947 tornò a Parigi dove fece la conoscenza di Michel Brodsky, suo futuro collaboratore, e di Christian Dior. Creò tutte le scarpe su misura per la collezione di Dior dopo il 1953. Quello stesso anno confezionò le scarpe per l'Incoronazione della Regina Elisabetta II d'Inghilterra.

Due anni dopo, Christian Dior e Roger Vivier ebbero la geniale idea di fondare un grande negozio per scarpe *prêt-à-porter*. Era la prima volta che uno stilista parigino associava il suo marchio a quello di un produttore di scarpe allo scopo di promuovere una linea per la grande distribuzione. Nel 1954, una scarpa con il tacco sottile di sette-otto centimetri scalzò la scarpa drappeggiata e regnò fino all'apparizione e alla vittoria del tacco a spillo nel 1956, sempre un'invenzione di Vivier. Le scarpe erano ornate da Rébé con sontuosi ricami stile XVIII secolo. Anche la sua collaborazione con Yves Saint-Laurent diede vita alle forme più innovative. Ad esempio, il tacco *choc* del 1959, così chiamato perché scioccava a prima vista, fu nonostante tutto un grande successo. Nel 1960, l'attenzione fu focalizzata sul tacco Pulcinella e il "tacco a gambo". Il successo della punta quadrata venne confermato nel 1961 quando venne adottato da donne quali la Regina Elisabetta II, l'Imperatrice d'Iran, la Duchessa di Windsor, Jacqueline Kennedy, Olivia de Havilland, Marlene Dietrich, Elizabeth Taylor e Sofia Loren.

Nel 1963 Roger Vivier aprì una boutique con Michel Brodsky al 24 di *rue François 1er*. Il tacco a forma di virgola era la sua personale firma su scarpe fastose. Nel 1965 creò un tacco "impilato" per Yves Saint-Laurent: quadrato, decorato con una fibbia di metallo dorato, questo modello vendette decine di migliaia di paia. Un ulteriore grande interesse fu suscitato dall'uso di materiali sintetici, come il vinile trasparente.

Nel 1970 lo stile hippy lo ispirò per la creazione di alti stivali aderenti, che furono apprezzati da Brigitte Bardot e da coloro che indossavano le minigonne. Vivier confezionò scarpe per molte celebrità: l'Imperatrice del Giappone, la Principessa Grace di Monaco, Claude Pompidou e Romy Schneider. La lista delle altezze reali, delle principesse e delle attrici è impressionante. La sua reputazione internazionale di virtuoso produttore di calzature gli portò clienti dai quattro angoli del globo. Uno di questi addirittura ordinò scarpe per il suo barboncino, Bonbon. Sebbene in qualche modo sorpreso da questo ordine così inaspettato, Vivien accettò. Il giorno della prova, si presentò con due modelli che furono messi alle zampe dell'animale; il piccolo "toutou" cominciò a correre per tutto il negozio mentre gli occhi della sua padrona erano colmi di meraviglia. Il suo sguardo si fece poi costernato e girandosi verso il calzolaio disse: «Ma il mio cane ha quattro zampe». Roger Vivier rapidamente rettificò la sua svista con grande piacere della sua fedele cliente.

Vivier dava alle sue scarpe il volume di una scultura ed i contorni di un disegno. Esse possono sfoggiare tacchi audaci come il "tacco a gambo", o tacchi maliziosi come il Cancan, il Guignol o il Pulcinella; alcune volte appoggiano al suolo in quello stile tanto amato da Marlene Dietrich. La quantità di materiali usati creò scalpore: le scarpe erano ornate con piume di fagiano dorate con bordi neri, piume di faraona, piume di martin pescatore e addirittura rivestite di pelo di pantera.

Alcune erano coperte di perle, di un impasto colorato brillante, di lustrini e fastosi ricami nati dalla splendida collaborazione tra Vivier ed il ricamatore François Lesage. La sua cooperazione con l'alta moda parigina terminò nel 1972, ma contratti stranieri gli diedero l'opportunità di continuare a creare fino alla morte. Suo figlio, Gérard Benoît-Vivier lo assistette. Il padre morì il 1 ottobre 1998. Era a casa, nella sua città natale a Tolosa, ancora al suo tavolo da lavoro. Le più importanti collezioni delle sue scarpe (egli preferiva il termine francese *soulier* invece che *chaussure* per indicare la categoria generale di tutte le calzature) che affermano il suo talento, il virtuosismo e l'inesauribile opera, sono conservate nei seguenti musei: Museo della moda e del tessile (Parigi), Museo Galliera (Parigi), Museo Internazionale della Calzatura (Romans), Victoria and Albert Museum (Londra) e Metropolitan Museum of Art (New York).

Le sue scarpe senza tempo erano e continuano ad essere oggetto di molte mostre internazionali che rendono tributo a questo grande stilista della scarpa.

151. Tacco "shock" di Roger Vivier. 1955.

152. Sandalo da sera. *Organza e strass. Creato da Roger Vivier. Parigi, 1985.*
Museo Internazionale della Calzatura, Romans. *Fotografia di Joël Garnier.*
153. Calzatura stile *à la poulaine. Velluto, ciondoli e perline. Tacco "Clown".*
Creata da Roger Vivier. Parigi, 1987. Museo Internazionale della
Calzatura, Romans.

154. Calzatura stile *à la poulaine*. Velluto, ciondoli e perline. Tacco "Clown".
Creata da Roger Vivier. Parigi, 1987. Museo Internazionale della
Calzatura, Romans.

155. Sandalo da sera. Raso blu, ricamo con lustrini. Tacco "a virgola".
Creato da Roger Vivier. Parigi, 1963. Museo Internazionale
della Calzatura, Romans.

156. Calzature in capretto in undici tonalità, tacco rettilineo.
1980 ca. Creazioni di François Villon.
Museo Internazionale della Calzatura, Romans.

François Villon (1911 –1997)

Il suo vero nome era Benveniste. François Villon era uno pseudonimo che egli assunse poiché ammirava il grande poeta francese del Medioevo.

Dopo una stretta collaborazione con la ditta Perugia, di cui fu capo esecutivo, creò una sua casa di moda nel 1960. Aprì un negozio al 27 di rue du Faubourg Saint-Honoré e lavorò sul concetto di calzatura su misura già sperimentato da Perugia, ma adattandolo ad una più vasta scala di produzione. Il marchio François Villon ottenne un grande successo intorno al 1965, attraendo una famosa e raffinata clientela.

I suoi modelli non erano sempre al passo con i capricci della moda e, alcune volte, rimanevano un po' indietro rispetto alle tendenze del momento. Realizzò diverse versioni di stivali, come ad esempio gli stivali alti attillati di pelle (una versione di pelle rossa venne indossata da Sheila per la serie televisiva del 1968), gli stivali alla *cowboy* per i cittadini e gli stivali da equitazione. Inoltre nel 1970 introdusse lo stivale tagliato, che si abbinava con i vestiti di Louis Féraud.

Dal 1969, le sue ballerine apparvero nelle sfilate di moda dello stilista. Con lo stesso entusiasmo creò scarpe per lo sport, per la città, per la sera. La sua ricerca lo condusse a realizzare un tacco a spirale molto complesso da realizzare.

François Villon aprì presto una serie di boutique all'estero, a Milano, a New York, a Singapore e ad Hong Kong. Tra le case di moda che scelsero le sue scarpe c'erano Hermès, Chanel, Ted Lapidus, Jean Patou, Nina Ricci, Lean-Louis Scherrer, Louis Féraud e Lanvin.

Egli proseguì infaticabile nella sua carriera fino alla morte nel 1997.

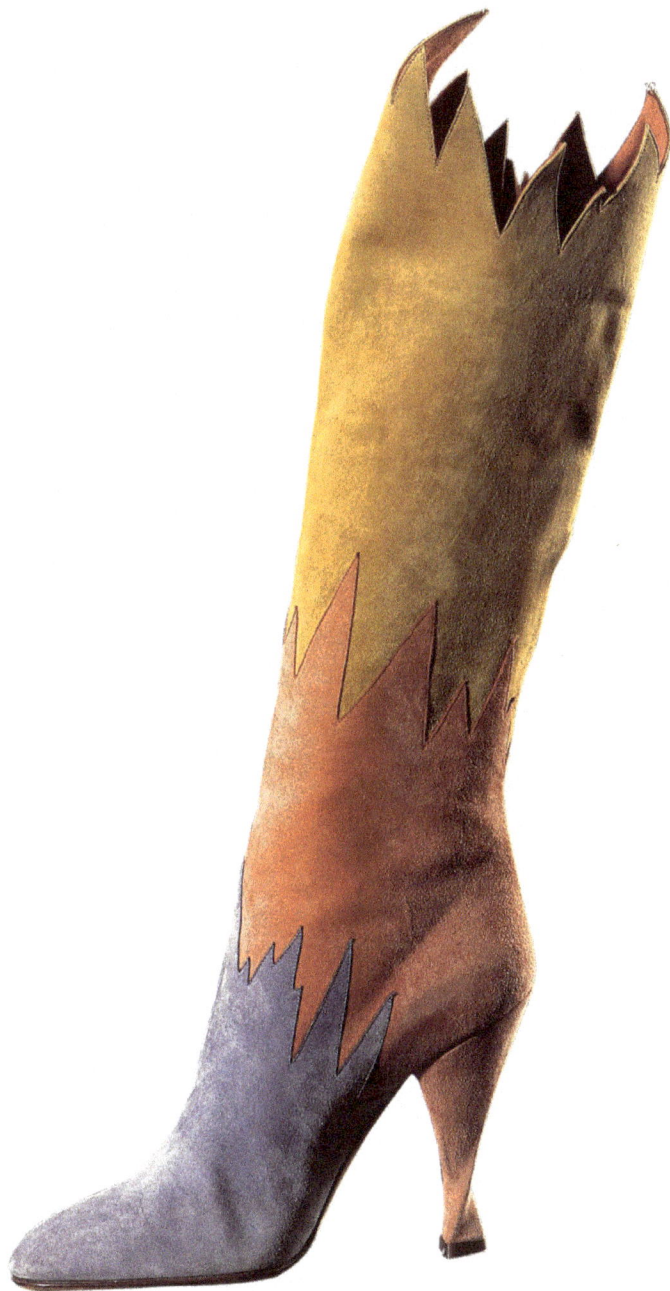

157. Stivale scamosciato con tacco a traliccio.
Creazione di François Villon. Parigi, 1980-1981.
Museo Internazionale della Calzatura, Romans, Romans.

Andrea Pfister:
piedi felici

Nato nel 1942 a Pesaro, in Italia, nella Marche, Andrea Pfister aveva diciotto anni quando si iscrisse all'Università di Firenze per studiare storia dell'arte. Laureatosi a vent'anni all'Ars Sutoria di Milano, vinse il primo premio nella competizione internazionale del 1963, tenutasi ad Amsterdam, come miglior stilista di scarpe, iniziando così una sicura carriera segnata dalle seguenti cruciali date:

1964: Pfister si stabilisce a Parigi dove disegna collezioni di scarpe per le ditte d'alta moda Jean Patou e Lanvin;

1965: Pfister lancia la sua prima collezione con il proprio nome;

1967: incontra Jean-Pierre Dupré, che diventa suo socio. Insieme aprono la prima boutique Andrea Pfister in *rue Cambon* a Parigi;

1974: compra la sua fabbrica, che produce duecento paia di scarpe al giorno e si amplia con la creazione di borse, cinture e sciarpe;

1987: Pfister inaugura una seconda boutique con un indirizzo fortemente simbolico: via San Andrea a Milano;

1988: ancora una volta viene consacrato miglior stilista calzaturiero, vincendo la Medaglia d'Onore dell'Alta moda dall'Associazione calzaturiera di moda di New York e dall'Associazione dei mezzi di comunicazione della Moda.

1991: Pfister dà il via alla collaborazione con le concerie Anaconda (specialisti in pelli di serpente) e Stefania (specialisti in pelle di capretto e scamosciata) per la creazione di una linea cromatica del suo design. I modelli combinano in modo armonioso la pelle di rettile e di capretto con quella scamosciata.

1993: il Museo Internazionale della Calzatura di Romans gli dedica una retrospettiva. La mostra si sposta poi nel 1996 al Bata Shoe Museum di Toronto e al FIDM di Los Angeles e San Francisco nel 1998.

Sempre interessato alla combinazione di estetica e comodità e conosciuto per la sua ricerca nelle forme e nei tacchi, Pfister improvvisa su diversi soggetti con grande sicurezza: frutta, fiori, animali, la notte stellata, l'oceano, la musica, il circo, Las Vegas, ecc.

Classiche e barocche, ricche e stravaganti, audaci e visionarie, decorate con perle di vetro multicolori, impasti, lustrini e perfino ricami, le scarpe di Pfister sedussero le sue clienti. Tra questi vi erano stelle come Ursula Andress, Candice Bergen, Jacqueline Bisset, Claudia Cardinale, Cher, Catherine Deneuve, Bo Derek, Linda Evans, Madonna, Liza Minnelli, Diana Ross, Barbara Streisand, Elizabeth Taylor e Sylvie Vartan.

Come Jean-Claude Carrière ha propriamente scritto: «I piedi nelle scarpe di Andrea hanno stile. Camminare con le Pfister è come indossare scarpe sempre sorridenti; è come inventare un look ogni giorno. Si cammina a cuor leggero anche sotto cieli grigi. È quasi beatitudine».

158. "Il Polo Nord" farandola di pinguini in pelle di serpente su polacchino scamosciato.
Andrea Pfister. Inverno 1984-1985. Museo Internazionale della Calzatura, Romans.

159. Pianella "Pomodoro" di Andrea Pfister. Primavera-Estate 2002. Museo Internazionale della Calzatura, Romans.

160. Sandalo "Carota" di Andrea Pfister. Primavera-Estate 2002. Museo Internazionale della Calzatura, Romans.

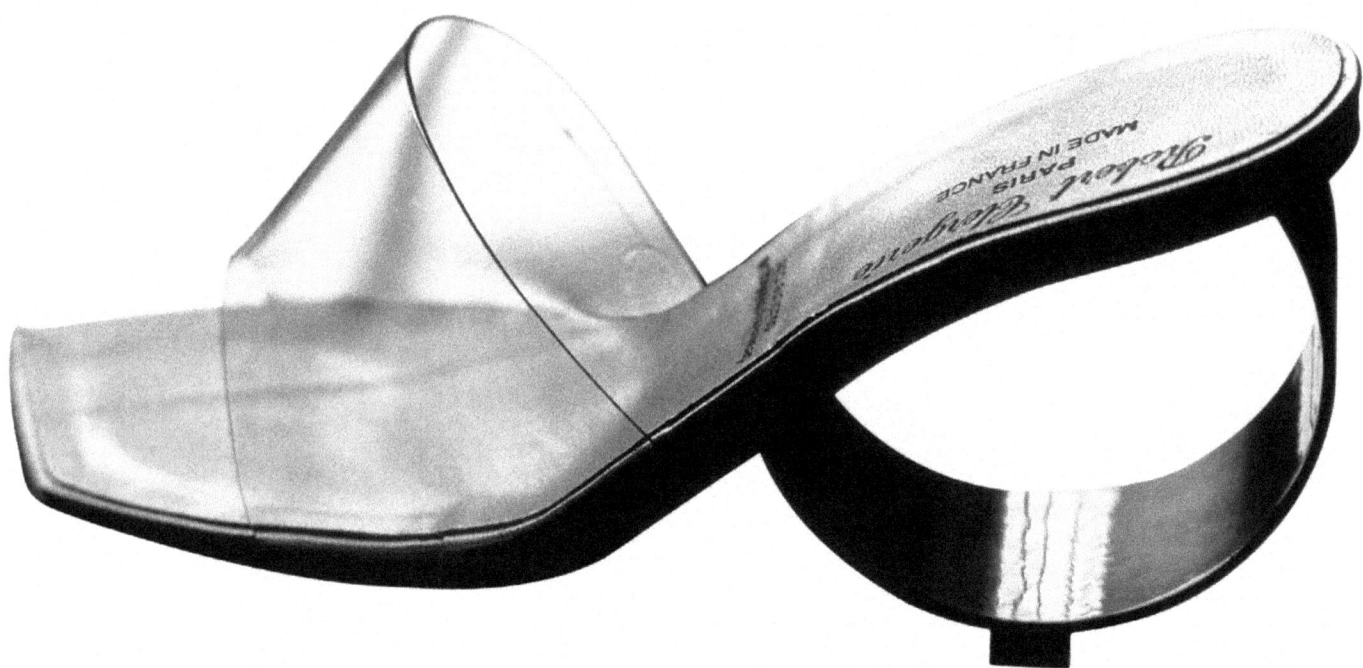

161. Pianella di Robert Clergerie. Primavera-Estate 1998.
Museo Internazionale della Calzatura, Romans.
162. Fotografia di Robert Clergerie.

La nascita dell'industria calzaturiera:
Romans è la città delle belle scarpe

Nel Medioevo, le concerie di Romans erano estremamente prosperose. Intorno al 1850, François Berthélemy Guillame partorì l'idea di usare le concerie della città che erano già in loco per costituire la prima fabbrica di scarpe montate su legno.

A partire dal XIX secolo, le scarpe di Romans acquisirono una certa fama. La stazione ferroviaria, aperta dal 1864, permise spedizioni a lunga distanza. Allo stesso tempo, le industrie legate alle scarpe si stavano stabilendo ed espandendo, in particolare quelle che realizzavano le forme. La grande rivoluzione industriale, iniziata nel 1890, ebbe un'impennata con l'utilizzo dei motori elettrici e produsse un'espansione della meccanizzazione senza precedenti, cambiando completamente i connotati all'industria.

Ma Romans aveva una significativa miniera di lavoratori altamente qualificati che sapevano come realizzare ogni tappa della produzione manuale. Essi non accolsero benevolmente l'arrivo della modernizzazione tecnica, infatti temevano che questo cambiamento li avrebbe privati di una certa quantità di lavoro.

All'inizio del secolo, ampi centri di confezionamento calzaturiero come Limoges e Fougères adottarono macchinari che accrescevano la produzione ad un costo minore e con meno operai. Romans soffrì di questo fattore *extra muros*, ma continuò a resistere grazie alla sua produzione di qualità.

Dopo numerosi sforzi per lo sviluppo, intorno al 1900 tutte le fabbriche di Romans (trentacinque fabbriche e tremila operai) furono dotate di macchinari di finissaggio e producevano centomila paia di scarpe. Di questi trentamila lavoratori, un terzo lavorava in fabbrica, gli altri a casa.

Durante questo periodo c'erano tre tipi di lavoratori:

Uomini e donne addetti alla preparazione includevano gli operai che tagliavano le tomaie e le suole, coloro che cucivano le tomaie, i fabbricanti di asole e coloro che adattavano gli occhielli ai bottoni.

I lavoratori coinvolti nel confezionamento della scarpa stessa si dividevano in assemblatori e rifinitori.

I lavoratori che decoravano le scarpe, le preparavano per l'inscatolamento ed erano responsabili per la spedizione.

Il salario medio per gli operai di queste categorie era di circa tre franchi al giorno per gli uomini e di due per le donne. I cucitori, invece, altamente specializzati, lavoravano a cottimo nel processo di fabbricazione e guadagnavano venti franchi a settimana; gli altri meno qualificati, anche se lavoravano duramente, non arrivavano a guadagnare più di dieci franchi a settimana.

Coloro che lavoravano a casa erano anche impegnati nelle faccende domestiche: il loro giorno lavorativo non era quindi così produttivo come quello di chi stava in fabbrica.

La prima guerra mondiale portò alla rovina l'economia della città e la produzione dovette essere aumentata per andare incontro alle necessità dell'esercito. Gli uomini chiamati al fronte vennero sostituiti dalle donne che dimostrarono il loro spirito di adattamento al lavoro manuale. Molte piccole imprese nascevano sotto l'impulso di un lavoratore capace ed avventuroso, a volte assistito da un agente che si spostava, con il primo a gestire la bottega ed il secondo ad occuparsi delle vendite.

Nel 1920 molte imprese erano come delle famiglie ed erano ancora strutturate come organizzazioni artigianali tradizionali piuttosto che come società industriali. I lavoratori di Romans, però, difesero sempre e produssero articoli di qualità. Imprese come Sirius, Bady, Will's e Bernasson godevano di

una considerevole reputazione e sapevano come creare delle scarpe con un vero e proprio stile. Ma la più tipica delle fabbriche sullo stile Romans fu l'opera di un macellaio di maiali che fu successivamente chiamato a miglior destino.

Nel 1895 Joseph Fenestrier, all'età di ventun anni, comprò una piccola fabbrica di stivali di gomma vicino alla stazione. Novizio dell'industria, trovò un socio in M. Pervillat. L'azienda aveva una struttura molto artigianale e, nonostante l'andamento generale degli affari fosse sfavorevole, produceva ottanta paia di scarpe al giorno. Dal 1890 al 1901 il settore industriale perdeva colpi e molte fabbriche dovettero chiudere. Ma dal 1901, la mancanza di spazio sui terreni giustificò la costruzione di una nuova fabbrica in *boulevard Gambetta*, con immensa possibilità di una futura espansione. Joseph Fenestrier lanciò l'allora innovativa idea di specializzazione confezionando scarpe da uomo costose, un'idea che rimarrà il fondamento delle sue concezioni future. A questo punto, introdusse una nuova tecnica d'assemblaggio: la costruzione "Goodyear Stitch". Per far ciò, sistemò il macchinario più moderno disponibile, che affittò dalla *United Shoes Machinery Company*,

UNIC
CHAUSSURES D'HOMMES
CINQUANTE ANS D'HONNEUR COMMERCIAL ET D'EXPERIENCE PROFESSIONNELLE
PRODUCTION DES USINES FENESTRIER - ROMANS (DRÔME-DAUPHINE)

HISTOIRE CONTEMPORAINE DE LA CHAUSSURE - 2 - 1910

163. Pubblicità UNIC. 1910. Museo Internazionale della Calzatura, Romans.

un monopolio americano. Ben consapevole che la maggior parte della manodopera specializzata si trovava in loco, Joseph Fenestrier decise di correre il rischio della meccanizzazione. Nel 1904 lanciò la prima campagna pubblicitaria nella storia della scarpa in tutta la Francia usando le seguenti marche:

Excelsior chaussures moderne
Good taste American fashion
Chaussures supérieures Fenestrier

Il marchio Unic, creato nel 1907, incoronò la sua carriera. Manifesti di 6 metri quadri che mostravano sei gambe con scarpe Unic portarono questa marca prestigiosa alla vetta della sua gloria. Successivamente, nel 1910, Unic ottenne una grande vittoria vincendo il gran premio all'Esposizione Mondiale di Bruxelles. Ma Joseph Fenestrier si espresse con questa frase: «Tra dieci anni, dieci volte meglio, dieci volte più grandi».

Subito dopo questa Esposizione, la produzione superò le cinquecento paia al giorno e la fabbrica fu ulteriormente estesa. Fenestrier alimentava costantemente le fiamme del fedele Unic seguendo un'elegante clientela attraverso pubblicità intelligenti, la creazione a Parigi di un settore vendite indipendente e l'inaugurazione, nel 1912, di un sistema basato su prezzi fissi. In questo periodo, la ditta brillò in tutte le mostre internazionali. Tra il 1910 ed il 1914, Unic vinse i più valorosi premi nelle fiere mondiali. I premi arrivavano uno dietro l'altro: 1911 (Torino), 1912 (Londra), 1913 (Ghent), 1914 (Lione). Unic divenne membro della giuria nel 1915 all'esposizione mondiale di San Francisco (non era in gara). Questo marchio si espanse in tutta l'Europa continentale, Russia, Egitto e Medio Oriente.

Proprio come le città francesi, le principali città tedesche, belghe, italiane e svizzere avevano un negozio al dettaglio Unic. Dopo la prematura morte del suo fondatore nel 1916, all'età di quarantadue anni, la vedova assunse la gestione della ditta. Ma nel 1917, un incendio la distrusse. Una seconda fabbrica, innalzata l'anno precedente a Saint-Marcellin, fece sì che l'attività produttiva non si arrestasse e nel frattempo la fabbrica di Romans fu ricostruita.

Nel 1922 il figlio della coppia, Joseph Emile-Jean Fenestrier, subentrò. Nel 1926, ottocento dipendenti delle due fabbriche producevano milleduecento paia di scarpe al giorno.

Le esportazioni furono incrementate nei paesi non ancora soggetti al protezionismo: Australia, Paesi Bassi, India ed Estremo Oriente. In concomitanza all'intensificazione delle vendite, la società sviluppò programmi sociali interni all'azienda: una società di mutuo soccorso, stanziamenti per le famiglie con più di due bambini, parchi gioco e campi sportivi. La ditta aveva la sua divisione autonoma di autopompe completamente equipaggiate, che, in alcuni casi, davano rinforzo a quelle cittadine. Inoltre era dotata di un suo reparto di manutenzione, con laboratori per i pezzi di ricambio e falegnameria.

Un ufficio progettazione e collaudo fu introdotto con i nuovi modelli. La prima collezione di scarpe sportive femminili uscì nel 1930. Joseph Fenestrier considerò per un breve periodo di realizzare scarpe stile Luigi XV, ma abbandonò l'idea per ragioni tecniche.

Dal 1935, Sarkis Der Balian, un abile calzolaio su misura parigino che si trovava al 221 di *rue Saint-Honoré,* prestò la sua esperienza per l'ideazione di alcuni modelli e si recò spesso a Romans. Per la promozione di Unic accorsero i migliori artisti e artigiani, tra cui Cappiello, Cassandre, Laure Albin-Guillot e Van Moppès. Il motto della società riassumeva la garanzia offerta ai clienti: "Unic uniquement" (Esclusivamente Unico). Nel 1938, venne introdotto un nuovo brevetto denominato "nuovo crêpel", per uomini e donne. Il suo immenso successo durò trent'anni.

Durante la Seconda Guerra Mondiale, stilisti e tecnici usarono la loro abilità per creare le *portables,* scarpe di legno, feltro e rafia. Nel 1945, Joseph Emile-Jean Fenestrier fu nominato presidente della *Fédération*

Nationale de l'Industrie de la Chaussure de France, un gruppo francese di industrie calzaturiere. Egli morì nel 1961. La società rimase in vita e nel 1967 si fuse con la Maison Sirius.

Nel 1969, il gruppo André comprò Unic, che divenne *Société Romanaise de la Chaussure*. Robert Clergerie subentrò nella società nel 1977, dandole nuova vita.

Robert Clergerie si laureò all'*École Supérieure de Commerce* di Parigi e dal settore amministrativo si spostò in quello calzaturiero. Prese incarico della gestione della Xavier Danaud (una consociata di Charles Jourdan) nel 1971 e qui il suo lavoro con Rouland Jourdan gli fornì solida esperienza. Mentre continuava a confezionare scarpe maschili nella tradizione della Goodyear Stitch e a distribuirle con il nome di Joseph Fenestrier, Clergerie lanciò la sua linea di stivaletti e stivali. Allo stesso tempo, egli realizzò modelli anche più sofisticati attraverso lo studio del volume e dei tacchi. Le sue scarpe erano come sculture, veri accessori per l'eleganza femminile. Ma in questo approccio, Clergerie sempre ricordava le parole di André Perugia, che un giorno gli disse: «Giovanotto, non dimenticare mai che se un abito si può indossare, è la scarpa che indossa te: è qui il vero problema».

Intelligenti relazioni pubbliche con una rete di addetti stampa hanno contribuito alla reputazione internazionale del suo marchio. Vanta collaborazioni con stilisti e la creazione di modelli per Thierry Mugler, Anne-Marie Beretta, Chantal Thomas e Yohji Yamamoto. Il suo talento gli ha fatto vincere per tre volte il premio come miglior stilista del F.F.A.N.Y. negli Stati Uniti. Molte boutique sotto la firma di Robert Clergerie sono state aperte in Francia e nel mondo tra il 1981 e il 2002. La sua prima boutique fu inaugurata nel 1981 al 5 di *rue du Cherche Midi*, seguita nel 1982 da un negozio in *place des Victoires* (una locazione simbolica per un prodotto di successo). Altre boutique furono aperte a Tokyo, New York, Madrid, Londra, Bruxelles, Los Angeles e più recentemente a Chicago nel 2001.

164. Sandalo di Robert Clergerie. Primavera-Estate 1998. Museo Internazionale della Calzatura, Romans.

165 *Pump* in raso lilla con tacco in metallo
     di Robert Clergerie.
     Primavera-Estate 1995. Museo
     Internazionale della Calzatura, Romans.

Charles Jourdan:
da una bottega di Romans all'Empire State Building

Charles Jourdan è senza dubbio da inserire tra le personalità più capaci del mondo delle calzature. La sua crescita stellare iniziò nel 1917 all'età di trentaquattro anni. Caposquadra di una sala di montaggio all'*Etablissements Grenier*, era privo del capitale necessario per iniziare una sua attività. Una volta terminata la giornata lavorativa, Jourdan si ritirava nella sua minuscola bottega su *Côte Macel* dove fabbricava scarpe da donna. Sua moglie Augusta e due colleghi gli prestavano aiuto fino a notte tarda. I risultati di queste creazioni notturne erano già degne del marchio di qualità Jourdan.

Quando terminò la guerra nel 1919, i suoi clienti divennero abbastanza numerosi da permettergli di lasciare il lavoro e di mettersi in proprio in un locale più ampio con dieci operai. La sua diligenza come artigiano lo ripagò con moltissimi ordini. Nel 1921, spostò la sua bottega in *boulevard Voltaire* e assunse trenta operai.

Con il 1928 gli affari erano cresciuti tanto che la piccola fabbrica fu sostituita da nuovi edifici. Durante gli anni Trenta Jourdan espanse la distribuzione dei suoi prodotti in tutta la Francia schierando "agenti ufficiali di vendita". Lanciò inoltre il suo nuovo marchio Séducta, che venne promosso da una campagna pubblicitaria nazionale che apparve sulla rivista "L'Illustration".

Il nome Séducta nacque dall'immaginazione di Jourdan e deriva dalla parola francese che significa "seduzione". L'emblema è una specie di cervo femmina, un animale ibrido con il pelo di un daino e le corna ramificate di un cervo. Questo animale che compie un balzo, riprodotto sotto le suole e sulle scatole delle scarpe, simboleggia la bellezza del piede elegantemente calzato, con l'accento sulla leggerezza del movimento della cerbiatta.

La metafora si trova nella *Bibbia* nel *Secondo Libro di Samuele* dove Davide si rivolge al Signore con un Salmo di Ringraziamento: «Dio è la mia forza e la mia potenza, e rende perfetta la mia condotta. Lui rende i miei piedi pari a quelli dei cervi e mi tien saldo sulle alture» (*La sacra Bibbia*, edizioni Paoline, Roma 1963, *Libro II Samuele*, 22:33). L'immagine del piede femminile si trova anche nella leggenda buddista di Padmavati del VII secolo. Figlia di un bramino e di una cerbiatta, nacque con zoccoli di cerbiatta nascosti dentro un panno di seta. È interessante notare che dall'Antichità al I secolo della nostra era, la bellezza e la leggerezza del piede venivano comparate a quelle di una cerbiatta. Nel nostro caso, la connessione biblica e buddista evoca la raffinatezza di Jourdan nell'arte di vestire il piede con affascinanti scarpe da sera col tacco, emblematici accessori della seduzione femminile.

Il crollo della Borsa di New York gettò un'ombra sugli anni Trenta. L'alta moda parigina fu colpita duramente dalla crisi economica e così anche Jourdan. Nonostante ciò, reagì creando due sotto-marche, Feminaflor e Qualité garantie: trecento operai produssero quattrocento paia di scarpe.

Allo scoppio della Seconda Guerra Mondiale, Jourdan, come altri produttori, dovette far uso di materiali alternativi come il feltro, la rafia, la gomma, il legno e il cartone per mancanza di pellame. Dopo il 1945, Jourdan, assistito dai suoi tre figli Réne, Charles e Roland, espanse la ditta, che da lì in poi contava milleduecento operai. Novecento paia di scarpe lasciavano la fabbrica quotidianamente nel 1948.

Nel 1950 Roland decise di conquistare il mercato americano e aprì un ufficio vendite nell'*Empire State Building* di New York. Nel 1957 la prima boutique Charles Jourdan aprì a Parigi in *boulevard de la Madeleine*. Fu un successo immediato tanto che i commessi dovettero distribuire biglietti numerati d'entrata ai clienti che aspettavano in lunghe code. Questo fu il punto di partenza della realizzazione di una catena internazionale di boutique di Charles Jourdan. Il riconoscimento toccò l'apice quando Charles Jourdan

firmò un accordo di concessione di licenza con Christian Dior. Durante gli anni Sessanta si espanse a livello internazionale come le boutique che furono aperte a Londra, Monaco, New York, Los Angeles, Miami e Tokyo. Charles Jourdan diresse una serie di campagne pubblicitarie con fotografie di Guy Bourdin che cambiò l'arte della pubblicità. Non era più la scarpa il soggetto principale, bisognava ritrarla in una situazione strana, se non surrealista.

Nel 1971, Roland Jourdan fu nominato Presidente del gruppo, mentre i suoi fratelli vendettero le loro azioni. Karl Lagerfeld gli affidò la produzione delle sue scarpe nel 1980. Lo stesso anno, il marchio Séducta venne ripreso. Quando Roland Jourdan, nel 1981, si dimise, venne sostituito dal gruppo svizzero Frantz Wasmer. Gli anni Novanta assistettero al lancio della linea per uomini e donne Charles Jourdan Bis e alla collaborazione con gli stilisti Michel Perry e Claude Montana.

Con Emile Mercier al timone e Hervé Racine come attuale Direttore Generale, la stella di Charles Jourdan continua a brillare a Parigi e in tutto il mondo. Il suo prestigio globale si basa su quanto segue: un sistema produttivo caratterizzato da un eccezionale know-how e progettato per fronteggiare le effettive necessità del mercato, comunicazione marketing in sincronia con le tendenze dettate dagli stilisti, una rete di settanta boutique sotto il nome commerciale di Charles Jourdan e più di un migliaio di fedeli rivenditori al dettaglio. Ma, soprattutto, la società continua ad offrire ai suoi clienti prodotti continuamente rinnovati nello spirito del suo fondatore, Charles Jourdan.

166. *Pump* Seducta. 1954. Museo Internazionale della Calzatura, Romans.
167. Logo di Seducta, da una pubblicità del 1949.

168. Charles Jourdan nella sua fabbrica.

169. Scarpe da sera create da Patrick Cox in onore del Giubileo d'oro
della Regina Elisabetta II d'Inghilterra nel 2002.
Creazione limitata a cinquanta paia. Dono di Patrick Cox.
Museo Internazionale della Calzatura, Romans.

Nelle pagine seguenti:

170. Stivale tessuto a mano, Inverno 1994. Calzatura tessuta a mano.
Inverno 1998. Sandalo tessuto a mano. Stéphane Kélian.
Museo Internazionale della Calzatura, Romans.

171. Sandalo di Stéphane Kélian. Estate 2001.
Museo Internazionale della Calzatura, Romans.

Stephan Kélian:
specialista in elegante passamaneria a mano

Nel 1920, a Romans si contavano centoventi fabbriche. Molte di quelle che nacquero tra le due guerre scomparvero negli anni, altre si allargarono come la ditta Kélian, fondata nel 1960 da Georges e Gérard Kéloglanian, specialisti in calzature da uomini. Stéphane, fratello dei due fondatori, lanciò nel 1978 la prima collezione femminile con il marchio Stéphane Kélian. Abili specialisti in modelli ricamati elegantemente, le loro calzature di superba qualità acquisirono rapidamente fama internazionale. Quotata in borsa dal 1985, la società ha due fabbriche (Romans e Bourg-de-Péage) e impiega 400 lavoratori.

Jean Tchilinguirian:
tradizione e know-how

Leon Tchilinguirian, un immigrato armeno, lavorava in fabbriche calzaturiere a Romans prima di aprire una sua bottega nel 1945. Nel 1955 suo figlio Jean si unì all'attività di famiglia, che includeva due fratelli e una sorella. Questa compatta unità produttiva combinò tradizione, abilità e conoscenza tecnologica.

Inoltre diversi stilisti di *prêt-à-porter*, tra cui Agnès B, hanno affidato con zelo la produzione di parti delle loro collezioni a piccole società di alta categoria. Oggi Jean Tchilinguirian produce modelli col suo marchio "Tchilin" e li promuove nella sua stessa boutique a Romans.

172. Calzatura di John Lobb. Ledermuseum, Offenbach.
173. Negozio di John Lobb, 24 rue du Faubourg Saint-Honoré, Parigi.
174. Negozio di John Lobb, 9 Saint James Street, Londra.

John Lobb

La ditta, fondata da John Lobb nel 1849, ha base a Londra in *Saint James Street*. Durante l'era Vittoriana, ottenne i più alti onori durante le mostre internazionali come calzolaio su misura.

Nel 1901 costituì una divisione a Parigi. La ditta rimase a conduzione familiare.

Per raggiungere l'eccezionale qualità di queste scarpe su misura, cucite a mano, sono necessari fino a sei mesi.

Lobb si concentra in particolare su una ricca e famosa clientela maschile, per cui confeziona scarpe da golf (*brogues*), scarpe Oxfords (*Richelieu*) e mocassini (*loafer*).

Fornitore ufficiale di Sua Maestà la Regina Elisabetta II, Sua Altezza Reale il Principe di Edimburgo e Sua Altezza Reale il Principe di Galles, questa impresa a conduzione familiare difende tradizione e qualità.

Weston

All'inizio del XX secolo, la società Blanchard confezionava costose scarpe maschili a Limoges. Eugène Blanchard nel 1904 si recò negli Stati Uniti per imparare il processo di fabbricazione "Goodyear Stitch" e altri metodi produttivi americani. La sua idea era quella di applicare i metodi da lui appena acquisiti all'attività di Limoges, ma il progetto si concretizzò solo dopo la guerra 1914-1918. L'anno 1926 segnò comunque un passo significativo: il marchio Weston fu lanciato sulla base delle tecniche e della filosofia della produzione calzaturiera su misura. Molti dei procedimenti meccanici ritornarono ad essere effettuati manualmente e i modelli erano offerti ai clienti in cinque larghezze.

Da allora il cambiamento del metodo di fabbricazione limitò la produzione, che scese da seicento a sessanta paia al giorno. Questo è il motivo che portò il marchio ad acquisire le caratteristiche che ancora oggi lo rendono popolare.

Il primo magazzino Weston aprì a Parigi al 98 di *boulevard de Courcelles*. A causa della sua identità inglese, il marchio ottenne immediato successo. Un secondo negozio aprì nel 1932 al 114 di *avenue Champs Elysées*.

Negli anni Sessanta, le scarpe Weston puntarono soprattutto verso una clientela più anziana. Ma alla fine anche i giovani cominciarono ad apprezzare l'eccezionale qualità delle scarpe, per cui erano disposti a pagare. Le scarpe si distinguevano da quelle prodotte industrialmente per l'attenzione data ai particolari: perfetta adattabilità e forma, una vasta gamma di tipi di cuoio, fodera interna in pelle, rinforzo, suole lavorate artigianalmente a mano con interno in sughero e conciatura in pelle. Ai clienti inoltre si offriva una personalizzazione dei loro ordini e servizio di riparazione. Nel 1994, Weston aveva sette negozi in Francia e altri nelle tre città di Ginevra, New York e Tokyo.

Babybotte, stivali per stivali

Nel 1949 la società Bidegain di Parigi lanciò un modello rivoluzionario denominato scarponcino Babybotte diventando la specialista di scarpe per l'infanzia. La società confezionò le scarpe per la Principessa Carolina di Monaco, così come per Margotte, l'eroina del film animato francese per bambini *The Magic Merry-Go-Round*.

La ditta divenne popolare per la tecnologia avanzata dei suoi prodotti, che erano progettati in stretta collaborazione con pediatri e callisti.

Intorno al 1954 fu inventata la protezione posteriore, dando così maggior supporto alla caviglia del bambino.

Nel 1959 la società promosse e commercializzò "Le loup blanc", marchio leader tra le scarpe medicali per bambini. Inoltre, ha prodotto e sviluppato calzature per la linea "Kenzo Jungle" a partire dall'estate 2000, quando ha stipulato un accordo di concessione di licenza con Kenzo.

Pompei, calzolaio per il palcoscenico e lo schermo: un affare di famiglia

Nato nel 1912 a Fermo, in Italia, Ernesto Pompei si formò professionalmente per lavorare nell'industria calzaturiera. La città di Fermo, nelle Marche, fu patria di abili conciatori. Nel 1930 lasciò il suo paese natio per la capitale dove divenne calzolaio per il teatro di Roma, specializzandosi in scarpe per il palcoscenico. In seguito a ciò, la sua carriera avrebbe preso una nuova direzione.

Nel 1932, con suo fratello Luigi, fondò la ditta Pompei in via Cavour, vicino alla Basilica di Santa Maria Maggiore a Roma.

Agli esordi, i fratelli erano fornitori di teatro prima di entrare nel mondo del cinema con il celebre film *Scipione l'Africano* di Carmine Gallone, prodotto in Italia nel 1937. La bottega dei Pompei divenne presto l'abituale calzaturificio di Cinecittà, come evidenziato dalla loro brillante storia di collaborazioni con grandi costumisti come Danilo Donati (prediletto da Federico Fellini), Piero Tosi (per Luchino Visconti), Lila De Nobile, Marcel Escafier e Alberto Verso.

Carlo, il figlio di Ernesto, nacque a Roma nel 1938. Laureato in Scienze Politiche all'Università di Roma, nulla faceva pensare che sarebbe entrato nell'attività di famiglia. Nonostante ciò egli fu ampiamente coinvolto nel mondo del teatro e dal 1963 al 1970 divenne assistente regista cinematografico lavorando per film americani come *The Cardinal* di Otto Preminger. Nel 1971, Carlo si unì alla Società Pompei e collaborò a stretto contatto con suo padre fino alla morte di quest'ultimo nel 1973.

Dal 1974 al 1990, la compagnia crebbe e stabilì filiali a Londra, Bruxelles e negli Stati Uniti. Nel 1988 l'assorbimento da parte della Società Pompei della ditta Galvin (rue Maslay nel terzo *arrondissement* a Parigi), che aveva lavorato per tutti nel mondo dello spettacolo parigino, portò ad un nuovo sviluppo: d'ora in avanti conosciuta come Società Pompei-Galvin, nel 1993 la nuova impresa si spostò in boulevard Bourdon nel quarto *arrondissement*.

Per il teatro, l'opera e il cinema, la casa Pompei disegnò modelli che variavano dai più semplici ai più stravaganti; dall'Antica Roma alla Corte di Versailles, passando attraverso la prima Guerra Mondiale e le invasioni barbariche.

Tutti questi modelli richiedevano la collaborazione di costumisti esperti ed esigenti. Come stilista calzaturiero teatrale e cinematografico, Carlo Pompei ricevette un premio d'incoraggiamento per le abilità teatrali nel 1995 e la medaglia d'oro per gli artigiani nelle arti a Monaco. Questi riconoscimenti premiavano le particolarità di Carlo come calzolaio: professionalità e rispetto

175. Stivaletti da bambino, 1954.

176. Calzature indossate da Monica Bellucci in *Astérix e Obélix: Missione Cleopatra*. Create dal laboratorio Pompei nel 2001.

177. Calzature indossate da Anita Ekberg nel ruolo di Silvia ne *La Dolce Vita* di Federico Fellini, 1960. Create dal laboratorio Pompei. Museo Internazionale della Calzatura, Romans.

Nelle pagine seguenti:

178. Calzature per comparse create dalla Casa Pompei.

dell'artigianato tradizionale. Queste qualità sono le stesse di quelle di un produttore di scarpe da città: entrambi mettono al centro del proprio lavoro la precisione storica. È importante far presente la straordinaria cura che veniva data alla realizzazione di scarpe che dovevano solo dar l'illusione della moda di un certo periodo. Sfortunatamente la morfologia del piede era cambiata. Più lungo e più largo non poteva calzare le scarpe corte dei tempi di Luigi XVI, o gli stivaletti lunghi ed appuntiti d'inizio secolo. Era però sempre possibile abbassare il tacco, arrotondare la punta per ridurre la gamba, senza necessariamente cambiare la sagoma della scarpa.

Inoltre sempre per quanto riguarda l'accuratezza storica, Carlo Pompei era attento alla comodità dei piedi dell'attore. Alcune celebrità ricevettero trattamenti speciali: modelli su misura di cui Pompei cercò di conservare qualche copia per la sua collezione. In alcuni casi le calzature necessarie per un film, un musical o uno spettacolo teatrale venivano scelte tra un assortimento esistente e poi adattate secondo necessità. Dopo essere state usate, le scarpe prese in prestito venivano restituite allo studio dove le controllavano e le modificavano a seconda del periodo e dello stile. Se ne contavano circa ottocentomila. Prima di essere usate nuovamente, le scarpe erano "rinfrescate", tinte se necessario, e sempre dotate di una suola interna degna del soprannome di Pompei "numero uno nell'igiene". Quando si trattava di fornire centinaia di paia di scarpe e non era possibile provarle, le selezioni venivano fatte in base alle misure fornite dai sarti costumisti.

Accadeva anche che la compagnia di produzione detenesse la proprietà delle scarpe e dei costumi. Chissà perché alcune volte gli attori tenevano le proprie scarpe: attaccamento personale, un ricordo o spirito di collezionismo?

Lo studio parigino di Carlo Pompei era atto a ricevere, conservare e fabbricare. Frequentato da singoli clienti, ma per lo più da costumisti o artisti teatrali, il calzolaio rispondeva alle più svariate richieste. La produzione veniva sempre realizzata in fretta. Poiché lo studio di Parigi era così sommerso di lavoro, subentrò lo studio di Roma. Altri laboratori erano a Londra, Bruxelles e Avignone, dove Carlo Pompei era fornitore dei teatri d'opera di Aix, Orange e Marsiglia.

Famosi attori si misero nelle mani di questo calzolaio, che lavorò anche per società artistiche come: l'Opéra Garnier (Parigi), l'Opéra Bastille (Parigi), la Comédie Française (Parigi) e La Scala (Milano). A queste andrebbero aggiunti molti altri teatri e compagnie d'opera di Parigi e della Francia (Lione, Marsiglia, Tolosa, Nancy, Montpelleir, Reims, Metz, Rennes, Limoges, Tours, Angers e Villaurbanne) così come di altri paesi europei e degli Stati Uniti.

Infine c'è un'altra particolarità tra le attività di Carlo Pompei che merita di essere citata: confezionare scarpe per le sfilate di moda, tra cui quelle di Thierry Mugler. Per il centesimo anniversario del cinema, il Museo Internazionale della Calzatura di Romans ha dedicato una mostra alla Maison Pompei, che è stata esposta nuovamente e aggiornata da Bon Marché sulla riva sinistra a Parigi.

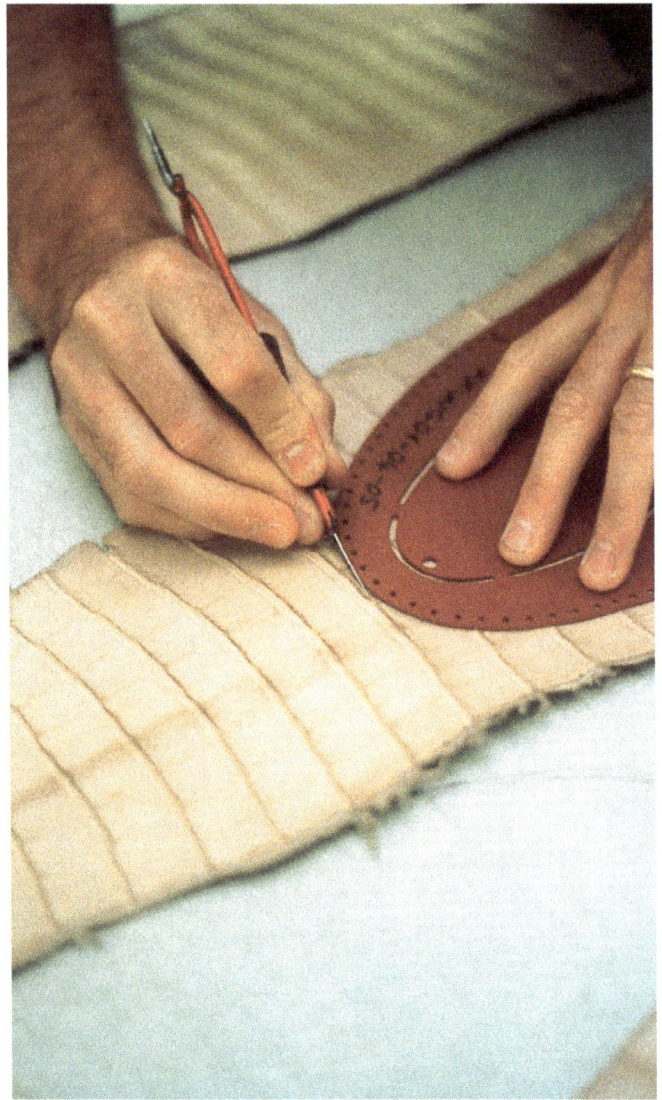

179. Manifattura dei mocassini da passeggio Tod's: gli attrezzi.

180. Manifattura dei mocassini da passeggio Tod's: il taglio.

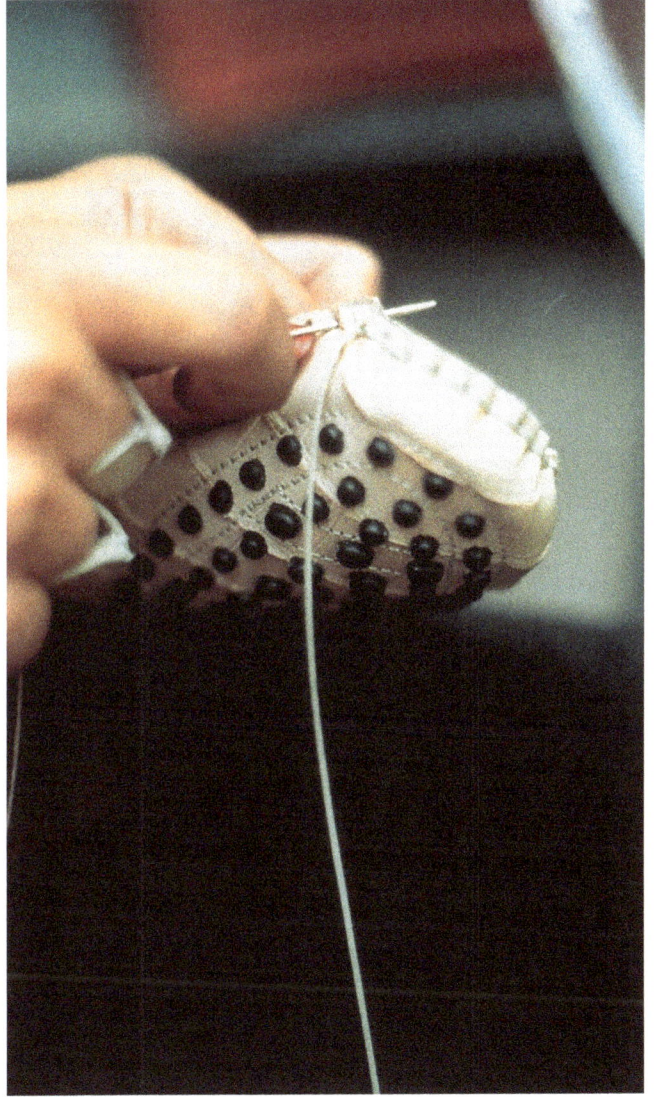

181-182. Manifattura dei mocassini da passeggio Tod's.

183. Calzature giraffa e zebra in capretto e velluto, interamente dipinte a mano. Tacchi di legno intarsiato rivestiti di pelle che evocano le zampe posteriori di una giraffa e di una zebra. Create da Stéphane Couvé Bonnaire, vincitore della competizione per la categoria del tacco a spillo organizzata dall'Ufficio di Stile della Federazione Nazionale dell'Industria Calzaturiera nel 1995. Museo Internazionale della Calzatura, Romans.

184-185. Calzatura di leopardo e ghetta.

186. Stivali per bambini, Kickers, 1971.
Museo Internazionale della Calzatura, Romans.

187. Pianella per bambina, decorata con una margherita, suola sintetica.
Estate 2002. Museo Internazionale della Calzatura, Romans.

Il Salon Midec:
la moda calzaturiera internazionale

Il Salon Midec di Parigi, un salone internazionale dedicato alle calzature e accessori moda, si tiene alla Porta di Versailles a marzo e a settembre. Istituito da un'associazione industriale francese denominata Bureau de Style Chaussure, Maroquinerie, Cuir e mirato alla promozione del design, il Midec esibisce le collezioni di giovani stilisti internazionali dentro una sezione "Fantasy". Organizza inoltre la competizione annuale "Exercises de Style" aperta a stilisti emergenti per dare visibilità a nuovi talenti e un fresco approccio al futuro.

L'escarpin de crystal (la scarpetta di cristallo)

Un'iniziativa delle riviste "Hebdo Cuir" e "Chausser", in collaborazione con sponsor professionali, l'"Escarpin de Crystal" (la scarpetta di cristallo) premia creatività e originalità dal 1999. Guarda all'innovazione calzaturiera nei seguenti settori: immagine, design, tecnologia, prestazione, comunicazione e distribuzione. Questo evento promuove l'eccellenza e dà unità alla professione.

La sovvenzione del C.I.D.I.C.

La creatività nel settore calzaturiero è premiata anche dal C.I.D.I.C. (La commissione di sviluppo interprofessionale francese per le industrie della pelle,

188. Pianelle "Oppio", accessorio delle tribù Akha del Triangolo d'Oro. (scatola di coca riciclata e semi, tacco d'acciaio 6 cm, pelle). Trikitrixa, Parigi.

dei prodotti conciati e delle scarpe, in francese *Comité Interpofessionel de Dévelopment des Industries du Cuir, de la maroquinerie et de la chaussure*). Ogni anno un designer particolarmente innovativo di accessori in pelle viene selezionato per ricevere una sovvenzione dall'ANDAM (Associazione Nazionale per le Arti nella Moda, in inglese *National Association for the Fashion Arts*). Il Gran Premio europeo in progettazione calzaturiera fu istituito dall'associazione San Crispino. Lo scopo del premio era quello di stimolare la creatività. Il premio ha anche come proposito la scoperta e promozione di giovani talenti che si affacciano al mondo della progettazione calzaturiera e stilistica. Ai giovani candidati è richiesta l'ideazione di un modello in base ad un tema dato, poi i venti finalisti, selezionati da una giuria, realizzano un prototipo dei loro progetti. I cinque vincitori vengono premiati durante le festività che onorano San Crispino, santo patrono dei calzolai. Tutte le opere dei partecipanti vengono esibite al Museo Internazionale della Calzatura di Romans. Questa competizione avviene sotto l'egida delle ditte di Romans come Charles Jourdan, Robert Clergerie e Stéphan Kélian col supporto del Conseil National di Cuir (Consiglio Nazionale della Pelle), del C.I.D.I.C. e del C.T.C. (Centro tecnico francese per la pelle, le scarpe e i prodotti conciati, in francese *Centre Technique Cuir, chaussure, maroquinerie*). La città di Romans e il Museo Internazionale della Calzatura organizzano congiuntamente l'evento. Tutti questi differenti premi hanno permesso a molti talenti, oggi riconosciuti a livello internazionale, di emergere in Francia, madrepatria delle avanguardie. Si tratta di passi nella giusta direzione che è necessario portare avanti e sostenere.

189. Sandali con tacco "Gall" con piume di gallo e tacco d'acciaio alto 6 cm. Trikitrixa, Parigi.

190. Calzature Look. Estate 2002.

191. Sandali "Rosette" con piume di fagiano. Trikitrixa, Parigi.

192. Calzature "Doppia T", create da Tod's. Primavera-Estate 2003.

Nelle pagine seguenti:

193. Calzature create da Sara Navarro. Estate 2002.

Le calzature nel mondo

L'impero ottomano

Insaziabile viaggiatore, Jean-Etienne Liotard salpò per Costantinopoli nel 1738. I suoi quadri e disegni, frutto di un'attenta osservazione dei particolari, gli procurarono la fama di "pittore Turco" dell'Illuminismo. In questo dipinto, di resa quasi fotografica, gli zoccoli usati dalla donna per proteggersi dall'umidità sono accuratamente ritratti nei particolari.

Era comune per le donne in Turchia e in molti altri paesi orientali indossare zoccoli di altezze variabili nel bagno. Erano di legno, intarsiati di madreperla o avorio e ricoperti d'argento; il laccio era abbondantemente ricamato con fili d'argento e d'oro. Questi zoccoli avevano un'ampia serie di ricchi ornamenti tipici di questo Paese. Come giustamente enfatizza Jean-Paul Roux, gli intarsi di queste scarpe erano simili a quelli raffigurati sui telai di porte e finestre, sui mobili e sui pulpiti musulmani.

All'inizio del XIX secolo, gli Ottomani formarono uno dei più grandi imperi del mondo, comprendendo l'intera penisola balcanica, tutta l'Asia occidentale fino alla Persia, l'Africa, l'Egitto e la Tripolitania e le sovranità di Algeria e Tunisia. Situato all'incrocio tra tre continenti, tra il Mediterraneo e l'Oceano Indiano, l'Impero Ottomano occupava una posizione chiave. Questa vasta area geografica alcune volte produceva una sintesi interattiva di stili decorativi ben visibile nella decorazione delle scarpe provenienti da Paesi differenti.

In alcuni Paesi orientali, le donne godevano di una situazione "privilegiata" – per un giorno. Per ricordar loro della loro superiorità ai mariti, le spose venivano issate su piattaforme estremamente alte, da cui dovevano scendere il giorno successivo. Questo modo di pensare viene anche confermato dal Corano: «Gli uomini sono superiori alle donne [...] gli uomini hanno su di esse un grado di superiorità» (*Corano*, II, *Sūra della Vacca*, ed. Hoepli, Milano, 1987). D'altra parte, le donne gestivano la casa e la presenza di un paio di babbucce maschili alla porta proibiva ad altri uomini di entrare.

194. Scarpe da matrimonio in legno intarsiato con finestre di madreperla e metallo. Medio Oriente, XIX secolo. Collezione Cruller. Museo Internazionale della Calzatura, Romans.

195. Jean-Etienne Liotard. *Donna turca con il suo schiavo,* XVIII secolo. Museo d'Arte e di Storia, Ginevra.

La Persia

Dopo la morte di Alessandro nel 323 a.C., la cultura iraniana entrò in un lungo sonno. Il crollo degli Imperi Sassanide e Bizantino spianò la strada all'avvento dell'Islam.

Durante l'età dorata della dinastia dei Safawidi (1501-1736), la Persia ancora abbagliava i viaggiatori occidentali: tra coloro che ne rimasero impressionati vi fu il pittore francese Chardin (1699-1779), che vi trascorse dieci anni intorno al 1660. Secondo Chardin, anche i poveri erano ben vestiti ed indossavano ornamenti d'argento alle braccia, ai piedi e al collo.

Diverse dalle scarpe nell'Occidente Ellenista, quelle dei Paesi orientali mostravano una continuità di forme le cui decorazioni erano trasmesse da un secolo all'altro. Per esempio, gli stivali da cerimonia persiani del XVII e XIX secolo presentano sulle suole gli stessi motivi floreali stilizzati che si trovano sugli indumenti indossati da Assurbànipal nel VII secolo a.C. Questi motivi sono visibili su un rilievo narrativo del palazzo di Assurbànipal intitolato *Il Re che uccide un leone*, ora conservato al British Museum.

Un altro esempio significativo di continuità è la somiglianza tra le scarpe coi tacchi del XVI secolo con punte rialzate, ora al Museo Internazionale della Calzatura di Romans, e le pianelle indossate dall'Imperatore persiano Fath' Alì Châh nel ritratto dipinto intorno al 1805, ora al Museo del Louvre. Queste calzature venivano indossate per meglio adattarsi alle calze riccamente decorate con motivi che si ispiravano a quelli mostrati sui vestiti di Assurbànipal.

Secondo Jean-Paul Roux, la babbuccia, una ciabatta senza la parte posteriore o il tacco, indossata dagli uomini in Oriente, probabilmente ha avuto origine in Iran. La parola persiana *papoutch* deriva dalle parole *pa* (piede) e *pouchiden* (coprire). Questo tipo di calzatura si adattava particolarmente all'abitudine islamica di togliersi le scarpe prima di entrare nella moschea o in una casa privata.

196. Miniatura persiana: Khosrow organizza un ricevimento durante una battuta di caccia. Folio 100, *I Cinque Poemi di Nizgâmi*, 1620-1624.

197. *Ritratto di Fath' Ali Shah*, attribuito a Mihv' Ali Iran, 1805 ca., olio su tela.

198. Calzatura da uomo in pelle nera, punte aguzze rivoltate all'insù, tacco ad artiglio. Persia, XV-XVI secolo. Museo Internazionale della Calzatura, Romans.

199. Stivale da cavaliere. Punte in acciaio, tacco ad artiglio. Persia, XVII secolo. Museo Internazionale della Calzatura, Romans.

L'India

Una grande civiltà si sviluppò nella Valle dell'Indo intorno al 2500-2000 a.C. Scavi ad Harappa (Punjab) e Mohenjo-daro (Sind) hanno rivelato sigilli contemporanei al periodo accadico del regno del Re Sargon, dimostrazione dei collegamenti culturali tra le città indiane e quelle sumeriche ben prima del periodo buddista. Questo significa che la tradizionale scarpa con la punta rialzata è nata in India? La questione rimane irrisolta. Sappiamo, comunque, che indossare questo tipo di calzatura con un pompon era considerato un privilegio riservato ai re, sia in Mesopotamia che in India.

L'antica letteratura indiana fa spesso riferimento alle scarpe, ma l'iconografia indiana in questo settore è scarsa, forse perché spesso le parti inferiori dei rilievi narrativi, su sculture e dipinti murali, sono giunte a noi deteriorate. Inoltre le immagini visuali illustrano generalmente eventi che si svolgono in luoghi dove indossare le scarpe era proibito o non necessario. In India, come in altri paesi asiatici, le scarpe non venivano indossate all'interno delle case private, dei palazzi e dei templi.

Valmiki, il leggendario autore del *Ramayana*, racconta come il Re Rama (una delle incarnazioni di Visnu nella mitologia Hindu) fosse stato esiliato in una foresta e avesse lasciato le sue scarpe ricoperte d'oro a rappresentarlo nella capitale. Durante la sua assenza di tre anni, le scarpe presiedevano il palazzo: tutte le decisioni prese dal fratello reggente, erano poi proclamate al cospetto di queste scarpe. Una variante buddista dello stesso tema aggiunge un ulteriore particolare: se le decisioni esposte davanti alle scarpe reali erano corrette, esse rimanevano ferme, se invece non si confacevano al regolamento, si sollevavano protestando.

Quando il Re si spostava in una processione fuori dalla capitale, era preceduto da un servo che sorreggeva con le mani i sandali reali, emblema del sovrano. Questo viene confermato dall'iconografia buddista, in particolar modo dal Grande Stupa (N. 1) a Sanchi, che risale all'era Cristiana. Il materiale delle scarpe tradizionali indiane variano in base al periodo storico e al luogo. I cestai realizzavano sandali con paglia, foglie di palma da dattero e foglie di loto.

Nel nord dell'India, i re, i guerrieri nobili, i cacciatori e gli stallieri indossavano stivali e sandali di pelle ricavata dalla pelle conciata di bue, mucca, bufalo, ariete e pecora.

La casta sacerdotale Bramina considerava la pelle impura, e così chi indossava sandali di legno. Le descrizioni letterarie indicano che i sandali erano realizzati in vari colori con tonalità di blu, giallo, rosso, marrone, nero, arancione e sauro. C'erano perfino sandali "multicolore".

Gli stivali, in alcuni casi allacciati, avevano fodere di cotone anch'esse variamente colorate. Potevano essere appuntiti, decorati con corna di ariete, impreziositi da code di scorpioni, o addirittura avere piume di pavone cucite sopra. Per evitare che i monaci buddisti cadessero nella tentazione di indossare questo tipo di scarpe così innovativo, nei testi religiosi si sosteneva che Buddha le vietasse nel modo più assoluto. Erano consentiti solo sandali con suole semplici o scarpe usate ricevute in offerta.

Gli indiani camminavano spesso scalzi. L'artigianato tradizionale industa dell'età dell'oro veniva trasmesso di generazione in generazione e resisteva alle innovazioni.

Uomini, donne e bambini continuavano a indossare un tipo di ciabatta di pelle con la punta rialzata ed il tallone scoperto. Spesso riccamente ornata, essa dimostra l'inclinazione industa per l'abbondanza di particolari. Infine, l'Islam influenzò l'India anche nelle calzature dove in certi motivi sono ben presenti elementi turchi-persiani.

200. Sandalo di legno intagliato. India, XIX secolo. Collezione del Museo Nazionale del Medioevo. Bagni termali di Cluny a Parigi, assegnato al Museo Internazionale della Calzatura, Romans.

201. Sandalo da fachiro. India. Museo Internazionale della Calzatura, Romans.

Nelle pagina seguente:

202. Calzature con punta ad uncino. India. Museo Bally, Schönenwerd, Svizzera.

La Cina

Sicuramente l'aspetto più peculiare delle calzature cinesi era la tradizione del bendaggio dei piedi femminili. Questa antica usanza cinese merita un'analisi particolare. La pratica di deformazione del piede fu inventata in un ambiente sociale aristocratico. Secondo uno storico cinese, nel 1100 a.C. l'Imperatrice Ta Ki aveva il piede equino. Essa convinse suo marito ad ordinare di far comprimere a forza i piedi di una ragazzina così che assomigliassero a quelli della sovrana, considerata canone di bellezza ed eleganza.

Cinquecento anni prima di Cristo, durante l'era di Confucio (555 a.C.-497 d.C.), la bellezza dei piedi piccoli era già apprezzata come prova di stato sociale elevato, mentre i piedi grandi erano sinonimo di bassa estrazione. Altre fonti attribuiscono l'invenzione della fasciatura dei piedi alla cortigiana Pan Fei, una favorita dell'Imperatore Xia Bao Kuan (regnò dal 499 al 501). Anche se ciò non corrisponde a verità, l'espressione "loto dorato" si deve a questo Imperatore.

Un giorno, mentre Pan Fei stava danzando su un pavimento intarsiato con fiori di loto d'oro per il diletto dell'amante imperiale, il sovrano gridò stupefatto: «Guardate, un loto dorato sboccia da ogni suo passo!» Da allora questa metafora sta ad indicare i piccoli piedi cinesi.

Un'altra tradizione attribuisce questa abitudine al X secolo d.C. a Pechino, dove l'Imperatore Li Yu (937-978) aveva la sua corte. Yao Niang, favorita dell'Imperatore, era famosa per la sua abilità nella danza. L'Imperatore le diede uno splendido loto decorato con perle e poi le chiese di coprire i suoi piedi con seta bianca, così che le loro estremità giungessero a formare una luna crescente e danzassero intorno al loto. Tutti gli uomini presenti guardavano rapiti questo corpo piroettare sulle punte dei piedi. La danza del loto e l'espressione "loto dorato" probabilmente nacquero da una leggenda buddista in cui Padmiavati, figlia di un bramino e di una cerbiatta, faceva sbocciare un fiore di loto in ogni luogo in cui passasse. Ancora in un'altra versione datata al VII secolo, la storia racconta che la giovane ragazza aveva piedi di cerbiatta avvolti nella seta. L'influenza di questa leggenda indiana in Cina è senza dubbio dovuta alla diffusione del Buddismo all'inizio del V secolo. Gli europei che iniziarono ad arrivare in Cina intorno al XIII secolo dimostrarono grande tatto riguardo all'abitudine della fasciatura dei piedi.

Allo stesso modo, Marco Polo (1254-1324) notò la particolare camminata delle donne cinesi e scrisse nelle sue memorie: «Le giovani donne camminano sempre così docilmente che un piede segue l'altro per una lunghezza mai superiore a mezzo dito...»

Le giovani ragazze di famiglie molto povere portavano avanti i lavori pesanti in un'esistenza fatta di difficoltà materiali: avere i piedi fasciati era un lusso che non potevano permettersi. Schernite, queste ragazze dai "piedi grossi", un segno distintivo della loro modesta origine, nel Guangdong erano chiamate "le scalze". Solo le ragazze coi piedi bendati potevano servire le padrone di casa nei loro appartamenti; le altre erano condannate ai lavori più umili in cucina. Nel XIII secolo, durante gli ultimi anni della dinastia Sung, era abitudine bere da una speciale scarpa il cui tacco conteneva una piccola tazza.

Più tardi, sotto la dinastia Yuan, si beveva direttamente dalla scarpa. Questa strana usanza viene attribuita a Yang Tieai, un ricco uomo di dubbia moralità, che si divertiva ad organizzare banchetti dove gli ospiti bevevano dalle scarpe indossate dalle prostitute che partecipavano alla festa. Questa pratica venne denominata dal suo autore "brindisi al loto dorato" e fu portata avanti con entusiasmo fino alla fine del XIX secolo. Questo è il motivo per cui gli amanti considerano Yang Tieai il santo patrono della "confraternita dei bevitori dalla scarpetta". Durante la dinastia Ming (tardo XVI secolo-metà XVII secolo), la deformazione del piede era parte integrante della cultura cinese; questa

203. Stivali cinesi di seta, dal regno di Kangxi (1662-1722). Museo Gugong, Pechino.

204. G. Castiglione. *Ritratto equestre dell'Imperatore Qianlong che passa in rassegna le truppe.* Museo Gugong, Pechino.

205. Fotografia di quattro prostitute cinesi.
     Collezione di Beverley Jackson.

206. Stivale da uomo in raso nero rigato.
     Suola spessa di cuoio cucito. Collezione Guillen.
     Museo Internazionale della Calzatura, Romans.

207. Stivale da donna in raso rosa, con il ricamo di un
     dragone con fili dorati e argentati. Cina, XIX secolo.
     Museo Internazionale della Calzatura, Romans.

208. Scarpe da matrimonio. Cina. Collezione di Beverley Jackson.

usanza divenne predominante, circolando in tutti i livelli sociali. Fu all'inizio della dinastia Ming che la pratica venne adottata con intenti chiaramente erotici o afrodisiaci nell'arte di nascondere e rivelare il piede: una donna che mostrava un piede scalzo in pubblico stava commettendo un atto indecente. Da qui il motivo per cui i missionari cattolici causarono uno scandalo, nel tardo XIX secolo, quando diffusero le immagini della Vergine a piedi scalzi, la Nostra Signora di Lourdes.

Per evitare uno scontro di civiltà, dovettero ordinare dall'Occidente un'iconografia più appropriata. Nel 1664 editti imperiali proibirono alle donne della dinastia mancese di deformare i loro piedi pena la morte. L'Imperatore Kangxi (1662-1722) impose un totale divieto sulla fasciatura per le ragazze nate dopo il 1662. Un padre o un marito che non avessero rispettato questa legge avrebbero ricevuto otto frustate con un bastone, e successivamente sarebbero stati esiliati a tremila *li* di distanza (circa millecinquecento chilometri). Nonostante ciò, il decreto fu inefficace e Kangxi dovette abrogarlo. Quando la stessa proibizione fu introdotta nel 1694, le donne mancesi risposero adottando un differente stile di scarpe.

Sotto le suole di calzature confezionate per piedi normali, attaccarono un supporto alto due pollici ricoperto di seta, un trucco a mala pena visibile sotto i pantaloni. In questo modo erano in grado di imitare l'instabile ma affascinante andatura dei piedi deformati, creando una perfetta illusione. La fasciatura dei piedi portò ad una serie di superstizioni e credenze private.

Soprattutto per le classi sociali elevate, la fasciatura era la necessaria preparazione per un buon matrimonio; il fallimento nel perseguire questa usanza condannava le ragazze a rimanere nubili. La bendatura iniziale veniva eseguita con alcune cerimonie. La madre poneva un paio di scarpe ricamate e alcuni nastri sull'altare di Zao Jun "dio della terra". Una donna virtuosa e con esperienza veniva chiamata ad officiare il rito alcuni giorni dopo.

Dopo l'invocazione al dio, la prima benda veniva applicata mentre la ragazza teneva nelle sue mani una castagna d'acqua o un piccolo pennello e recitava una preghiera. In questa chiedeva piedi dolci e soffici come una castagna d'acqua e sottili come il pennello. Il giorno del matrimonio, la sposa indossava scarpe ricamate con frasi come "cento anni di felicità" o "salute e ricchezza fino alla vecchiaia".

Nella Cina settentrionale, ai mariti venivano offerti minuscoli biscotti a forma di scarpa che simboleggiavano concordia e armonia. Le scarpe a forma di loto per le mogli significavano "una successione di figli". Nella Cina centrale si promettevano "finché morte non ci separi" scambiandosi le scarpe.

Infine, quattro paia di ciabatte ricamate erano parte della dote della sposa, garanzia di un matrimonio duraturo. Dopo la celebrazione, la giovane donna le riponeva con cura. Le più sorprendenti credenze erano associate alle scarpe delle donne, che erano usate come trattamento dai dottori cinesi per curare varie malattie.

Per esempio, una cura efficace per la tubercolosi consisteva nell'indossare tre paia di pantofole di una giovane sposa finché non si consumassero completamente. Per una nuora offrire le sue pantofole alla suocera malata era considerato un gesto molto premuroso: in particolare dimostrava grande pietà filiale, che il marito non avrebbe potuto dimenticare se successivamente avesse voluto ripudiare la moglie. Secondo Tan Sivy, nella sua tesi *Il loto d'oro,*

o il piccolo piede cinese, nel tardo XIX secolo c'era un dottore di nome Song You che curava le malattie usando le scarpe come rimedio. Molti studenti seguirono i suoi insegnamenti. Lo scrittore Yao Lingx afferma:

«Febbri: applicare fermamente una piccola ciabatta sull'ombelico del paziente. La febbre lo abbandonerà attraverso l'orifizio e finirà nella scarpa. Colera: bollire la suola di una ciabatta di una giovane vergine fino a che non si raggiunge un liquido denso. Far bere il liquido al paziente quando è ancora caldo».

All'inizio della dinastia Ming, nel tardo XIV secolo, la città di Datong nello Shanxi acquisì una sua reputazione in tutto l'Impero per le sue donne dai piedi belli.

Sotto la dinastia Qing, un nuovo stile di bendatura fu introdotto divenendo poi standard fino al declino dell'Impero. Lévy H.S. lo descrive chiaramente nel suo libro *La bendatura cinese dei piedi, storia di una curiosa usanza erotica*: «… liscio e soffice allo stesso tempo, minuscolo e appuntito, il solo accenno al piede di Datong entusiasmava l'anima degli esteti».

A partire dal XIX secolo, la città organizzò un'annuale gara di bellezza dei piedi che rapidamente si diffuse in tutte le principali città, di norma allestite all'interno di pagode buddiste. La competizione attirava diverse centinaia di candidate e una folla di ammiratori che arrivavano da lontano. Anziani cinesi che ne furono testimoni all'inizio del secolo, descrivono la scena:

«Le concorrenti erano sedute con le gambe stese su piccoli sgabelli. Le loro scarpe erano decorate con perle, campanellini e farfalle di seta. Gli spettatori venivano e andavano in gruppi, criticando, ammirando e dichiarando ad alta voce le loro preferenze, ma non potevano assolutamente toccare i piedi o le scarpe".

Le vincitrici, secondo i testimoni, si univano allegramente agli harem di ricchi e potenti uomini e pare che perfino donne sopra i sessant'anni, con visi brutti e rugosi, vincessero su partecipanti ben più giovani. Praticate fino alla fine dell'Impero, queste gare scomparvero dopo la proibizione della fasciatura dei piedi dichiarata dal governo repubblicano nel 1913. Come si otteneva la mutilazione?

Deliberatamente indotta, la deformazione irreversibile era inflitta alle ragazzine fin dall'infanzia. I loro piedi venivano bendati in maniera progressiva e continua. Inizialmente la benda era allentata, ma in seguito vi era un aumento graduale della tensione. La fasciatura era sostituita almeno ogni due giorni, ed ogni volta il piede era lasciato nudo per alcuni momenti al fine di lavarlo e strofinarlo con alcol di sorgo per prevenire le infezioni. Per ottenere un piede più conforme alla versione canonica in voga, un pezzo di metallo semi-ciclindrico, misurato in proporzione al piede, era posto sotto l'arco prima di applicare il bendaggio. La ragazza continuava a fasciare i piedi con regolarità per non rischiare di perdere gli effetti del trattamento. Una volta adulta, ciascun piede misurava circa dai tredici ai sedici centimetri.

Il termine "loto dorato" era riservato ai piedi che misuravano meno di nove centimetri; quelli che superavano i dieci erano giudicati solo "loto d'argento".

La deformità raggiunta dal piede fasciato portò alla creazione di scarpe speciali; in particolare le cortigiane indossavano scarpe rosse. I missionari cattolici diedero successivamente il loro contributo nel porre fine alla bendatura dei piedi, sebbene nel 1900 le donne cinesi di tutte le classi sociali ancora si attenessero all'usanza, più spesso nelle città che in campagna. L'usanza si protrasse fino al 1948 a dispetto delle proibizioni.

Il Nord America

La scarpa tradizionale degli Indiani del Nord d'America era il mocassino. Questo era costituito da uno o due pelli di animale con una suola attaccata. La preparazione delle pelli, la conciatura e la fabbricazione del mocassino erano appannaggio delle donne indiane. Si usavano pelli di bufalo, pecore bighorn, cervi e alci. I cervelli dei bufali venivano utilizzati nei processi di conciatura, mentre le pelli per fabbricare i tepee, le tomaie e le suole dei mocassini. Le scarpe erano identiche per uomini, donne e bambini.

Gli esploratori spagnoli alla fine del XV secolo introdussero le perline di vetro in America: la varietà blu proveniva da Venezia. I cacciatori di pelli le usavano come denaro e un commercio con gli Europei iniziò nel XVII secolo. Gli indiani delle pianure abbandonarono gradualmente i ricami con aculei di porcospino in differenti periodi a seconda delle tribù. Gli Indiani cominciarono a far uso delle perline di vetro intorno al 1840. L'uso ristretto dei colori limitava gli ornamenti a semplici figure geometriche. Le donne ricamavano con le perline utilizzando due tecniche di base:

1. il "Punto lento", un metodo relativamente semplice, in cui un filo spesso già infilzato di perle veniva attaccato al mocassino per creare un disegno a forma libera;

2. il "Punto intarsiato", un metodo che richiedeva una grande destrezza manuale, in cui le perline infilate erano sistemate sulla suola e poi cucite in file. Ciascuna tribù aveva la propria decorazione simbolica collegata ad un sistema di credenze.

Data la reciproca influenza tra le tribù, risulta difficile distinguere stili differenti. Motivi floreali di provenienza francese furono successivamente adottati.

209. Stivale da bambino di pelle di foca. Groenlandia, XIX secolo.
Museo Internazionale della Calzatura, Romans.

210. Mocassino da donna decorato con fiori stilizzati. Canada XIX secolo.
Museo Nazionale del Medioevo. Terme di Cluny, Parigi.

211. Calzature maschili, pelle di foca e tricheco. Alaska, inizio XX secolo.

Le calzature indossate dalle celebrità

Le calzature di Enrico II di Montmorency

Enrico II di Montmorency era il nipote di Anna di Montmorency, comandante supremo dell'esercito francese, Maresciallo di Francia e consigliere dei Re Francesco I ed Enrico II. Ultimo rappresentante dell'antico ramo di questa illustre famiglia e nipote del Re Enrico IV, Enrico II di Montmorency aggiunse cariche di prestigio alla sua famiglia: Ammiraglio di Francia e di Bretagna, viceré della Nuova Francia ed infine governatore della Linguadoca dopo le dimissioni di suo padre. Con il titolo di Maresciallo ottenne molte vittorie militari. Ma Gastone d'Orléans lo convinse a ribellarsi alla Linguadoca: la sfrontata rivolta contro il Cardinale Richelieu lo condusse all'imprigionamento a Castelnaudary. Abbandonato da Monsieur, il fratello del Re, così come veniva chiamato Gastone d'Orlèans, di Montmorency fu condannato a morte e decapitato a Tolosa nel 1632. Le sue scarpe di pelle, conservate al Museo Internazionale della Calzatura di Romans, erano cifrate e decorate con un fiordaliso sulla parte superiore della tomaia: sono testimonianza dell'eccellenza dell'arte calzaturiera della prima metà del XVII secolo.

Le scarpe di Madame de Pompadour

O il trionfo del tacco sotto Luigi XV

Queste scarpe dal tacco basso in seta gialla, ricamate con fili argentati e dalla punta leggermente rialzata, hanno perso le loro fibbie e mostrano qualche segno di usura.

Provengono dalla proprietà di Madame de Pompadour che le lasciò alla sua cameriera personale.

Il ritratto seduto di Madame de Pompadour, dipinto da François Boucher nel 1758 ed ora al Victoria and Albert Museum, mostra i suoi piedi incrociati calzanti scarpe impreziosite da una fibbia massiccia, probabilmente d'argento.

Nel ritratto di Boucher con Madame de Pompadour in piedi della Collezione Wallace, il suo piede destro è nascosto dal vestito giallo, ma quello sinistro, con una scarpa col tacco allacciata da una fibbia, è simile all'esempio che si trova al Museo Internazionale della Calzatura di Romans. Un terzo ritratto di Boucher, della collezione di Maurice de Rothschild, mette in risalto le sue eleganti pianelle rosa. Queste sono caratterizzate da punte rialzate secondo lo stile orientale e valorizzate da un elaborato ornamento sulla tomaia, decorata da una spirale nella linea centrale che prendeva tutta la lunghezza e bordata da tessuto arricciato. L'alto tacco rivestito di pelle bianca è un esempio tipico dello stile Luigi XV. Queste scarpe rosa creano una corrispondenza visiva in armonia con le decorazioni dello stesso colore sul vestito verde indossato da Madame de Pompadour. Il ritratto a pastello di Quentin de la Tour, conservato al Museo del Louvre, ritrae magnifiche pianelle rosa piuttosto somiglianti, ma con decorazioni più semplici.

Mostrandoci lei stessa le sue scarpe nei quattro ritratti, Madame de Pompadour, rinomata per la sua eleganza, ci svela quali calzature femminili erano in voga durante il regno di Luigi XV: scarpe con la fibbia e pianelle. Le pianelle con tacco stile Luigi XV (un termine ancora comunemente usato) erano molto di moda e lo sono ancora nel XXI secolo. Il dizionario tecnico dell'industria calzaturiera scritto da Louis Rama, un'autorità in materia, definisce il tacco Luigi XV: «Tacco Luigi XV: un tacco alto, reso più basso da

un profilo concavo; la scollatura è ricoperta da un'estensione della suola ottenuta da scissione, denominata "codetta".

Nonostante i metodi di realizzazione dei tacchi e gli stili si siano totalmente evoluti nel tempo, il concetto del tacco Luigi XV, elaborato nel XVIII secolo, rimane invariato. È sempre un tacco dal nome evocativo, il cui solo accenno rievoca il simbolo della femminilità eterna.

212. Calzatura appartenuta ad Enrico II di Montmorency. Pelle decorata con un giglio sulla tomaia. Iniziale del duca sul risvolto. Francia, XVII secolo. Museo Internazionale della Calzatura, Romans.

213. Calzatura della Marchesa di Pompadour. Museo Internazionale della Calzatura, Romans, deposito del Museo Nazionale del Medioevo, Bagni termali di Cluny a Parigi.

214. François Boucher. *Ritratto della Marchesa di Pompadour*. Alte Pinakothek, Monaco.

La scarpa di Maria Antonietta

Attribuita alla Regina, questa scarpa fu trovata alla base della ghigliottina in *place de le Révolution* a Parigi il 6 ottobre 1793. Fu venduta lo stesso giorno per un luigi al Conte di Guernon-Ranville, che immediatamente la trasformò in reliquia.

Nella parte interna si trova un'iscrizione a mano inserita come una soletta:

«Calzatura indossata da Maria Antonietta nel terribile giorno in cui salì al patibolo, raccolta da un individuo nel momento in cui la regina morì e immediatamente venduta al Signor Conte Guernon-Ranville».

Come André Castelot scrive nel suo libro su Maria Antonietta:

«Lei si affrettò a salire le scale con tale urgenza (con spavaldo coraggio disse un testimone) che perse una delle sue scarpette color prugna "à la Saint Huberty"».

Secondo il resoconto di Rosalie Lamorlière, la cameriera personale della Regina al Tempio, Maria Antonietta si recò all'esecuzione indossando scarpe color prugna con un tacco di due pollici (circa sei centimetri) nello stile "Saint Huberty", che prese il nome dalla cantante d'opera che diede inizio alla moda. La scarpa poteva essere di seta o di pelle.

215. Calzatura di Maria Antonietta raccolta il 10 agosto 1792. Anonimo. Museo Carnavalet, Parigi.

216. Calzatura del parroco di Ars. Museo Internazionale della Calzatura, Romans.

Le scarpe di San Jean-Marie Vianney, parroco di Ars

Jean-Marie Vianney, quarto figlio di un'umile famiglia contadina, nacque l'8 maggio 1786 a Dardilly vicino a Lione. Da piccolo faceva il pastore con altri bambini della sua età, ma già si distingueva per la sua gentilezza e devozione. Rispondendo alla chiamata di Dio, entrò in seminario. Minacciato di esser rispedito indietro per scarsa attitudine allo studio, Jean-Marie Vianney venne finalmente ordinato all'età di ventinove anni.

Nominato parroco di Ars, un piccolo paese situato a trentacinque chilometri da Lione, vi praticò il suo ministero fino alla morte. La gente accorreva da tutta la Francia per confessarsi a Padre Vianney e per ascoltare i suoi catechismi e sermoni, che si rifacevano direttamente ad episodi della vita quotidiana. Spesso trascorreva sedici ore al giorno dietro il confessionale e diceva il rosario ogni sera. Il suo infaticabile zelo per la carità e la gentilezza era supportato da uno stile di vita molto austero. Riposando solo quattro ore a notte, accontentandosi di pasti frugali ed indossando tonache rattoppate, il prete si impose la più severa delle penitenze.

Come molti santi, si impegnò in eroici scontri contro il Diavolo, che scuoteva le sue porte, batteva i pugni sui mobili, cercava di gettarlo fuori dal letto e perfino si avventava sulle sue scarpe per distruggerle.

Una grezza e consumata scarpa di pelle conservata in una collezione privata conferma queste lotte, come si evince da un documento scritto dal calzolaio: «Scarpa riparata dell'attuale parroco di Ars. È stata lacerata dal Diavolo, come lui stesso ha dichiarato. Lo certifico in Lione, 21 febbraio 1875».

Questo uomo di chiesa estremamente umile, a lungo disprezzato dai suoi fratelli, fu avviato contro il suo desiderio al processo di canonizzazione. Napoleone gli conferì la Legione d'Onore, sempre contro la sua volontà.

Il Vescovo di Belley iniziò il processo di canonizzazione nel 1866. Pio X lo dichiarò Beato nel 1905. Nel 1925, Papa Pio XI lo proclamò Santo e Patrono dei Parroci. Questo umile prete di campagna è adesso famoso in tutto il mondo. Il 5 ottobre 1986 Papa Giovanni Paolo II visitò personalmente Ars per rendere formalmente tributo a San Jean-Marie Vianney.

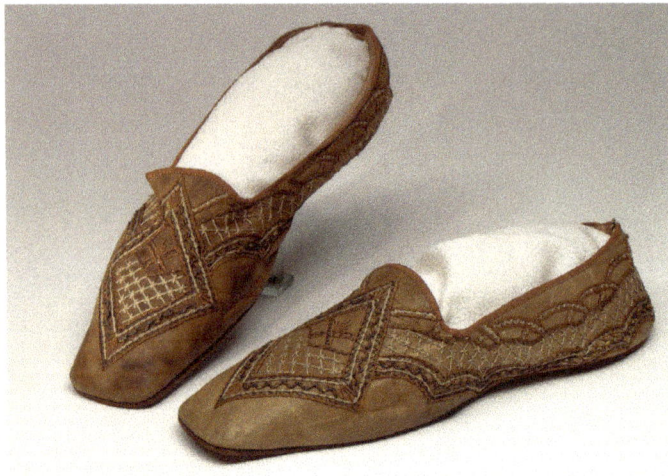

Le ciabatte di Goethe

Marianne de Willemer preparò segretamente un regalo di Natale per il suo amico Goethe per il 25 Dicembre 1816. Due lettere indirizzate al figlio dello scrittore, Auguste, che lei firmò con il calzante pseudonimo di "Gesù Bambino" rivelano il giocoso modo in cui la sorpresa fu organizzata.

«Intendo spedire a tuo padre un paio di ciabatte. Santa Caterina e Santa Teresa sono pronte ad iniziare il lavoro, ma devono essere assolutamente sicure della misura. Potresti gentilmente procurarti dal calzolaio di tuo padre un'esatta forma della tomaia e spedirmela in Francoforte dove sto intrattenendo degli affari? Se il calzolaio non ne ha le capacità o non sa come disegnarla, va anche bene una ciabatta che tuo padre non usa più o che non indossa da tempo, a patto che sia ancora adatta a lui. Chiederò a San Crispino di confezionargliene un paio. Spero che manterrai il mio segreto e che non rivelerai nulla dei miei piani a tuo padre o a qualcun altro».

Il 20 dicembre 1816, la donna spedì ad Auguste un pacco accompagnato da una lettera. «Grazie per aver gestito così bene la mia commissione ed auguri per il tuo compleanno, che cade nello stesso giorno del mio. Per favore apri la piccola scatola che arriverà a Weimar lunedì sera o martedì mattina e dai a tuo padre le ciabatte e la piccola foto nel giorno della Vigilia, accendendo alcune candele (perché la luce è il mio elemento)».

In una lettera datata 31 dicembre, Goethe rispose a Marianne de Willemer.

«Ad essere sincero, Gesù Bambino quest'anno è stato particolarmente ben disposto nei miei confronti, ma non può far a meno di compiere qualche atto disdicevole. Sebbene un uomo debba baciare la ciabatta del Papa perché porta una croce ed accarezzare i piedi dell'amata per simboleggiare il suo completo abbandono al volere di lei, è incredibile che qualcuno possa usare simboli magici per far sì che una persona decente veneri le sue stesse scarpe, così forzandolo in non comuni contorsioni morali e fisiche».

Le fasce intorno alle tomaie di queste famose ciabatte portavano il nome Suleika scritto in persiano, dietro cui si celava il nome di Marianne de Willemer, musa del poeta che ispirò i suoi poemi nell'opera *Divano occidentale-orientale*. La forte attrazione della figura letteraria per il piede femminile ed i suoi accessori, le scarpe, non era un segreto. Come scrisse ad una delle sue amiche: «Spediscimi il tuo ultimo paio di scarpe appena puoi così che io possa avere qualcosa di tuo da premere contro il cuore».

217. Ciabatta dell'Imperatore Francesco Giuseppe d'Austria. Ledermuseum, Offenbach.
218. Pantofole di Goethe. Museo Bally, Schönenwerd, Svizzera.

Le scarpe di Sissi

La vita di Elisabeth von Wittelsbach, principessa di Baviera meglio conosciuta con il suo primo nome di Sissi (resa immortale al cinema dall'attrice Romy Schneider), si trasformò in una favola nel momento in cui si fidanzò con il cugino, l'Imperatore tedesco Francesco Giuseppe d'Austria. Quasi immediatamente, la prima donna dell'Impero si scontrò con la suocera, l'Arciduchessa Sofia. Fossilizzata in un rigido e antiquato protocollo che risaliva a Carlo V, Sofia impose molte ristrettezze all'abbigliamento della principessa. L'etichetta prevedeva che indossasse ogni giorno un nuovo paio di scarpe. Sissi rifiutò. Il fornitore di corte ne fu oltraggiato, perdendo un'importante fonte di guadagno (anche se un inventario elencò in una sola volta centotrenta paia di scarpe nel guardaroba della Principessa!). Intanto le pettegole dame di compagnia criticavano Sissi perché si recava troppo spesso a cavalcare, ripetendo alle signore ed anche alle cameriere che gli stallieri e i passanti non potevano far a meno di distogliere i loro occhi dalle caviglie della Sovrana quando montava a cavallo. La radiosa bellezza dell'Imperatrice e la sua agile camminata la rendevano una delle donne più attraenti dell'epoca. Fu mentre camminava con passo veloce in *quai du Mont Blanc* a Ginevra, sulla strada per la linea di navigazione a vapore, che Sissi incontrò il suo destino all'età di sessantun anni, colpita da un assassino, Luigi Lucheni, un anarchico italiano.

219. Stivaletti dell'Imperatrice Sissi d'Austria. XIX secolo. Ledermuseum, Offenbach.

220. Ciabatte del Principe Imperiale Napoleone Eugenio Luigi Giovanni
Giuseppe. Museo Internazionale della Calzatura, Romans.

Le scarpe della Contessa di Castiglione

(Firenze 1837-Parigi 1899)

Nata Firenze nel 1837, Virginia Oldani proveniva da un'antica e nobile
famiglia genovese. Nel 1854 sposò il Conte François Verasis, scudiero del Re
di Sardegna Vittorio Emanuele II. La sua bellezza la rese presto celeberrima a
Torino. Il ministro del Re, Cavour, ebbe l'idea di usare la sua bellezza a scopi
diplomatici e la inviò alla corte dell'Imperatore Napoleone. La sua missione
era quella di sedurlo per far sì che partecipasse alla causa dell'unità d'Italia,
ottenendo così il supporto del governo francese.

Divenne la sua amante nel 1856 e facilitò la decisione dell'Imperatore di
allearsi con i Piemontesi. Questa donna bellissima, anche strana narcisista,
posò per i fotografi Mayer e Pierson. Entrambi importanti fotografi della
capitale, essi eccellevano nell'arte di esaltare i ritratti attraverso una tecnica
altamente perfezionata, che usavano per fotografare politici, artisti e l'élite
sociale del Secondo Impero.

La Contessa chiese a Pierson di fotografare le sue gambe e i piedi. Senza
dubbio il risultato fu un messaggio erotico. Era un'immagine totalmente
coerente con le fantasie maschili dell'epoca, che si focalizzavano su quella
parte anatomica del corpo femminile, normalmente posta sotto la crinolina

per proteggerla da occhiate maliziose. Un fotografo di Disderi la ritrae con le gambe in aderenti calze bianche ed il piede destro con indosso uno stivaletto abbottonato, con tacco a rocchetto, posto su un poggiapiedi. Inoltre a Virginia piaceva molto togliersi le scarpe in pubblico ed offrire i suoi piedi nudi alla contemplazione degli ammiratori. Questa eccentrica figura aveva addirittura calchi dei suoi piedi, di cui rimangono due esemplari, forse essere frutto del lavoro di Carrier-Belleuse, uno scultore particolarmente noto per i suoi calchi.

Il Museo Internazionale della Calzatura di Romans conserva un paio di splendide pianelle d'appartamento attribuite alla Contessa. Sono di velluto viola ricamate con fili d'oro e perle sottili con un tacco di lamé dorato. Queste scarpe riportano la seguente etichetta: «J.A. Piccole scarpe da donna, 334 rue Saint Honoré Paris, 134 Regent Street London». Esse sono un ottimo esempio del cosiddetto stile Secondo Impero, anche se le eccessive decorazioni ricordano i ricami sulle babbucce ottomane dello stesso periodo.

221. Stivali di Guglielmo I di Prussia. XIX secolo. Ledermuseum, Offenbach.

Le scarpe indossate da Louis Pasteur

Figlio di un conciatore artigiano, Pasteur nacque a Dole, centro amministrativo dello Jura, nel 1822. Illustre chimico e biologo francese, questo grande scienziato è conosciuto a livello internazionale per aver scoperto il vaccino contro la rabbia.

Come spiega Annick Perrot, Sovrintendente del Museo Pasteur, il chimico fu un rivoluzionario nelle scienze, ma conduceva una vita privata molto tradizionale. I suoi gusti artistici e lo stile di vita erano tipici della borghesia del XIX secolo: le sue abitudini nell'abbigliamento lo confermano.

Per esempio, all'età di diciotto anni, quando viveva al Collège di Besançon, Louis Pasteur scrisse ai genitori il 28 aprile 1840:

«Prendetevi cura della piccola scatola Huguenet per i miei stivali».

Durante un viaggio a Strasburgo, inviò una lettera datata 7 ottobre 1852 alla moglie:

«Se troverò qualche buon paio di scarpe, le porterò. Soprattutto le mie scarpe e ghette. Lo stesso per scarpe di vernice e stivali...»

In un'altra lettera datata 29 gennaio 1856 a suo padre racconta un interessante aneddoto:

«Fin dall'inizio dell'inverno sono stato molto bene indossando gli zoccoli che mi hai inviato a Strasburgo. A parte questo raffreddore, che dovrebbe passare in una paio di giorni o quasi, non mi sono ammalato per nulla, in particolare mi riferisco ai disturbi di stomaco a cui sono incline, la minima umidità ai piedi mi procura improvvisi attacchi di dissenteria. Non ho avuto alcun attacco da quando sono tornato dalle vacanze e sono sicuro che sia grazie agli zoccoli».

Mantenere i piedi asciutti è sicuramente un modo per tenere le malattie lontane, ma questa affermazione, se proveniente dalla penna di uno scienziato come Pasteur, appare alquanto buffa.

Negli ultimi sette anni della sua vita Pasteur visse in un grande appartamento all'interno dell'Istituto che porta il suo nome. Nel 1937 è diventato un museo che ospita i mobili dello scienziato, i suoi effetti personali, le opere d'arte, le fotografie e anche le scarpe. Il contesto della sua vita, perfettamente conservata in un'atmosfera carica di emozioni, ci permette di immaginarlo mentre si muove con passo deciso avanti e indietro dalla sua stanza al bagno in ciabatte fatte interamente di sottile feltro nero: un testamento dei suoi ultimi giorni? Pare che queste siano state a mala pena usate.

Un secondo paio di solide ciabatte rosso borgogna ricamate sembra siano il lavoro della signora Pasteur, che, come molte giovani ragazze e donne dell'epoca, era esperta nei lavori di cucito. Lavori di ricamo sotto forma di ciabatte erano inoltre molto popolari nel XIX secolo. Possiamo quindi immaginare la signora Pasteur seduta accanto al camino nel piccolo salotto al terzo piano che cuciva, mentre suo marito giocava a carte con l'amico Bertin.

Il museo presenta anche un paio di ghette di lana nera da allacciare con sette bottoncini laterali, oltre a tre paia di stivaletti neri di pelle, che pare Pasteur abbia indossato esclusivamente al termine della sua vita, perfino in spiaggia.

Due paia di stivaletti neri di capretto, apparentemente simili, in realtà differiscono per alcuni particolari. Il primo, con sei bottoni, presenta la seguente etichetta nella fodera di tela interna vicino alla gamba: «12 boulevard Saint-Michel 12 Marquer. Calzolaio su commissione di Parigi».

Gli stivaletti corrispondono a quelli mostrati in una fotografia in cui Pasteur è seduto nel giardino dell'Istituto. Il secondo paio, senza etichetta, è notevole per la sua chiusura a sette bottoni.

222. Fotografia di Louis Pasteur.
223. Scarpe e pantofole di Louis Pasteur.

Gli stivaletti della bella Otéro, una bellezza della Belle Époque

Tra la decade precedente il 1900 e quella successiva si ricordano molte belle donne. In particolare tre famose cortigiane competevano per il prestigio durante la Belle Époque: Emilienne d'Alençon, Liane de Pougy e La Bella Otero, il cui primo nome era Caroline.

Bellezza mediterranea, La Bella Otéro debuttò, all'età di dodici anni, sulle *ramblas* di Barcellona e poi conquistò Marsiglia dove danzò al Palazzo di Cristallo. La sua bellezza scatenava risse tra i componenti del pubblico. La sua carriera continuò a Parigi dove il suo fascino le portò una moltitudine di ammiratori appassionati pronti a rovinarsi pur di ottenere i suoi favori. Come una cavalletta tra gli uomini, giocava d'azzardo alla roulette e rimediava alle sue perdite passando la notte con gli avventori del casinò, tanto ricchi quanto brutti. Ritornò da una fuga amorosa in San Pietroburgo con le collane appartenute a due imperatrici ed una regina come souvenir.

All'apice, arrivava da Maxim vestita per fare colpo, mentre la sua rivale Liane de Pourgy, per deridere la sua ostentazione, arrivava agli incontri mondani, dove era di tendenza andare a cenare dopo lo spettacolo, senza alcun gioiello, scortata dalla sua personale cameriera piegata sotto il peso di un cuscino che tutti sorreggevano.

La Bella Otero si recava nei quartieri poveri al Bal Mabille (un teatro di varietà), pranzava ad Armenonville, sfilava in Bois de Boulogne e collezionava conquiste. Tra coloro che caddero nella sua rete vi fu William II, che lei sedusse e altri ammiratori che scialacquarono le loro fortune per i suoi bellissimi occhi. Alcuni uomini si uccisero dopo essere andati in rovina o essere stati rifiutati, tanto che per questo motivo ebbe il non gradito onore di essere soprannominata "sirena del suicidio".

Questa donna andalusa che condusse una tra le vite più assurde e logoranti tra tutte le cosiddette "Bellezze", in realtà era in grado di cantare e danzare con talento. Attenta a mantenere la sua reputazione artistica, prima di ciascun evento si recava ad accendere una candela a Notre-Dame-des-Victoires. Dopo una trionfante versione varietà della *Carmen*, rifiutò un contratto con l'Opéra Comique e si ritirò, ancora affascinante, all'età di quarantacinque anni.

La sua fortuna, stimata in 5 milioni nel 1922, si sciolse come neve al sole per il gioco d'azzardo, mettendo fine al suo dispendioso stile di vita. Dalla sua villetta di Nizza, si ridusse a ordinarie stanze d'hotel, smaltendo la sua "liquidazione" (per cui non riceveva quasi nulla), e ritirandosi alla fine in una piccola stanza dove visse grazie ad una magra pensione passata dal casinò.

All'età di novantatré anni, l'anziana Bella Otero era ancora corteggiata da alcuni uomini che cenavano con lei nella sua stanza portando champagne e caviale.

Caroline Otero morì indigente nell'aprile del 1965, nonostante molti articoli avessero tentato di riportarla alla luce dall'oscurità dell'anonimato. Oggi, salvandola dall'oblio, i suoi stivaletti sono conservati al Museo Internazionale della Calzatura di Romans. Essi sono eleganti esempi dell'arte calzaturiera in auge durante la Belle Époque.

In più, questi stivali hanno due alette a strappo di cinque centimetri davanti e dietro così da poter essere indossati con maggior facilità. Emiplegico dall'età di quarantasei anni, era difficile per Pasteur indossare le scarpe. Un ultimo paio di stivali, chiusi su entrambi i lati della caviglia da strisce di tessuto elastico, rappresenta chiaramente lo stile in voga a quel tempo ed era certamente più semplice da indossare rispetto a quelli abbottonati. Avvicinandosi alle scale che spesso Pasteur utilizzava, si nota il doppio corrimano, necessario data la sua paralisi e si può quasi sentire l'eco di passi leggeri mossi con difficoltà. Accuratamente riposte all'interno di un armadio, le sue scarpe ci ricordano i "passi" compiuti da un grande uomo in vari momenti della sua vita.

Morto nel 1895, Pasteur riposa oggi nella cappella funeraria costruita all'interno dell'Istituto al primo piano, realizzata nel caratteristico stile Bizantino del periodo Simbolista. Un riquadro al centro della volta contiene una frase estratta dal discorso che Pasteur tenne in occasione della sua accettazione all'Académie Française:

«Felici sono coloro che portano Dio e un ideale di bellezza dentro se stessi e che fanno onore agli ideali artistici, della scienza, del paese e dell'insegnamento del Vangelo».

224. Stivaletti della Bella Otéro. Capretto beige e marrone,
intarsi in capretto argentato. Parigi, 1900 ca.
Museo Internazionale della Calzatura, Romans.

225. Stivali di Ninon Vallin indossati in *Marouf, il Calzolaio del Cairo*.
Scamosciato marrone, applicazioni in capretto turchese,
risvolto stile orientale al termine della tomaia. 1917 ca.
Museo Internazionale della Calzatura, Romans.

Gli stivali della cantante d'opera Ninon Vallin

C'era una volta una voce: Mârouf, il calzolaio del Cairo

Nata nel 1886, a Montalieu, un paese nel Delfinato, Eugénie Vallin si dedicò al canto fin dalla più giovane età. Il suo talento si rivelò immediatamente nel coro della chiesa parrocchiale nella piccola comunità di Grand-Serre, situata nella divisione territoriale della Drôme, dove suo padre, un notaio, aveva preso ufficio nel 1906. Il Conservatorio della Musica di Lione le conferì quattro premi nel 1910. La sua voce da soprano di eccezionale estensione le permise di avere una trionfante e spettacolare carriera internazionale esibendosi sui palchi più prestigiosi del mondo. Il Museo Internazionale della Calzatura di Romans possiede un paio di stivali in stile orientale indossati dalla famosa cantante d'opera alla Scala di Milano nel 1917, nell'opera *Mârouf, il calzolaio del Cairo* di Henri Rabaud, in cui si esibiva nel ruolo della Principessa Saamcheddine.

Creata dall'Opéra Comique a Parigi il 14 maggio 1915, quest'opera in cinque atti ci conduce al Cairo, a Khaitan e nel deserto. È il racconto delle leggendarie avventure di un calzolaio che svolge la sua attività nella capitale egiziana.

Mârouf, incline alla pigrizia, è infelice a casa. Sua moglie Fatimah è brutta, malvagia e lo picchia, così Mârouf decide di andarsene. Incappa in un naufragio, ma ne esce illeso. Il suo amico, Ali, lo preleva dalla costa e lo conduce a Khaïtan, una leggendaria città tra la Cina e il Marocco. L'umile calzolaio si fa passare come il più ricco mercante del mondo in attesa di una carovana piena di meraviglie.

Il Sultano in persona lo invita a Palazzo e, nonostante i sospetti del visir, gli offre la mano della figlia, la Principessa Saamcheddine. Mârouf sta vivendo nel lusso, scialacquando i soldi del cognato, quando confessa alla moglie il suo inganno. I due amanti decidono di fuggire e trovano rifugio in un'oasi da un povero contadino. Per ringraziarlo dell'ospitalità, Mârouf comincia a lavorare, aiutandolo nei campi.

Mentre spinge l'aratro, Mârouf urta un anello di ferro che apre una botola che dà accesso ad una camera sotterranea. L'anello ha poteri magici: quando la principessa lo accarezza, il contadino si trasforma in un genio che immediatamente si mette a disposizione della coppia, mostrando loro un meraviglioso tesoro. Quando il Sultano e le sue guardie catturano i fuggitivi, si ode in lontananza il rumore di una carovana che si avvicina. Mârouf e la principessa trionfano, mentre il visir viene condannato a cento frustate.

Acclamata nelle principali capitali di tutto il mondo, Ninon Vallin non si atteggiò mai a diva, ma visitava regolarmente il suo paese, partecipando alle feste con una totale mancanza di presunzione.

La "principessa del canto" morì a Millery il 22 novembre 1961, durante la festa di Santa Cecilia, patrona dei musicisti.

226. Calzature di Maurice Chevalier. Derby in camoscio blu scuro, indossate al Teatro degli Champs-Elysées in occasione del suo addio al palcoscenico. Museo Internazionale della Calzatura, Romans.

Le scarpe indossate da Maurice Chevalier

La Sinfonia delle Suole in Legno

Può darsi che la famosa paglietta di Maurice Chevalier fosse parte del suo personaggio e repertorio (nel gioioso ritornello «con la mia paglietta»), ma le sue scarpe passarono piuttosto inosservate. Nonostante ciò, i suoi eredi ne donarono un paio al Museo Internazionale della Calzatura di Romans, nel 1984, attraverso l'intermediazione del fotografo Jacques-Henri Lartigue. *Derby* di pelle scamosciata blu scuro firmate Bally Suisse, le ultime che l'artista indossò sul palco, fatto confermato da un fotografo che mostra Maurice Chevalier che si inchina per i ringraziamenti sul palco del Teatro degli Champs Elysées, il 1 ottobre 1968, con le stesse scarpe.

Nato a Parigi nel 1888, l'attore e cantante popolare fu partner di Mistinguette alle Folies Bergères e trionfò al Casino di Parigi. Grande intrattenitore e professionista di varietà, interpretò con successo molte canzoni, come la *Sinfonia delle Suole in legno*, del 1945:

«Amo il tip tap delle suole in legno
Mi rende allegro come non so spiegare
Quando ascolto questo ritmo così forte
Nel mio cuore sopraggiunge una canzone
Tip tap dice buongiorno
Scarpette dagli abeti
Tip tap tap tempo di svegliarsi, alzarsi dal letto e andare al lavoro
Le giovani cose romantiche sembra che danzino il tip tap quando camminano
E per tutto il giorno sentiamo il suono eloquente
Che incantevole frastuono fanno migliaia di scarpette
Ora le donne sono attraenti
Al tip delle loro punte
Amo il tam tam delle suole in legno
Mi rende così felice che non so come spiegare
Quando ascolto questo ritmo così forte
Nel mio cuore sopraggiunge una canzone
Tap tap tap è il ritornello
Della strada affollata
Tap tap tap la sinfonia
Di giorni meravigliosi con meno cuoio verniciato
Schiocca, vibra e risuona più felicità che un clacson
È il ritmo parigino delle scarpe allegre
Canta di una vita piena di vigore e gioia
È euforia sotto la pelle
Amo il tam tam delle suole in legno
Mi rende così felice che non so come spiegare
Quando ascolto questo ritmo così forte
Nel mio cuore sopraggiunge una canzone
È fantastico! Com'è fantastico!
È davvero fantastico!»

Attraverso l'attenta scelta delle parole, il compositore ricrea l'eco del rumore specifico provocato dalle scarpe in legno indossate durante la Seconda Guerra Mondiale. Il dono di Maurice Chevalier per la cadenza ritmica rende la canzone divertente e giocosa. È un grande omaggio all'ingegnosità dei calzolai, che sostituirono le materie prime in vista della scarsità del pellame durante questo periodo della storia e, in tale procedimento, lanciarono un nuovo stile che si adattava alle circostanze.

Le scarpe indossate da Charles Trenet

Y a d'la joi! (La vita è bella)

Quando Charles Trenet si esibì in uno spettacolo a Romans il 7 ottobre 1990, promise di donare le scarpe che indossava in scena al Museo Internazionale della Calzatura di Romans. Dopo la sua morte, avvenuta il 21 giugno 2001, gli esecutori testamentari fecero la presentazione ufficiale il giorno del Festival della musica.

Non firmate, erano scarpe comode che aiutarono e supportarono i suoi piedi sensibili, occultando la cicatrice procuratasi al piede destro durante la Seconda Guerra Mondiale. Un modello Richelieu con una scatola nera, lo stile aveva un'eleganza classica che fa riaffiorare molti ricordi: queste scarpe, infatti, sembrano canticchiare le sue canzoni come *La mer* (Oltre il mare), *Douce France* (Dolce Francia), *Que reste-t-il de nos amours?* (Cosa resta del nostro amore?), *Route Nationale 7* (Statale 7), *Revoir Paris* (Rivedere Parigi), *Le jardin extraordinaire* (Il giardino straordinario), *Boum Boum* (Bang Bang), *Y a d'la joie* (La vita è bella) e altre.

Ora pezzi da museo, tali calzature fuori scena sono la testimonianza fisica della carriera di un artista di enorme talento. Esse ricordano a tutti che Charles Trenet, gigante della *chanson* francese ed immortale genio conosciuto a livello internazionale, creò un inno alla vita senza felicità.

Le scarpe da laboratorio indossate da César

(1912-1998)

Donate dall'artista al Museo Internazionale della Calzatura di Romans César Baldaccini, lo scultore chiamato da Edmonde Charles Roux «il Vulcano dei tempi moderni», fu un membro della cerchia di Picasso fin dalla più giovane età. Nel suo studio, per saldare e assemblare i pezzi di metalli di scarto che trovava, indossava zoccoli con suole in legno.

Una visita privata al Museo Internazionale della Calzatura di Romans catturò lo scultore che si meravigliò di fronte ai macchinari per le scarpe, costruiti con i più differenti tipi di metallo. L'artista firmò il libro dei visitatori in maniera commensurata al suo talento ed alla sua arte: innanzitutto, con un vigoroso e rapido tratto della matita disegnò una struttura, poi tracciò la pompa che appare sul terreno dietro un cancello metallico. Il disegno nel complesso ha un senso di spazio e forma.

Nell'ufficio adiacente al suo studio, sugli scaffali vicino ai suoi libri d'arte e ricordi, lo scrittore teneva le scarpe di una donna. Quando un giornalista venuto ad intervistarlo le notò, César spiegò: «Ho appena scoperto una cosa meravigliosa: il Museo Internazionale della Calzatura di Romans».

Le scarpe indossate da Jacques-Henri Lartigue

Pittore e fotografo (1894-1986)

Il pittore che fece il ritratto ufficiale di Valéry Giscard d'Estaing come Presidente della Repubblica, Jacques-Henri Lartigue, si occupò di fotografia fin dalla più giovane età e si esibì come pittore dal 1918. Egli illuminava i suoi quadri con il segno di un sole dipinto unito alla sua firma.

Lo stesso sole è riprodotto sulle sue scarpe da studio dalle suole in gomma donate al Museo Internazionale della Calzatura di Romans, nel 1983.

227. Calzature di Charles Trenet. Museo Internazionale della Calzatura, Romans. Fotografia di Joël Garnier.

228. Calzature di Jacques-Henri Lartigue, fotografo, 1980. Museo Internazionale della Calzatura, Romans.

229. Calzature dal laboratorio di César, zoccolo in cuoio marrone spesso. Museo Internazionale della Calzatura, Romans.

Mouna Ayoub

Il viaggio di una collezionista d'alta moda

Nata tra le montagne libanesi, Mouna Ayoub cominciò ad interessarsi al mondo della moda da molto giovane. Fin da bambina, accompagnava sua madre da "Madame Juliette", una sarta francese in Sid El Bauchrié. Dando una scorsa alle riviste nello studio della stilista, scoprì i più splendidi stili di Dior, Paquin, Schiaparelli, Vionnet e Saint Laurent.

Da Madame Juliette, Mouna imparò anche a realizzare vestiti per le bambole. Cominciò poi a condividere con sua madre un'incondizionata ammirazione per Coco Chanel e quindi a sognare Parigi, la capitale internazionale dell'eleganza che stabiliva le tendenze e le regole del buon gusto.

Dopo essere stata educata dalle Sorelle del Sacro Cuore di Bikfaya, dove perfezionò il suo francese, i suoi studi la portarono ad Aix-en-Provence, a Marsiglia e a Parigi. Qui sviluppò velocemente un occhio per la moda davanti alle vetrine di *avenue Montaigne* e *rue Cambon*.

Il 1 febbraio 1978, sposò un ricco saudita e per l'occasione indossò un abito da sposa disegnato da Jean-Louis Scherrer. Da allora divenne una regolare frequentatrice delle sfilate d'alta moda. Fedele alle più prestigiose firme parigine, il suo occhio, attento ed esperto, seguiva anche i giovani stilisti che si esibivano sulle passerelle dell'alta moda. La sua significativa e intelligente politica d'acquisti rese Mouna Ayoub la più grande collezionista privata dell'alta moda. I sontuosi vestiti, da lei collezionati con meraviglioso entusiasmo per oltre vent'anni, illustrano le grandi tradizioni artigiane della moda.

Questo straordinario lascito, sempre in espansione, include inoltre più di un migliaio di scarpe. Durante la stagione autunno/inverno 2001, una selezione della sua collezione è stata l'oggetto di una mostra al Museo Internazionale della Calzatura di Romans: pianelle, sandali, scarpe stile Carlo IX, stivali, scarponcini, stivaletti, scarpette Luigi XV, tutte interamente fatte a mano, rappresentavano i dieci anni (1990-2000) di lavoro di Raymond Massaro per Chanel. Queste calzature sono state mostrate per il piacere culturale e sensoriale dei visitatori.

Patrona esemplare, Mouna Ayuob, una vera sostenitrice della creatività artistica, facilita il trasferimento del know-how da una generazione all'altra. Come spiega il ricamatore di talento François Lesage: «Se ce ne fossero state quindici altre come lei, il futuro dell'alta moda sarebbe assolutamente assicurato».

230. Calzatura di Mouna Ayoub.
Museo Internazionale della Calzatura, Romans.

Le scarpe indossate da Paul Bocuse e Pierre Troisgros

Questi due ambasciatori della rinomata gastronomia francese non smisero mai di compiere innovazioni all'interno della grande tradizione culinaria.

Paul Bocuse indossava mocassini di capretto neri per presiedere la giuria per il premio al *Meilleur Ouvrier de France* (Miglior Lavoratore francese) del 1961. Decise di continuare ad indossarli nel suo famoso ristorante a Collonges-Au-Mont-d'Or dove calorosamente accoglie i clienti che vengono ad assaporare il suo "pollo di Bresse" cucinato nella vescica di maiale, uno dei suoi tanti piatti rinomati.

Pierre Troisgros, invece, quando non è davanti ai fornelli nel suo ristorante di Roanne a preparare salmone in carpione, si aggira furtivamente sui suoi zoccoli di legno ed esamina le sue viti nella tenuta a Blondins nella regione della Loira.

Diversi anni fa questi due grandi chefs hanno donato le loro scarpe al Museo Internazionale della Calzatura di Romans. Una gioia per gli occhi dei visitatori!

Nelle pagine seguenti:

231. Calzature di Paul Bocuse indossate per la competizione di Miglior Lavoratore in Francia nel 1961. Stile mocassino in capretto nero. Museo Internazionale della Calzatura, Romans.

232. Zoccoli di Pierre Troisgros in legno e pelle. Realizzati da Daniel Drigeard, fabbricante di zoccoli a Renaison. Indossati nel vitigno "Les Blondins", coltivato personalmente dallo chef.

233. Salomé, Scarpe di Mistinguette. Museo Galliera, Parigi.

234. Paio di pianelle da casa di Sacha Guitry realizzate dalla calzolaia Camille Di Mauro. Parigi, 1940. Museo Galliera, Museo della Moda, Parigi. Fotografia di Lifermann, PMVP.

235. Paio di scarpe di Lana Marconi per il suo matrimonio con Sacha Guitry, realizzate dalla calzolaia Camille Di Mauro. Museo Galliera, Museo della Moda, Parigi. Fotografia di Lifermann, PMVP.

236. Scarpe da sposa della Regina Elisabetta II.
Museo Bally, Schönenwerd, Svizzera.

237. Joan Crawford nel "Negozio di Stivali di Hollywood " che Ferragamo
aprì nel 1923. Museo Ferragamo, Firenze.

238. Calzature della Principessa Grace di Monaco.
Tessuto in stoffa beige ricamato con fiori multicolori, tacco Luigi XV.
Modello esclusivo concepito da Evins e realizzato da Miller.
Museo Internazionale della Calzatura, Romans.

239. Scarpette da ballo di Wilfride Piollet. 1998-1999.
Museo Internazionale della Calzatura, Romans. Fotografia di Joël Garnier.

240. Stivali indossati da Meryl Streep nel ruolo di Karen Blixen
e stivali da aviatore indossati da Robert Redford nel ruolo di Denys Finch
Hatton nel film di Sydney Pollack, *La mia Africa*, nel 1986.
Creazioni della ditta Pompei.

241 *Pump* scollate di Marilyn Monroe interamente decorate con strass
     Swarovski rossi, tacco ricoperto di strass. Create da S. Ferragamo
     per il film *Facciamo l'amore*, diretto da George Cukor nel 1960.
     Museo Ferragamo, Firenze.

242. Sandali di Elizabeth Taylor in *Cleopatra*, 1963.

243. Modello "Pull-Over" creato per Brigitte Bardot nel 1966.
     Stivaletto ricoperto di velluto. Museo Ferragamo, Firenze.

244. Calzature indossate da Romy Schneider nel ruolo di Marthe Hanau
nel film di Francis Girod, *La Banchiera*, 1980.

245. Pianelle di Madonna realizzate da Dolce & Gabbana.
Ledermuseum, Offenbach.

246. Sagome in legno dei piedi di Madonna,
conservate a Palazzo Spini Feroni.

247. Stivaletti indossati da Leonardo DiCaprio nel ruolo di Jack in *Titanic*.
Creazione di Casa Pompei. 1996.

248. Calzatura stile Carlo IX indossata da Kate Winslet nel ruolo di Rose
nel film *Titanic*. Creazione di Casa Pompei. 1996. Tomaia in vernice nera,
quartieri e allacciatura in capretto vellutato viola.

249. Stivaletti per la bambola Rosalie in pelle nera. 1889 ca.
Regalo di Natale del nonno calzolaio alla nipotina.
Museo Internazionale della Calzatura, Romans.

Le storie raccontate dalle calzature

Le scarpe della bambola di Teresa

All'età di otto anni Teresa giocava con una bambola proprio come molte altre bambine della sua età. La bambola di Teresa indossava un vestito blu increspato e aveva occhi di porcellana, ma le mancavano le scarpe. Questa era una seria mancanza poiché Teresa era la nipote di un maestro calzolaio.

Sulla via di ritorno da scuola, Teresa non dimenticava mai di fermarsi nella bottega del nonno per dargli un bacio. Là, con l'aiuto di alcuni operai, le scarpe venivano confezionate su misura e cucite a mano. Tutti i giovedì, quando non c'era scuola, la ragazzina spesso trascorreva il pomeriggio nella bottega che emanava un odore misto di pelle, colla e lucido.

Teresa annusava dappertutto, tra il bancone da lavoro e gli scaffali pieni di forme di legno e scatole di chiodi, mentre i suoni insistenti della bottega risuonavano intorno a lei, il rumore delle pinze che piantavano i chiodi nella pelle per farla aderire alla forma e quello del martello che spianava le pelle.

In un freddo e cupo pomeriggio di novembre del 1889, la ragazzina, con la bambola in braccio, spinse per aprire la porta come d'abitudine, ed entrò nella bottega come un raggio di sole, riempendola di gioia. In quello stesso istante, gli occhi del nonno caddero sui piedi nudi della bambola. Ora Teresa, che non riusciva a fare a meno di esplorare il mondo della bottega, piazzò la sua "bambina" sullo sgabello. Approfittando del momento, il nonno misurò i piedi della bambola. Al termine della giornata di lavoro, con la massima segretezza, il mastro calzolaio dedicò tutta la sua arte calzaturiera alla creazione di stivaletti in miniatura per la bambola. La Vigilia di Natale li avvolse in un panno e, mentre lei dormiva, li mise nelle sue stesse scarpe lasciate davanti al camino.

La mattina di Natale, Teresa trovò le sue scarpe con all'interno quelle per la bambola. I suoi occhi si illuminarono di gioia e girandosi verso il nonno disse: «Guarda nonno cosa mi ha portato Babbo Natale. Sa fare le scarpe proprio come te e tu non gli hai mai insegnato come».

Teresa conservò gelosamente i piccoli stivali come un ricordo del grande affetto che provava per suo nonno. Gli anni passarono. Era il periodo di Natale quando Teresa decise di donare le scarpe al Museo Internazionale della Calzatura di Romans. Lei aveva novantacinque anni. Nel donarle, l'anziana donna disse: «Il nonno sta guardando dall'alto. Come deve essere felice di vedere i suoi stivaletti insieme a migliaia di altre scarpe raccolte qui e realizzate da uomini che hanno praticato la sua arte a partire da più di 4000 anni fino ai giorni nostri».

Con il sopraggiungere delle vacanze, il Museo non poteva chiedere un dono migliore di quello delle scarpe della bambola di Teresa.

Gli stivali del cercatore d'acqua

Nel 1880 molte abitazioni, fattorie in particolare, avevano una sola sorgente d'acqua: il pozzo, una fonte di vita nel senso più esteso. Jules era un cercatore di sorgenti nella regione settentrionale della Drôme nel Delfinato. Era un lavoro arduo e pericoloso: per scendere quaranta o cinquanta metri sotto terra questo cercatore, specialista nel perforare pozzi di piccolo diametro, indossava stivali protettivi da lui stesso progettati e realizzati da un artigiano del suo paese. Costituiti da una spessa suola di legno con zinco tagliato che avvolgeva il piede e la gamba, ciascun stivale pesava due chili.

Come spiega suo nipote: «Quando mio nonno eseguiva la manutenzione in un pozzo, doveva scendere in fondo e gettarsi nell'acqua ghiacciata. Quindi le spesse calze di lana confezionate da mia nonna e questi grandi stivali sopra lo

proteggevano dal freddo. Poi per perforare un pozzo, doveva arrampicarsi al muro prima di giungere al livello dell'acqua, usando un picchetto di ferro sulla marna o argilla; c'era sempre il rischio di essere colpito da una roccia».

La funzione primaria di questi stivali era quindi quella di proteggere i piedi e le gambe di Jules nella sua lotta contro un ambiente ostile. Essi prefiguravano le scarpe da lavoro che divennero lo standard per molte professioni ad alto rischio dopo il 1950. L'industrializzazione delle scarpe da lavoro deve il suo sviluppo alle commissioni sulla pubblica salute e sicurezza, che portarono all'introduzione di scarpe protettive nell'ingegneria civile, di stivali antincendio per i pompieri e di zoccoli da indossare nelle catene alimentari e negli ospedali. L'uso di zoccoli negli ospedali nacque come misura antisettica nelle sale operatorie: al posto di coprire le scarpe usate in strada con stivali di tessuto, è ora obbligatorio per i chirurghi indossare zoccoli sterilizzati.

250. Stivali del cercatore di sorgenti. Museo Internazionale della Calzatura, Romans. Fotografo Joël Garnier.

Nelle pagine seguenti:

251. Scarpe di Zoya. Scarpette in capretto beige, tacco e fibbia di ambra. Russia, 1920-1925. I tacchi sono eccezionali e fortemente rappresentativi delle risorse del Paese. Zoya suonava il pianoforte in occasione di concerti.

252. Stivaletti di Matilde, inverno 1920. Museo Internazionale della Calzatura, Romans.

Le scarpe di Zoya

Zoya proveniva da una nobile famiglia di proprietari terrieri russi. Nata in Crimea intorno al 1900, imparò a suonare il pianoforte da bambina, come molte coetanee della sua classe sociale. Studentessa eccezionalmente dotata, continuò la sua formazione al Conservatorio di Simferopol. Nonostante i grandi rivolgimenti artistici e sociali del suo Paese, Zoya continuò i suoi studi al Conservatorio di Pietrogrado (San Pietroburgo dal 1914 al 1924, N.d.T.). Mentre gli eventi storici portarono molti suoi compatrioti ad emigrare all'estero, Zoya rifiutò di partire, profondamente legata alle sue radici russe e agli amici con cui condivideva la passione per la musica.

Costretta in patria, il suo talento la rese una concertista di piano riconosciuta ed apprezzata, mentre il suo fascino, l'eleganza e la sublime bellezza attirarono l'attenzione di registi che le offrivano provini e la imploravano di cimentarsi nella recitazione. Ma Zoya declinò le offerte. L'irresistibile richiamo della musica, la felicità nell'eseguirla e l'immateriale, quasi soprannaturale gioia che dava a lei e a chi la ascoltava suonare, furono più forti.

Da allora Zoya si dedicò completamente alla sua arte con un pubblico delle elevate classi sociali di Leningrado. Erano gli anni Venti e il suo paese era anemico, privo di vitalità per gli strascichi della guerra del 1914 e la rivoluzione bolscevica di ottobre del 1917. Lenin poi lanciò la sua Politica della Nuova Economia (NEP) che permetteva le imprese private, ritenendo che il paese necessitasse di prendere fiato. Durante questo periodo, Zoya indossava un paio favoloso di ballerine beige di capretto realizzate da un calzolaio di Petrogrado. Ciò che rendeva queste calzature un capolavoro erano le fibbie e i tacchi ricavati da un unico pezzo di ambra, segno della fantasia e delle abilità tecniche degli artigiani russi durante un periodo difficile dove il lusso scarseggiava. Con un talento in piena fioritura, terribili esperienze aspettavano però Zoya che fu imprigionata nel 1937 e morì in un Gulag.

Per molti anni la nipote di Zoya visse in Francia. Negli anni Sessanta, durante un viaggio in Russia, la nipote incontrò i suoi cugini che le regalarono il bene più prezioso: le scarpe di Zoya. Nel 2000 la nuova proprietaria del cimelio di famiglia donò le scarpe al Museo Internazionale della Calzatura di Romans, dove sono conservate ed esposte. Per tutto ciò che racchiudono, queste scarpe invitano al silenzio, alla reverenza e alla meditazione.

Gli stivaletti di Mathilde

Era il 1920 e Mathilde aveva vent'anni quando una mattina d'inverno salì su un treno con sua cugina. Le due ragazze stavano andando in vacanza a trovare i nonni. Esile ed elegante, Mathilde era un'affascinante ragazza bruna. Quella mattina indossava stivaletti allacciati in pelle di vitello marrone lucidata, mostrando le sue gambe ben formate. Georges era già seduto accanto al finestrino quando le due cugine presero posto nello scompartimento. L'arrivo di Mathilde fu un colpo di fulmine: per un secondo egli non vide altro che gli stivaletti e le gambe della ragazza, poiché la sua figura era in parte coperta dal controllore, ma presto ella gli apparve in tutta la sua gloria, accecando Georges che non riusciva a staccare gli occhi da tanta bellezza. Mathilde sentì che era oggetto di un intenso sguardo, ma la sua educazione non le permetteva di dare la minima confidenza ad uno sconosciuto che nel complesso, notò, era piuttosto distinto. Mentre il paesaggio scorreva come ritratti di felicità, le due cugine chiacchieravano a bassa voce. Georges tendeva le orecchie per sentire tutto ciò che poteva della conversazione, attenuata dalle forti grida della locomotiva, che faceva riferimento alla prova in chiesa dell'opera di Johan Sebastian Bach *Gesù, gioia desiderata dall'Uomo*.

Arrivati a destinazione, Mathilde uscì dallo scompartimento lasciando a Georges due indizi che sarebbero stati utili per ritrovare la donna sconosciuta:

il suo primo nome e, ancora meglio, il nome della città dove lei, durante la messa della domenica, suonava l'organo per una chiesa collegiata.

I giorni passavano, ma in Georges il ricordo dell'incontro rifiutava di dissolversi nell'impenetrabile nebbia dell'oblio. Al contrario, la figura di Mathilde era permanentemente fissa nella sua testa: l'immagine delle belle gambe negli stivaletti spiccava tra tutti i suoi pensieri, e la combinazione di eleganza e vulnerabilità occupava tutto il resto. Georges finì per confidare il suo meraviglioso segreto alla madre che si sentì offesa da questa inaspettata rivelazione, soprattutto perché andava contro il comportamento accettato dal suo ambiente sociale. Ma il cuore di Georges, subito dopo, si riempì di una strana gioia che mai aveva provato prima, nel momento in cui decise di colmare quei cinquecento chilometri che lo separavano da Mathilde. Quando entrò nella chiesa per partecipare alla messa delle undici, l'organo risuonò a pieno volume creando un'armonia con le sue stesse emozioni. L'impeto sonoro della musica sosteneva i suoi sentimenti e toccava la sua anima più profonda, trasportandolo in un altro regno dove riuscì a vedere per un attimo l'eternità. Quando la messa finì, Georges era tanto in contemplazione quanto all'erta. Si nascose dietro il pilastro della piccola scala a spirale di legno che collegava la galleria dell'organo alla navata. Improvvisamente, come se fosse un segnale, sentì il rumore dei passi di Mathilde che scendevano. Risuonava nelle sue orecchie, regolando il battito del suo cuore come un metronomo. Alla fine la vide. Indossava i famosi stivaletti che tanto aveva ammirato sul treno, ed era circondata da amici e conoscenti, raggiante in una bellezza interiore che la esaltava.

Il ricordo dell'amore a prima vista sul treno e i progetti futuri gli balzarono alla mente; il suo cuore batteva a doppio ritmo. Come un amante silente che osserva da lontano, Georges si recò lì per tre domeniche consecutive, viaggiando per un totale di quattromila chilometri in un periodo in cui i lenti mezzi di trasporto rendevano difficili gli spostamenti. Incapace di togliersi Mathilde dalla testa, il giovane uomo individuò il parroco che parlò della sua organista nei termini più lodevoli. E così accadde che in quella chiesa, alcuni mesi dopo, il prete li unì in matrimonio davanti a Dio e all'uomo.

L'amore tra la coppia cresceva costantemente come risultato delle innumerevoli attenzioni che si prestavano l'un l'altra, dalle piccole cose quotidiane di straordinaria importanza, per cui l'ordinario si trasformava in qualcosa di speciale: era l'arte di creare felicità, ma anche un modo per superare le difficoltà. Il resto era chimica: l'unione diede alla luce quattro figli.

In prossimità della morte, dopo quarantacinque anni di matrimonio, Georges ebbe ancora la forza di dire a Mathilde che moglie eccezionale fosse stata e quanto profondamente l'avesse amata con inestimabile devozione. Spiegò che il motivo era la sua capacità di essere le diverse donne di cui lui aveva bisogno nei diversi momenti, durante tutto il corso della loro vita. Le disse nuovamente come, in quella mattina d'inverno del 1920 sul treno, lui aveva istantaneamente percepito come quella persona, bella come una giornata di primavera, gli avrebbe cambiato la vita. Mathilde rispose che anche lei, nello stesso identico momento, era stata colpita da un inspiegabile sentimento davanti a quello sconosciuto e non si aspettava altro che felicità. Georges aveva sempre avuto un debole per le gambe femminili in eleganti calzature e ne comprò di belle a sua moglie. Furono però gli stivaletti del loro primo incontro ad essere attentamente conservati come reliquie, protetti nella loro originale borsa di tela marrone e beige sullo scaffale alto dell'armadio nella loro camera da letto.

Un giorno, poco prima che Georges morisse, Mathilde ebbe una premonizione su come avrebbe voluto ricordarlo dopo il suo passaggio alla vita eterna: decise di offrire i suoi stivaletti al Museo Internazionale della Calzatura di Romans, condividendo così con gli altri la loro storia di grande candore ed emozione. Oggi, in questa volta di conservata memoria, gli stivaletti rappresentano l'amore tra un uomo e una donna portato a livelli sublimi, espressione del reciproco dono di se stessi.

Gli zoccoli di Toine

Toine possedeva una piccola fattoria familiare ereditata da suo padre. All'alba, indossava i suoi zoccoli e iniziava le incombenze quotidiane come aprire la porta del pollaio, salire sul fienile per sistemare il fieno nella mangiatoia dei due muli, mungere le capre, dare l'erba medica ai conigli nella gabbia e pulire il porcile.

Andando continuamente avanti e indietro dal pozzo (l'unica fonte di acqua della casa) al giardino, alla cantina (dove erano allineati grandi tini per la vendemmia) e passando per la cucina (dove il cibo prodotto dalla terra veniva preparato e mangiato), Toine aveva bisogno di indossare zoccoli robusti.

Col mutare delle stagioni, indossava sempre le stesse calzature nei campi per mietere il grano e in piena estate per raccogliere le pesche. Durante il periodo di duro lavoro che seguiva, Toine arava i campi con un mulo di nome Negro.

I suoi zoccoli lasciavano la loro traccia nei solchi della terra smossa, in cui affondava i piedi fino al rintocco della campana della chiesa del villaggio che segnalava l'ora di ritorno alla fattoria. E quando il vento d'autunno metteva a nudo gli alberi lungo la strada vicino le stalle, gli zoccoli di Toine facevano scricchiolare le foglie che calpestavano.

Vicino alla porta principale c'era un puliscipiedi: un fine, consumato listello di ferro sostenuto da due paletti di vite segnati dalle intemperie e alti quindici centimetri da terra. Il suo unico scopo era quello di rimuovere il fango ancora attaccato alle suole di legno.

Gli zoccoli "intrisi di terra" di Toine sono un buon esempio dell'attività agricola tra le due guerre, in una piccola comunità rurale di Génissieux situata in Drôme des Collines. Donati al Museo Internazionale della Calzatura di Romans da suo nipote nel 1978, la loro presenza testimonia il legame tra l'uomo e la sua terra.

253. Zoccoli di Toine, contadino. 1950. Museo Internazionale della Calzatura, Romans. Fotografo Joël Garnier.

Le calzature nella letteratura

Descrizioni letterarie di scarpe sono sempre state molto frequenti fin dall'Antichità. Valide sostitute delle fonti iconografiche, spesso puro riferimento a scarpe perse o frammenti archeologici di calzature antiche, le descrizioni letterarie sono anche un'indispensabile fonte per datare le calzature prima dell'avvento del giornalismo di moda.

Inoltre, la letteratura è un punto di riferimento per la fabbricazione calzaturiera (l'esempio più famoso è la favola di Jean de la Fontaine, *Il Calzolaio e il Banchiere*), e perfino per il mondo degli affari, come descritto dal mimiambo dell'antico poeta greco Eroda. Ma, tra le immagini letterarie delle calzature, la più sublime, simbolica e poetica è senza dubbio quella evocata nel capolavoro di Paul Claudel *La scarpina di raso*. Questa racconta la storia di Doña Prohuèze, colpevole di vivere un amore illecito con Don Rodrigue. Dopo essersi tolta le scarpine di raso e averle affidate alla Vergine Maria come simbolo di un voto solenne, recita la seguente preghiera:

«Prendi il mio cuore in una mano e la ciabatta nell'altra mentre c'è ancora tempo. Mi rimetto nelle tue mani! Vergine Madre, ti dono la mia ciabatta! Vergine Madre, tieni la mia miserabile scarpetta nelle tue mani! Sappi che tra poco non ti vedrò più; sto per andarmene! Ma quando cercherò di gettarmi nel peccato, che accada coi piedi zoppi. Quando desidererò oltrepassare le barriere che hai posto, taglia le mie ali! Ho fatto ciò che potevo; tocca a te proteggere la mia povera scarpetta, tienila contro il tuo cuore…»

Restif de La Bretonne

Restif de La Bretonne aveva un dono per onorare i piedi e le scarpe nelle sue opere letterarie. Non vi sono dubbi leggendo i pensieri dell'"anti-Justine": «Avevo soprattutto un debole per i piedini graziosamente calzati, simile in questo al Grande Delfino, figlio di Luigi XIV, e a Thévenard, attore dell'Opéra» (Restif de la Bretonne, *L'Anti-Justine ovvero Le Delizie dell'amore*, traduzione di Giancarlo Pavanello, ES, Milano, 1994).

Nel suo romanzo "contemporaneo", l'eroe Saintpellaire è un giovane marito con una fissazione per i piedi. Come scrive l'autore: «Niente di immaginabile era più distinto e prezioso che le scarpe della sua giovane moglie. Erano ricoperte fino al tacco con perle e diamanti brillanti. Costavano più di diecimila corone ed erano state un regalo di Saintpellaire. Una notte, quando erano soli

nella loro stanza da letto, il giovane marito si inginocchiò e con mano tremante tolse le belle scarpe dai suoi bei piedi. Poi le fece indossare delle ciabatte, che non erano meno belle, anche se più a buon prezzo. Mise le scarpe in una piccola teca di vetro dalla base rotonda in cima a colonne ioniche di cristallo con capitelli dorati. Le scarpe venivano tenute qui come testimonianza e garanzia di un amore immortale. Dieci anni erano passati da allora e la moglie non dimenticava mai per ogni anniversario di matrimonio di indossare le scarpe. La passione erotica del marito non diminuiva. Forse questo rituale rinnovava sempre il suo amore. O forse sua moglie, per consiglio di un'ammirevole suocera, utilizzava metodi sconosciuti alle altre donne. O forse uomini come Saintpellaire sono più devoti e più sensibili a molti e spesso ripetuti stimoli…»

Durante il primo anno di matrimonio, il calzolaio consegnò ogni giorno un nuovo paio di scarpe a Saintpellaire che personalmente faceva gli ordini e sceglieva colori e decorazioni.

Sua moglie le indossava per un solo giorno e poi le riponeva in un armadio a muro. Durante il secondo anno, egli ordinò solo scarpe bianche. Sua moglie poi indossò tutte le scarpe che aveva, ma solo una volta, incluse poche paia che lui le aveva comprato prima del matrimonio. Grazie a questa attività, lui era sempre occupato con sua moglie e le sue grazie.

In romanzi come *Le pied de Fanchette* (Il piede di Fanchette) e *Monsieur Nicolas*, per nominare solo i più famosi, la scarpa è molto più che un semplice accessorio. In questi libri, zoccoli, scarpette da ballo, babbucce e pianelle sono descritte tanto dettagliatamente da essere degne di un intero catalogo di modelli femminili di scarpe del XVIII secolo.

Si dovrebbe notare che, nonostante il simbolismo di queste calzature riporti al XVII secolo attraverso la loro somiglianza con le scarpette di Cenerentola, esse annunciano anche il feticismo per i piedi e le scarpe esaminato da Octave Mirbeau nel suo *Diario di una cameriera*.

Chateaubriand, *Atala*

I mocassini di Chactas

Chateaubriand salpò per l'America nel 1791. La storia di Atala, pubblicata nel 1801, racconta la storia d'amore tra Chactas e Atala.

Questo idillio palustre immerge il lettore nell'esotismo americano. Come scrive Chateaubriand: «Atala mi fece un mantello con il secondo strato di scorza del frassino, poiché ero quasi nudo. Mi intrecciò dei mocassini in pelle di topo muschiato con pelo di porcospino» (François Auguste René de Chateaubriand, *Atala René*, traduzione di Bruno Nacci, Garzanti, Cernusco s/N (MI), 1995, p.50).

La descrizione dei mocassini da parte dell'autore dimostra il suo spiccato senso d'osservazione che esercitò quando era a contatto con gli Indiani.

Per esempio, quella produzione di mocassini era, in effetti, un lavoro femminile e il ricamo con aculei di porcospino era molto comune durante il XVIII secolo. È interessante notare che l'autore non mette ad Atala le scarpe per il suo funerale, mentre il pennello del pittore Girodet dipinge i suoi piedi coperti dal sudario. «Atala era distesa su un prato di mimose di montagna; i suoi piedi, la testa, le spalle e un tratto di seno erano scoperti. Tra i capelli era visibile un fiore di magnolia appassito… Le labbra languide sembravano sorridere come un bocciolo di rosa colto da due mattine. Sulle sue guance di un bianco luminoso si distingueva qualche vena azzurra. I suoi occhi erano chiusi, i piedi modesti erano giunti».

254. Dettaglio di Julien. *La Fontaine*. Marmo. Altezza: 1,73 m.
Museo del Louvre, Parigi.
255. Anne-Louis Girodet de Roucy-Trioson. *La Tomba di Atala*.
Museo del Louvre, Parigi.

Émile Zola, *Il paradiso delle signore*

Delizia per le signore

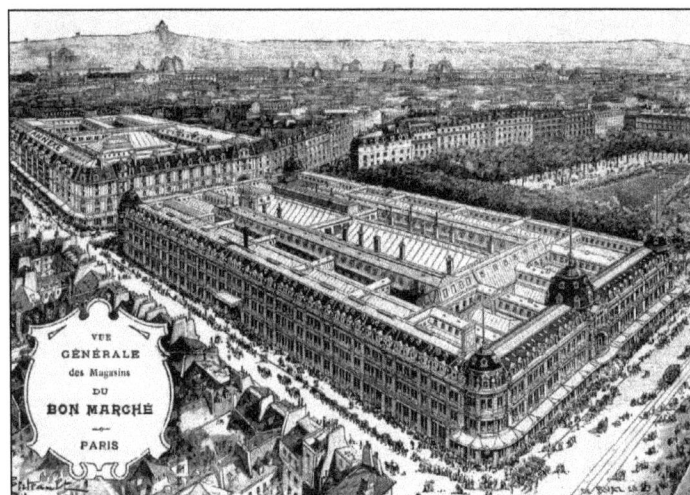

L'avvento dei grandi magazzini durante il Secondo Impero mutò il commercio francese a livello nazionale. Il concetto era quello di mostrare reparti che presentassero ogni tipo di prodotto di uso quotidiano a centinaia di clienti. Anche i prezzi di vendita erano nuovi; il negozio avrebbe percepito solo un piccolo profitto su ciascun bene venduto a prezzo fisso, ma avrebbe colmato la differenza attraverso le quantità. Quando Aristide Baucicat venne a cercare fortuna a Parigi, cominciò come umile impiegato, prima di gestire un reparto in un grande magazzino. Nel 1852 comprò una piccola boutique di trenta metri chiamata Le Bon Marché situata in un quartiere popolare.

Dal 1863 le vendite raggiunsero sette milioni; nel 1877 Le Bon Marché comprendeva diversi negozi. L'attività commerciale ispirò Émile Zola nella composizione di *Au Bonheur des dames* (Il paradiso delle signore), pubblicato nel 1883. Il romanzo racconta come Octave Mouret reinventò con successo il commercio moderno all'epoca in cui le boutique artigiane venivano sostituite dai grandi magazzini. Questi ispirano Mouret ad analizzare la vanità femminile. Tra i vari reparti del magazzino, una posizione di privilegio veniva accordata al reparto delle scarpe:

«Ma Madame Marty divenne particolarmente febbrile per i nuovi magazzini, non vi era inaugurazione senza la sua presenza… Poi si recò sotto al reparto delle scarpe nel retro di una galleria al pian terreno, dietro le sciarpe, in un banco aperto proprio quel giorno, dove portò scompiglio alle casse, quasi svenendo di fronte alle mule di seta bianca decorate con piume di cigno, e ai polacchini di raso bianco con tacco Luigi XV». [Émile Zola, *Il Paradiso delle Signore*]

«"Oh, Cara!" balbettò, nessun errore. Hanno un incredibile selezione di cappotti. Ne ho preso uno per me e uno per mia figlia…E le scarpe, Valentina?" "Una cosa senza precedenti!" aggiunse la giovane, con fierezza femminile. "Ci sono stivali per venti franchi e cinquanta. Oh! Gli stivali!"» [Émile Zola, *Il Paradiso delle Signore*]

Gerard de Nerval, *Sylvie*
Alain Fournier, *Il Grande Meaulnes*

Scarpe di ieri

Sylvie e *Le grand Meaulnes* furono pubblicati a sessant'anni di distanza, ma i due scrittori sono uniti da due descrizioni di scarpe. Nel romanzo *Sylvie* del 1853 l'autore evoca i bei ricordi del Valais. Nerval è lacerato tra i sentimenti per la sua amica d'infanzia Sylvie e la misteriosa seduttività di Adrienne: la magica attrazione di Adrienne è più forte.

Alla ricerca di un nastro vecchio stile, Sylvie rovista nei cassetti di sua zia: «Frugò di nuovo nei cassetti. Oh! Che ricchezze! Come'era meravigioso quest'oggetto; che brillantezza quello, e poi quell'altro che luccica di colori brillanti e di perline! Due ventagli di perle crepati, scatole con motivi cinesi, una collana di ambra, una gran quantità di ninnoli e balze, da cui spiccavano un paio di scarpette di tessuto grezzo bianco con fibbie in cui erano incastonati diamanti irlandesi. "Oh! Se trovo le calze ricamate, le voglio indossare!" Avevamo appena trovato le calze di seta rosa pallido a macchie verdi, che la voce della zia, accompagnata dalla stufa rumorosa, ci ricondusse alla realtà».

256. Illustrazione del "Bon Marché".
257. Illustrazione del "Bon Marché".

Come Gérard de Nerval, Alain Fournier colloca il suo romanzo tra gli amati paesaggi della sua infanzia. Meaulnes scompare misteriosamente per tre giorni e si perde nell'angolo più desolato della regione della Sologne. Giunge in una proprietà, va dentro una camera abbandonata e si addormenta. Al mattino al risveglio trova dei vestiti vecchio stile lì vicino che sembra siano stati lasciati per lui.

«V'erano abiti giovanili di generazioni passate, "redingote" dal collo alto di velluto, finissimi panciotti molto aperti, lunghissime cravatte bianche e scarpe di copale di principio secolo. Non osava toccare nulla, neppure con la punta delle dita; ma dopo essersi ripulito, rabbrividendo dal freddo, indossò sul suo camiciotto da scolaro una di quelle ampie mantelle, rialzandone il collo pieghettato, cambiò i suoi scarponi chiodati con scarpini di copale e si preparò a discendere a capo scoperto» (Alain Fournier, *Il Grande Meaulnes*, traduzione di Benedetto Gentile, UTET, Torino, 1981).

Quello che questi due scrittori hanno in comune è un continuo movimento dal sogno alla realtà. Entrambi coniugano deliziosamente il passato con il presente: ciò è messo in luce dalla sorpresa e il piacere di scoprire scarpe fuori moda sia di Sylvie che di Meaulnes. Gérard de Nerval e Alain Fournier rivivono i mondi dell'infanzia e dell'adolescenza, che riappaiono ancora oggi nella gioiosa e giocosa arte di vestirsi, permettendo al lettore di trascorrere piacevoli momenti immerso nella fantasia.

Pierre Loti: *Madame Chrysanthème*

«Potevo scorgere la parte posteriore di qualcosa di giovane e bello, che finiva di essere abbigliata nella strada deserta: ci fu l'ultimo sguardo materno alle enormi conchiglie della fascia e alle pieghettature intorno alla vita. Il suo vestito era di seta grigio perla; il suo *obi* di raso color malva, fiori argentati palpitavano tra i suoi capelli neri, era illuminata dall'ultimo raggio melanconico del tramonto; cinque o sei persone erano con lei…» [Pierre Loti, *Madame Chrysanthème*].

«Sì, era assolutamente lei, la signorina Jasmine…la mia fidanzata che mi era stata condotta! Mi affrettai a scendere dove la proprietaria, l'anziana signora Prune, viveva con suo marito. Essi stravano pregando di fronte all'altare degli antenati». [Pierre Loti, *Madame Chrysanthème*]

«"Sono qui, signora Prune" dissi in giapponese, "sono arrivati! Presto, il te, la stufa, la brace, le pipette per le signore, le piccole sputacchiere di bambù! Portate in fretta tutto il necessario!" Sentii la porta aprirsi e tornai di sopra. Gli zoccoli di legno venivano lasciati sul pavimento, le scale scricchiolavano al passaggio dei piedi nudi…» [Pierre Loti, *Madame Chrysanthème*]

I viaggi di Pierre Loti lo portarono in paesi poco conosciuti ai suoi tempi. La sua opera letteraria rifletteva l'attrazione per i paesi esotici. Egli visitò il Giappone nel 1886 e pubblicò *Madame Chrysanthème* l'anno successivo. Il romanzo trasporta il lettore nel Paese del Sol Levante dove l'autore viene presentato ad una fidanzata. Egli osserva fedelmente l'usanza ancestrale di togliersi gli zoccoli in legno per entrare in casa e usa le scale per ricreare il suono dei piedi nudi.

258. "Getta," interno in legno e paglia. Giappone, XIX secolo.
Calzature tradizionali la cui forma è rimasta invariata per secoli.
Museo Internazionale della Calzatura, Romans.

259. Calzature da bambino simili alla testa di un gatto, ricamati in seta.
Cina, XIX secolo. Collezione Guillen.
Museo Internazionale della Calzatura, Romans.

Pearl S. Buck, *Vento dell'Est, vento dell'Ovest; Peonia*

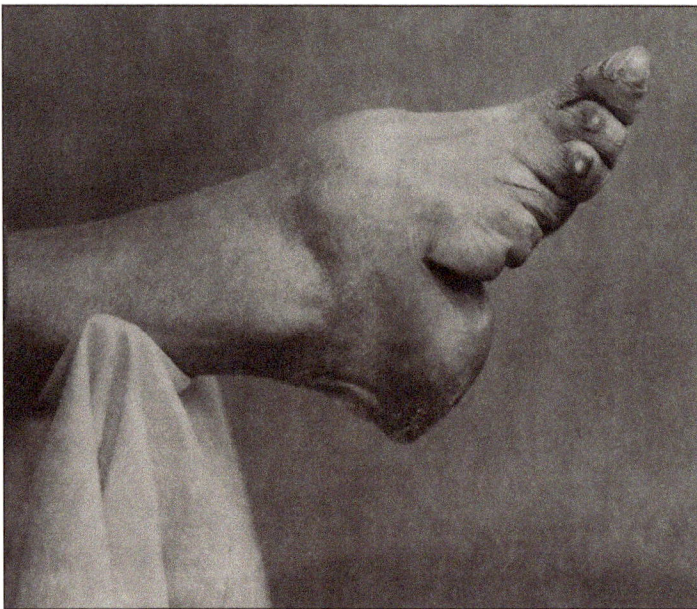

Pearl S. Buck visse nel Nord della Cina dal 1923. Come scenario per i suoi romanzi, *Vento dell'est, vento dell'ovest* e *Peonia* documentano vari aspetti della vita cinese, dando al lettore l'illusione di entrare nella vita quotidiana dei personaggi come Peonia, la protagonista del romanzo che porta il suo nome. In questi due romanzi la scarpa viene tratteggiata da una prospettiva culturale, con la frequente evocazione dei piccoli piedi fasciati.

Nel suo primo romanzo, *Vento dell'Est, vento dell'Ovest*, pubblicato nel 1929, Pearl S. Buck descrive quanto fosse importante la fasciatura dei piedi per le donne cinesi e quanto ne andassero orgogliose. Ma, dimostrando non meno rispetto per l'occidente, Buck denuncia la crudeltà di tale tradizione sebbene difesa dalle stesse vittime.

Sul punto di sposare l'uomo a cui era stata promessa ancor prima di nascere, Kwei Lan ascolta il consiglio della madre: «Le maniere e l'etichetta della vita aristocratica….queste cose le sai… la bellezza delle scarpe sui tuoi piedini – ah, questi tuoi piedini e tutte le lacrime che sono costati! Ma non conosco nessuno della tua generazione che li abbia così piccoli. I miei alla tua età lo erano appena poco più. Spero solo che la famiglia di Li abbia prestato attenzione ai miei messaggi e abbia fasciato stretti i piedi della figlia, la fidanzata di tuo fratello, mio figlio…» [Pearl S. Buck, *Vento dell'Est, vento dell'Ovest*]

Col sorgere della rivoluzione comunista, Kwei Lan rimane legata alle tradizioni e all'autorità dei genitori, ma suo marito, un giovane dottore, la persuade a rinunciare ai piedi fasciati.

«"Dal giorno del nostro matrimonio ho sempre desiderato chiederti se tu avessi un giorno liberato i tuoi piedi. Non è salutare per tutto il tuo corpo. Guarda a cosa assomigliano le tue ossa". Prese una matita e velocemente fece su un foglio del libro lo schizzo di un piede scalzo, ristretto e spaventoso. Come lo sapeva? Non ho mai mostrato i miei piedi in sua presenza. Noi donne cinesi non esponiamo mai i piedi alla vista altrui. Persino di notte indossiamo calze di tessuto bianco. "Come lo sai?" ansimai.

"Perchè sono un dottore che ha studiato in Occidente" rispose. "E quindi vorrei che li liberassi: non sono affatto belli. Inoltre, la fasciatura dei piedi non è più di moda. Ti colpisce?" Sorrise furbescamente e mi guardò in modo poco cortese.

Ma posi i miei piedi velocemente sotto la sedia. Ero spaventata da queste parole. Non belli? Ero sempre stata così orgogliosa dei miei minuscoli piedi! Per tutta l'infanzia mia madre in persona si era presa cura dell'ammollo nell'acqua bollente e dell'avvolgimento delle bende – ogni giorno sempre più strette. Quando piangevo per il dolore mi ricordava che un giorno mio marito avrebbe lodato la bellezza dei miei piedi. Chinavo la testa per nascondere le lacrime. Pensai a tutte quelle notti insonni e ai giorni in cui non riuscivo a mangiare e non avevo desiderio di giocare – quando sedevo sul bordo del letto e lasciavo penzolare i miei piedi per diminuire il peso del sangue. E ora dopo aver resistito fino a che il dolore avesse cessato per solo un breve anno, scoprire che lui pensa che siano brutti!

"Non posso" dissi, con voce strozzata, mi levai ed, incapace di trattenere le lacrime, lasciai la stanza.

Il fatto non era che mi importava così tanto dei miei piedi, ma se anche i miei piedi nelle loro scarpette piacevolmente ricamate non incontravano il suo favore, come potevo sperare di ottenere il suo amore?

Due settimane dopo mi recai a far per la prima volta visita a mia madre, secondo l'usanza cinse. Mio marito non parlò più di liberare i miei piedi. Né si rivolse più a me chiamandomi per nome». [Pearl S. Buck, *Vento dell'Est, vento dell'Ovest*]

260. Fotografia di donne e una ragazzina con i piedi fasciati. Cina.
The Peabody & Essex Museum, Salem, Massachusetts.

261. Fotografia di un piede mutilato.
The Peabody & Essex Museum, Salem, Massachusetts.

262. *Cloisonné* per calzature, dono scambiato tra sposi. Cina.
Collezione di Gérard Lévy. XVIII secolo.

263. Calzature per piedi bendati. Cina.
Museo Internazionale della Calzatura, Romans.

Il marito di Kwei Lan, grazie agli studi medici in Europa, ha abbandonato le regole degli avi e non rispetta le abitudini o rituali del suo paese. La povera piccola moglie cerca invano di sedurlo usando tutte le risorse della sua meticolosa e raffinata educazione, ma a tutte le sue attenzioni il giovane dottore reagisce con indifferenza, rendendola un'esule nel suo stesso paese.

Il punto di vista del marito riappare in *Peonia* in un passaggio che descrive come Peonia, una giovane schiava, sia felice per la condizione di schiavitù, perché le permette di evitare la fasciatura dei piedi, dandole la facoltà di correre:

«Come amava correre! Era la sua fortuna essere una cameriera in questa casa di stranieri. Se fosse stata in una casa cinese i suoi piedi sarebbero stati fasciati non appena sarebbe stata palese la sua bellezza, così che se un figlio della famiglia si fosse innamorato di lei e l'avesse voluta come concubina, non avrebbe messo in ridicolo la famiglia con dei piedi da serva». [Pearl S. Buck, *Peonia*]

L'opinione di Kwei Lan sui piedi di una donna occidentale dice molto circa il persistente attaccamento che le donne cinesi avevano per la mutilazione dei piedi: «Guardai i suoi piedi e per dimensione assomigliavano a dei bastoni». [Pearl S. Buck, *Vento dell'Est, vento dell'Ovest*]

Questa affermazione segna una divisione culturale tra l'Oriente e l'Occidente. D'altra parte, Buck spesso fa furtivamente riferimento a calzature per descrivere i movimenti. Queste indicazioni sono sempre sotto il segno della leggerezza e del silenzio, poiché le scarpe erano di raso nero o velluto: «Così dicendo si inciampò, e il suo piedino rivestito di raso silenzioso sopra le rocce della corte». [Pearl S. Buck, *Vento dell'Est, vento dell'Ovest*]

Le descrizioni enfatizzano sempre la semplicità delle scarpe cinesi, delle ciabatte, dei sandali, ma l'autore indugia anche sulle calzature per bambini adornate di teste di animali ricamate dalle madri per i figli: «Gli ho confezionato un paio di scarpe con i musi di tigre». [Pearl S. Buck, *Peonia*]

Con questa descrizione di belle scarpe per ragazzini, Pearl S. Buck giustappone il triste privilegio riservato alle giovani ragazze di ricche famiglie cinesi che avevano i piedi piccoli.

Charles Perrault

Gli infiniti adattamenti di queste tre favole per bambini hanno oscurato le opere originarie di Charles Perrault che erano destinate agli adulti. Come una trilogia della scarpa, le favole offrono le seguenti prospettive: Cenerentola, o la scarpetta della seduzione; il Gatto con gli Stivali, o gli stivali delle apparenze e della dignità ritrovata; e Pollicino, o gli stivali del potere. Per convincersene basta riscoprire le versioni originali di Perrault.

Cenerentola

La scarpetta di vetro di Cenerentola è il fulcro della storia:

«La fata non fece altro che toccarla con la sua bacchetta e i suoi poveri panni si cambiarono in vestiti di broccato d'oro e d'argento, tutti tempestati di pietre preziose: quindi le diede un paio di scarpine di vetro che erano una meraviglia».

Al ballo, «La giovinetta, che non s'annoiava per niente, si era dimenticata le raccomandazioni fatte dalla madrina; tant'è vero che sentì battere il primo tocco della mezzanotte, e credeva che non fossero ancora le undici. Si alzò e fuggì con tanta leggerezza, che pareva una cerbiatta. Il principe le corse dietro, ma non poté raggiungerla. Nel fuggire la fanciulla lasciò cadere una delle sue scarpine di vetro, che il Principe raccolse con grandissimo amore. Cenerentola arrivò a casa tutta trafelata, senza carrozza, senza lacchè e con addosso il vestito di tutti i giorni, non essendole rimasto nulla delle sue magnificenze, all'infuori di una delle scarpine, la compagna di quella che aveva perduto per la strada».

Questa scena richiama la storia di Rodopi raccontata da Strabone nel I secolo a.C. (che Perrault probabilmente conosceva), così come la favola cinese di Sheh Hsien. Per quanto riguarda la leggerezza del passo di Cenerentola, paragonato a quello di una cerbiatta, l'immagine ha la sua fonte in numerosi passaggi biblici, come in Abacuc III:19 («... egli mi dà piedi veloci al pari dei cervi, e fin sulle vette condurrà i miei passi...»), nei *Salmi* e il *Libro di Samuele*. Si può anche pensare alla storia buddista di Padmavati, figlia di un bramino e di una cerbiatta le cui zampe erano nascoste da un panno di seta, che ci conduce al marchio Séducta creato da Charles Jourdan, in cui è rappresentata una creatura simile ad un cervo nell'atto di saltare. Per ritornare alla perdita della scarpetta di Cenerentola:

«Quando le sue sorelle ritornarono dal ballo, Cenerentola chiese loro se si erano divertite e se c'era stata anche la bella Principessa sconosciuta. Queste risposero di sì e che era scappata via allo scoccare della mezzanotte, con tanta furia che si era lasciata cadere una delle sue scarpine di vetro, la più bella scarpina del mondo. Il figlio del Re l'aveva raccolta e non aveva fatto altro che guardarla tutto il tempo del ballo: questo voleva dire che egli era innamorato perdutamente della bella sconosciuta alla quale apparteneva la scarpina. Le sorellastre dicevano la verità, perché, di lì a pochi giorni, il figlio del Re fece annunciare dai suoi araldi che avrebbe sposato colei il cui piede avesse calzato perfettamente quella scarpina.

Si cominciò a provare la scarpina a tutte le Principesse, poi alle Duchesse e a tutte le dame di Corte, ma era tempo perso. E fu portata anche a casa delle due sorelle, le quali fecero ogni sforzo possibile per far entrare i loro piedi in quella scarpina; ma non ci fu modo. Cenerentola, che stava a guardare ad un tratto disse loro: "Voglio vedere anch'io se mi va bene!" [...] Il gentiluomo incaricato di far la prova della scarpina, avendo posato gli occhi addosso a Cenerentola e ritenendola molto bella, disse che era giustissimo e che egli aveva l'ordine di provare la scarpina a tutte le fanciulle del regno. Fece sedere Cenerentola e, avvicinando la scarpina al suo piedino, vide che vi entrava senz'ombra di fatica e che calzava proprio come un guanto.

Lo stupore delle sorelle fu grande, ma crebbe del doppio quando Cenerentola cavò fuori di tasca l'altra scarpina e se la infilò in quell'altro piede».

E tutti conosciamo il lieto fine:

«Vestita com'era, fu condotta dal Principe, al quale parve più bella che mai, e dopo pochi giorni la sposò».

Gli estratti, tradotti dal testo originale di Charles Perrault, pubblicato a Parigi nel 1697, sono abbastanza espliciti per capire l'allusione all'atto sessuale. Il simbolismo della scarpetta "di vetro" di Cenerentola rende chiaro il detto popolare «trovare una scarpa per ciascun piede». Agli inizi del XIX secolo, Jackob Ludwig Grimm offrì una variante di questa storia:

Cenerentola aveva due sorelle molto brutte. La madre ordinò alla più vecchia di tagliarsi l'alluce per poter indossare la scarpetta del principe; l'altra sorella si tagliò mezzo calcagno.

«La mattina dopo il principe andò dal padre di Cenerentola e disse: "Sarà mia sposa solo colei che potrà calzare questa scarpa d'oro". Allora le due sorelle si rallegrarono, perché avevano un bel piedino. La maggiore andò con la scarpa in camera sua e volle provarla davanti a sua madre. Ma l'alluce non entrava e la scarpa era troppo piccolina; allora la madre le porse un coltello e disse: "Tagliati il dito, quando sarai regina non avrai più bisogno di andare a piedi". La fanciulla si mozzò il dito, serrò il piede nella scarpa, contenne il dolore e andò dal principe. Egli la mise sul cavallo come sua sposa e partì con lei» (Jacob e Wilhelm Grimm, *Fiabe*, traduzione di Clara Barovero, Einaudi, Torino, 1992).

Il principe scoprì l'inganno quando vide il sangue fuoriuscire dalla scarpa. Restituì quindi la ragazza alla madre che gli offrì la seconda figlia. Ma, ancora una volta, il sangue mise fine all'imbroglio. Alla fine Cenerentola entrò con il suo piede snello che si adattava perfettamente alla forma della scarpetta, permettendole di regnare da lì in poi felicemente alla corte del principe.

Il gatto con gli stivali: dal Mulino al Castello

In questa favola, Perrault fa parlare un gatto alla maniera di Jean de La Fontaine:

«Non vi disperate, padron mio! Voi non dovete far altro che trovarmi un sacco a farmi cucire un paio di stivali per andare nel bosco; e dopo vi farò vedere che, nella sorte che vi è toccata, non siete stato trattato tanto male quanto forse credete».

La sola eredità del figlio più giovane di questo mugnaio, questo "mangia topi e ratti" assume le sembianze di un uomo indossando gli stivali.

«Appena il gatto ebbe ciò che voleva, s'infilò coraggiosamente gli stivali e, mettendosi il sacco al collo, prese le corde con le zampe davanti e se ne andò in una conigliera, dove c'erano moltissimi conigli».

Gli stivali servono alle spedizioni di caccia del gatto e per proteggerlo nel bosco, ma si dimostrano un impaccio quando si trova a scalare i tetti per scappare da un orco che si è trasformato in un leone.

«Il gatto fu così spaventato di vedersi dinanzi gli occhi un leone, che si arrampicò subito su per le grondaie, ma non senza fatica e pericolo, perché i suoi stivali non erano buoni a nulla per camminare sulle grondaie dei tetti».

Diversamente dagli stivali "delle sette leghe", progettati per allontanarsi in breve tempo e coprire grandi distanze, gli astuti stivali del gatto sono stati invece realizzati per il ruolo di abile stratega, il cui risultato è evidente nell'aver trasformato il povero padrone nel Marchese di Carabà, un ricco proprietario terriero, un signore e soprattutto genero del re.

264. Burne-Jones. *Cenerentola*, 1863. Colori ad acqua e pittura a guazzo su carta applicata su tela. Museum of Fine Arts, Boston.

265. Stivale da postiglione anche chiamati "stivale delle sette leghe ". Peso: 4,5 kg. Francia, fine XVII secolo. Le sette leghe rappresentavano la distanza coperta dai postiglioni tra due poste. Museo Internazionale della Calzatura, Romans.

Pollicino

Una delle più popolari favole di Perrault, *Pollicino*, venne pubblicata con molte versioni e omissioni dall'inizio del XVIII secolo. Il testo dell'autore fornisce un preciso itinerario per un paio di stivali "delle sette leghe", l'accessorio indispensabile ai poteri magici di un orco gigante, che Pollicino riuscirà a conquistare grazie ad una straordinaria ingegnosità.

La casa dell'orco è il punto iniziale dell'itinerario degli stivali. Quando viene a sapere che le sue sette figlie lo hanno rovinato, l'orco dice alla moglie: «Dammi subito i miei stivali delle sette leghe, perché le voglio raggiungere».

È così che Pollicino e suo fratello scoprono il potere degli stivali dell'orco: «Essi videro che l'orco passava di montagna in montagna, traversando i fiumi con la stessa facilità come se fossero stati rigagnoli».

Gli stivali magici dell'orco corrispondono ai piedi alati di Ermes, il messaggero greco degli dei che era in grado di attraversare il cielo in un secondo. Mentre l'orco dorme, l'audace Pollicino gli toglie gli stivali e acquista il loro potere.

«Pollicino intanto si avvicinò all'orco: gli levò piano piano gli stivali e se li infilò. Questi stivali erano molto grandi e molto larghi, ma poiché erano fatati avevano la virtù d'ingrandirsi e di rimpicciolirsi, secondo la gamba di chi la calzava; per cui gli tornarono precisi, come se fossero stati fatti apposta per il suo piede».

Con questi stivali ai piedi, ritorna alla casa del gigante per prendere l'oro, dicendo alla moglie: «E siccome il tempo stringe, egli ha voluto che prendessi i suoi stivali delle Sette Leghe…»

Pollicino ritorna a casa del padre con tutte le ricchezze del gigante. Ma Perrault lascia il finale in sospeso: «C'è per altro della gente che non crede o finge di non credere, che la cosa sia finita così… Raccontano, dunque, che quando Pollicino ebbe infilato gli stivali dell'orco, se ne andò alla corte dove stavano tutti in gran pensiero per un'armata, che si trovava alla distanza di duecento chilometri e attendevano notizie sull'esito di una battaglia tenutasi pochi giorni prima. Accadde così che Pollicino andò a trovare il re e gli disse che se lo desiderava avrebbe potuto portargli le notizie dell'armata prima del calar del sole. Il re gli promise una grossa somma, se egli fosse stato così valente da fare tanto. La sera stessa Pollicino ritornò con le notizie dell'armata; ed essendosi messo in buona vista con questa prima corsa, guadagnò quel che voleva. Il re lo pagava profumatamente, valendosi di lui per portare i suoi ordini al campo. Ci furono anche alcune mogli che gli consegnarono delle lettere per i loro mariti, ma il profitto era così meschino, che egli non si degnò di segnare nel libro degli utili i piccoli benefici che gli pervenivano da questo servizio. Dopo aver fatto per qualche tempo il mestiere del corriere ed aver ammassato grandi ricchezze, ritornò alla casa di suo padre, dove non è possibile immaginare la festa che gli fecero, nel rivederlo

fra loro». Gli stivali dei cocchieri, anche chiamati "stivali dalle sette leghe" nel XVII secolo, erano correlati a Pollicino e al suo ruolo di corriere del re. Nell'ultimo paragrafo, non considerato nella versione per bambini, bellissime donne del XVII secolo imitano le loro controparti dell'antica Roma affidando lettere d'amore a Pollicino. L'*Ars amatoria* di Ovidio ratificava il ruolo dei confidenti che portavano messaggi galanti nei sandali per le loro signore e Perrault si arroga lo stesso privilegio con gli stivali delle sette leghe. Charles Perrault descrive il potere degli stivali, facendo di Pollicino il miglior corriere del re e salva il bambino e la sua famiglia dalla povertà.

Molto dopo, Marcel Aymé basa le sue storie del gatto sornione su queste favole. Ponendo gli stivali delle sette leghe in un ambiente parigino in Montmartre, dove sogno e realtà si combinano, dà alla storia una piega urbana e contemporanea.

In queste tre favole, Perrault rende la scarpa un accessorio indispensabile alla ricerca di felicità, gloria, potere e fortuna.

266. *Il Gatto con gli Stivali*, favole di Perrault, incisioni di Gustave Doré. XIX secolo.
267. Henri Terres. *Il Gatto con gli Stivali*. 1995. Museo Internazionale della Calzatura, Romans.
268. *Pollicino*, favole di Perrault, incisioni di Gustave Doré. XIX secolo.

Un rire général salua cette chute.... (Page 79.)

La Contessa di Ségur, *Le brave ragazzine*

La scarpa di Madame Fichini

La Contessa di Ségur, al secolo Sophie Rostopchine, fu una scrittrice per bambini di origine russa. La sua trilogia di Sophie, *Les petit filles modèles* (Brave ragazzine), seguito da *Les malheurs de Sophie* (I guai di Sophie) e *Vacances* (Vacanze) è un vero e proprio gioiello per la letteratura infantile e sono ambientati nel Secondo Impero.

La pubblicazione del 1857 di *Les petit filles modèles* (Brave ragazzine) descrive nei particolari l'appariscente eleganza di Madame Fichini giù fino alle scarpe quando arriva nella casa di campagna di Madame de Fleurville: «"Eccomi care signore", disse scendendo dalla vettura e mettendo in mostra i suoi grossi piedi calzanti scarpe di raso lillà che si abbinavano al vestito e avevano ornamenti di pizzo». [Sophie Ségur, *Les petit filles modèles*].

Uno stivaletto alla caviglia di faglia lillà, conservato nel Museo Galliera di Parigi, ricorda questa descrizione così come l'illustrazione di Bertall riprodotta nell'edizione del 1857, in cui è rappresentata la spettacolare caduta di Madame Fichini con le gambe all'aria e le scarpe ai piedi.

269. *Le modelle ragazzine: la caduta di Madame Finchini,*
  illustrazione di Bertall, prima edizione di Hachette.
270. Paio di stivaletti lillà di Camille Di Mauro. 1860 ca. Museo Galliera,
  Museo della Moda, Parigi. Fotografia di Lifermann, PMVP.

La calzatura e l'arte

Concepita per camminare, la scarpa è un essenziale oggetto quotidiano, ma le sue qualità estetiche possono elevarla allo stato di arte. Come oggetti d'arte, le scarpe possono dire molto circa la personalità del loro creatore, ma soprattutto sono espressione delle idee e dell'abilità manuale del calzolaio, che sia famoso o anonimo. Le calzature inoltre sono fonti inesauribili di iconografia che ha nutrito l'immaginazione di artisti di tutto il mondo, di tutti i tempi, nella pittura e nella scultura, così come nelle arti decorative e plastiche. Questa parte del libro è quindi primariamente visiva, dedicata alla contemplazione di opere selezionate dagli innumerevoli esempi di calzature trasformate per ispirazione artistica.

Nel 1832, Delacroix viaggiò in Nord Africa e questo fu un evento fondamentale nella sua carriera che comportò cambiamenti nella sua visione, nella tecnica e mutò il suo senso estetico. Maurice Serullaz, nel suo libro su Delacroix, elenca i vari oggetti che l'artista portò al ritorno, come indicato negli appunti del suo diario di viaggio: «Cinque paia di ciabatte, undici paia di suole doppie, due paia piccole, un paio piccolo da donna, un paio di ciabatte da donna normali, ciabatte da uomo senza quartiere, quattro paia di stivali». [Maurice Serullaz, *Delacroix*]

Delacroix condivise le sue osservazioni sulle calzature in una lettera che scrisse a Félix Grullemardet quando stava giungendo a Tangeri il 24 gennaio del 1832: «Dopo una lunga traversata di tredici giorni, mi sto affacciando, umido, sul fiume africano e ho una vista della sua città, la prima dell'Impero Marocchino con cui comunichiamo. Questa mattina ho avuto il piacere di osservare una gran quantità di Marocchini che si sono avvicinati alla nostra *corvette* per persuadere il nostro console che avevamo contattato. Questa gente esibiva un miscuglio di affascinanti abiti: molti erano un po' come gli abiti della costa berbera che si vedono a Parigi, eccetto per il fatto che gli uomini avevano gambe e piedi nudi: solo i signori indossavano ciabatte». [Maurice Serullaz, *Delacroix*]

Difficilmente Delacroix considerava le scarpe come un oggetto superfluo. In base a ciò che scrisse a George Sand nel 1838, la sua considerazione era, al contrario, quasi opposta: «Ho dovuto correre da un opposto all'altro di Parigi per tutto il giorno…Farò il possibile per passare da te stasera, indossa le tue scarpe; amo le scarpette, le calze e le gambe (in stile arabo). Ti faccio sapere se non posso, i miei più cordiali saluti». [Maurice Serullaz, *Delacroix*]

Come indica Maurice Serullaz: «E firmò con un gioco di parole visivo che raramente usava: Eugéne 2, la nota musicale la e una croce, che in francese suona come il suo nome: *deux*, la, *croix*». [Maurice Serullaz, *Delacroix*].

Nella pagina precedente:

271. François Bonvin. *La bottega del Calzolaio*, XIX secolo. Collezione Beres Gallery.

272. Calzatura di corte in porcellana di Dresda, XIX secolo. Museo Internazionale della Calzatura, Romans.

273. Tabacchiera a forma di zoccolo. Museo Rurale delle Arti Popolari, Laduz.

274. Zoccoli da matrimonio. XIX secolo.
Museo Rurale delle Arti Popolari, Laduz.
275. Eugène Delacroix. *Babbucce*, 1832. Museo del Louvre, Parigi.

276. Vincent van Gogh. *Un paio di scarpe*, Parigi, autunno 1886.
Rijksmuseum Vincent van Gogh, Amsterdam.

277. Vincent van Gogh. *Zoccoli*, 1888.
Rijksmuseum Vincent van Gogh, Amsterdam.

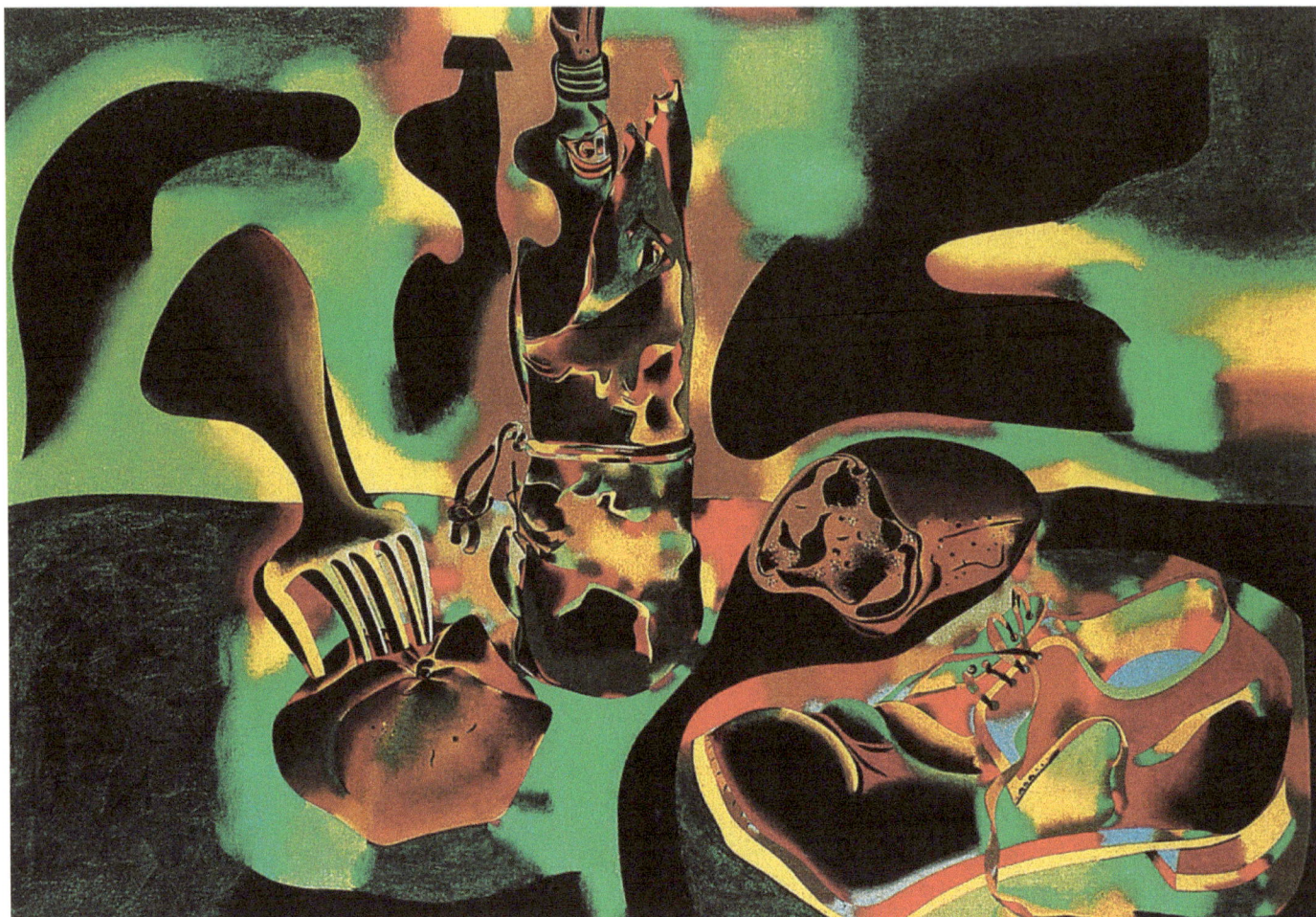

278. Miró. *Natura morta con vecchia scarpa*, 1937.

279. Arroyo. *Spanish Caballero*, 1970. Galleria d'arte Borgogna, Milano.

280. Magritte. *Il Modello Rosso III*, 1937.
Museo Boijmans-Van Beuningen, Rotterdam.
281. Magritte. *Amore disarmato*, 1935. Collezione privata.
282. Magritte. *La filosofia nel Boudoir*, 1947.
Collezione privata, Washington.

283. Studio Schiaparelli, disegno, inverno 1937: cappelli a forma di scarpa.
Associazione Francese delle Arti di Costume.

284. Dalí. *Cannibalismo di oggetti. Testa di una donna con scarpa*, 1937.
Collezione privata.

285. Warhol. *Scarpa* 1950-1953. Collezione di José Mugrabi.

286. Warhol. *Tony Shoes*, 1980. Collezione di José Mugrabi.

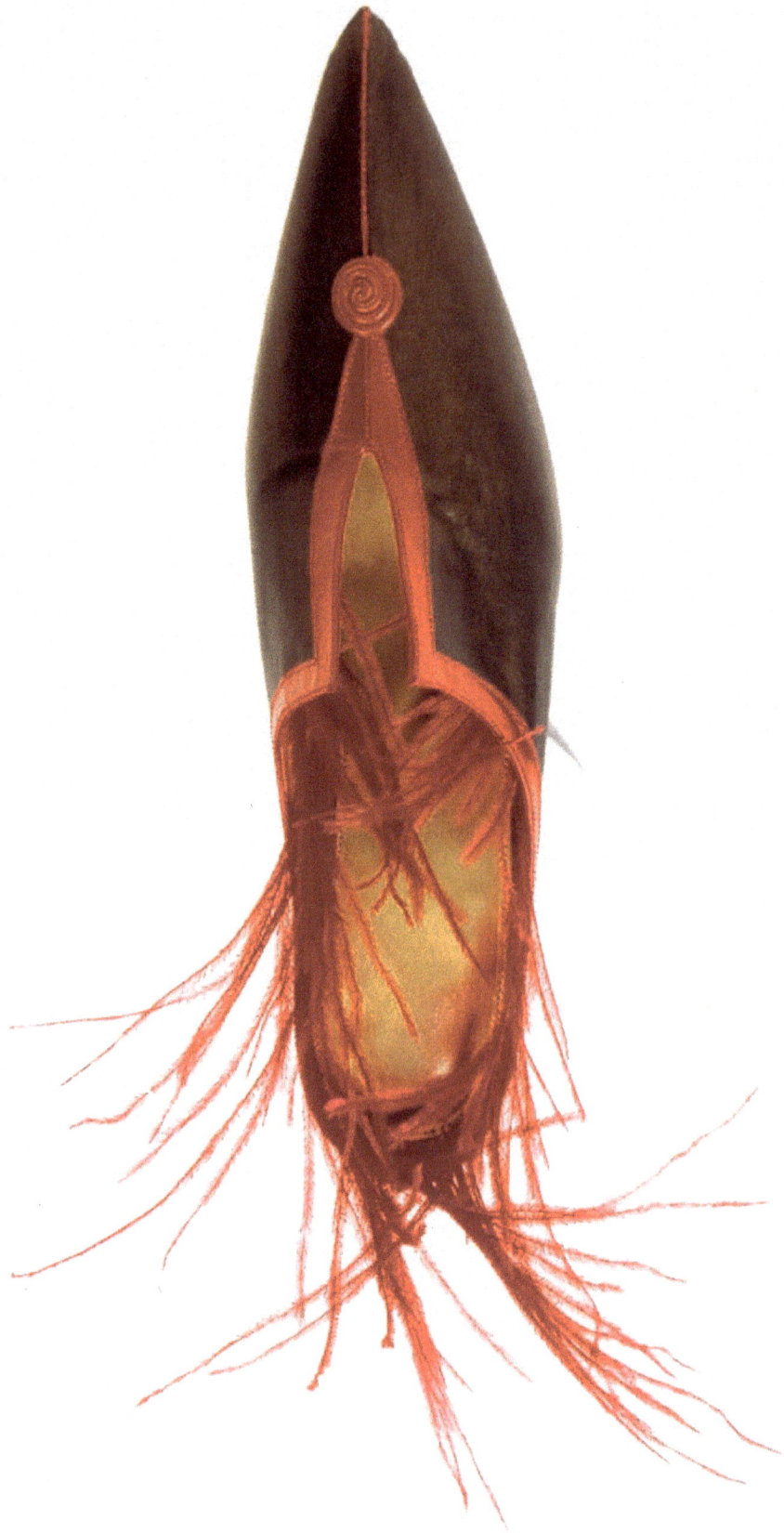

287-288. Scarpe di Zita Attalaï. Ledermuseum, Offenbach.

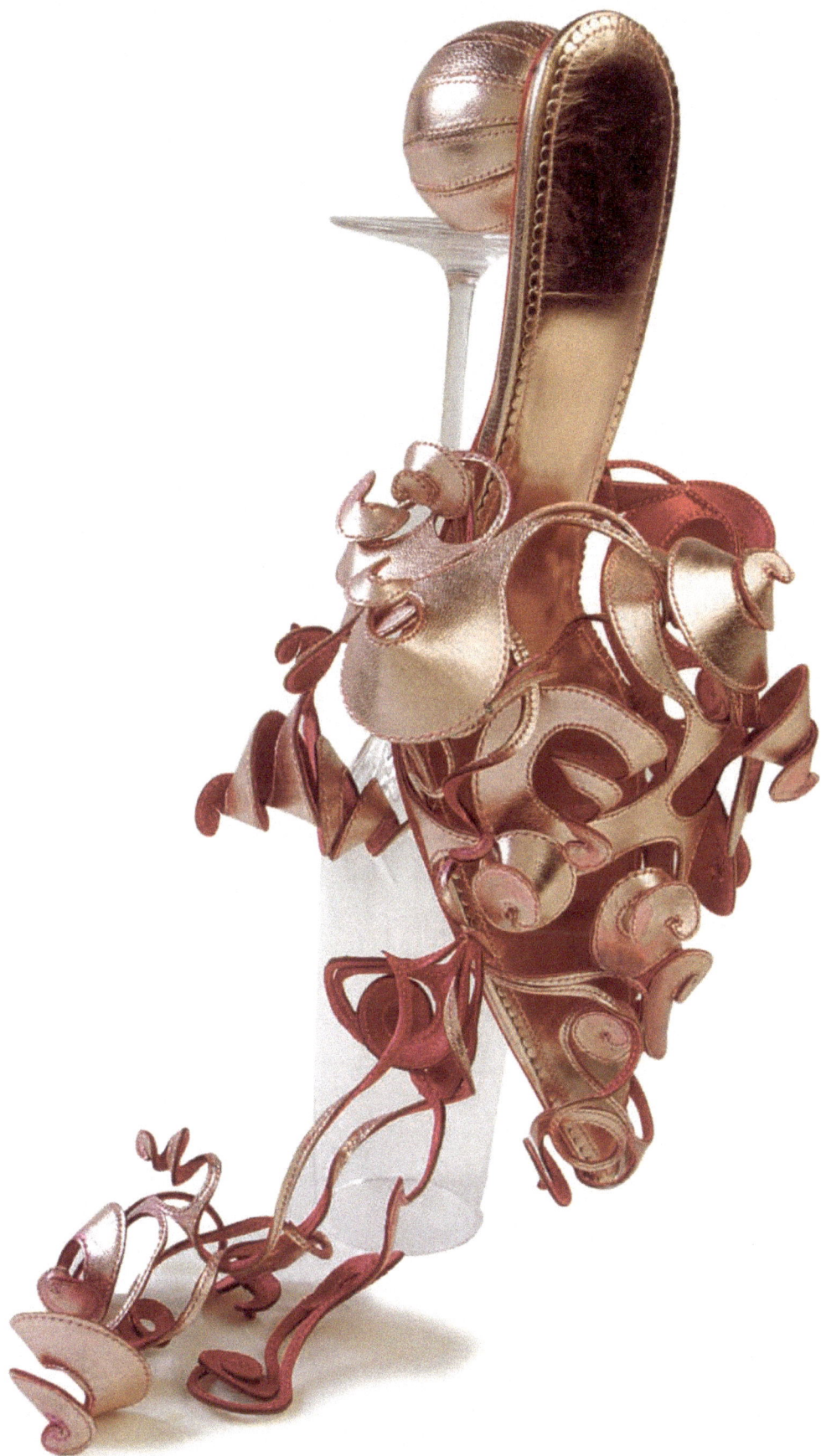

289. Scarpe di Zita Attalaï. Ledermuseum, Offenbach.
290. Ex-voto eseguito da Berluti.

Henry Terres

Henry Terres nacque ad Oran nel 1948 e si dedicò al disegno e alla litografia sotto l'influenza del surrealismo prima di esporre le sue prime sculture nel 1990. All'inizio in metallo (ferro, acciaio e bronzo), queste sculture erano totalmente figurative. Per prima cosa l'artista assemblava i pezzi saldando i materiali riciclati che aveva ritagliato e lucidato. Una tappa finale fondamentale prevedeva la policromia portando alla creazione di vere e proprie sculture dipinte. Terres abbandonò l'uso dei materiali riciclati nel 1992, quando gli sembrò che gli offrissero una scelta formale limitata e ripetitiva e si concentrò su lastre spesse di metallo. I soggetti più frequentemente rappresentati erano due: il viso umano e i bestiari.

291. *Bottillons* in vetro di Christine Crozat. Parigi 1997-1998. Museo Internazionale della Calzatura, Romans.

292. Henri Terres. *Paleontologia* o "scheletro di *pump*" 1995. Museo Internazionale della Calzatura, Romans. Fotografia di Joël Garnier.

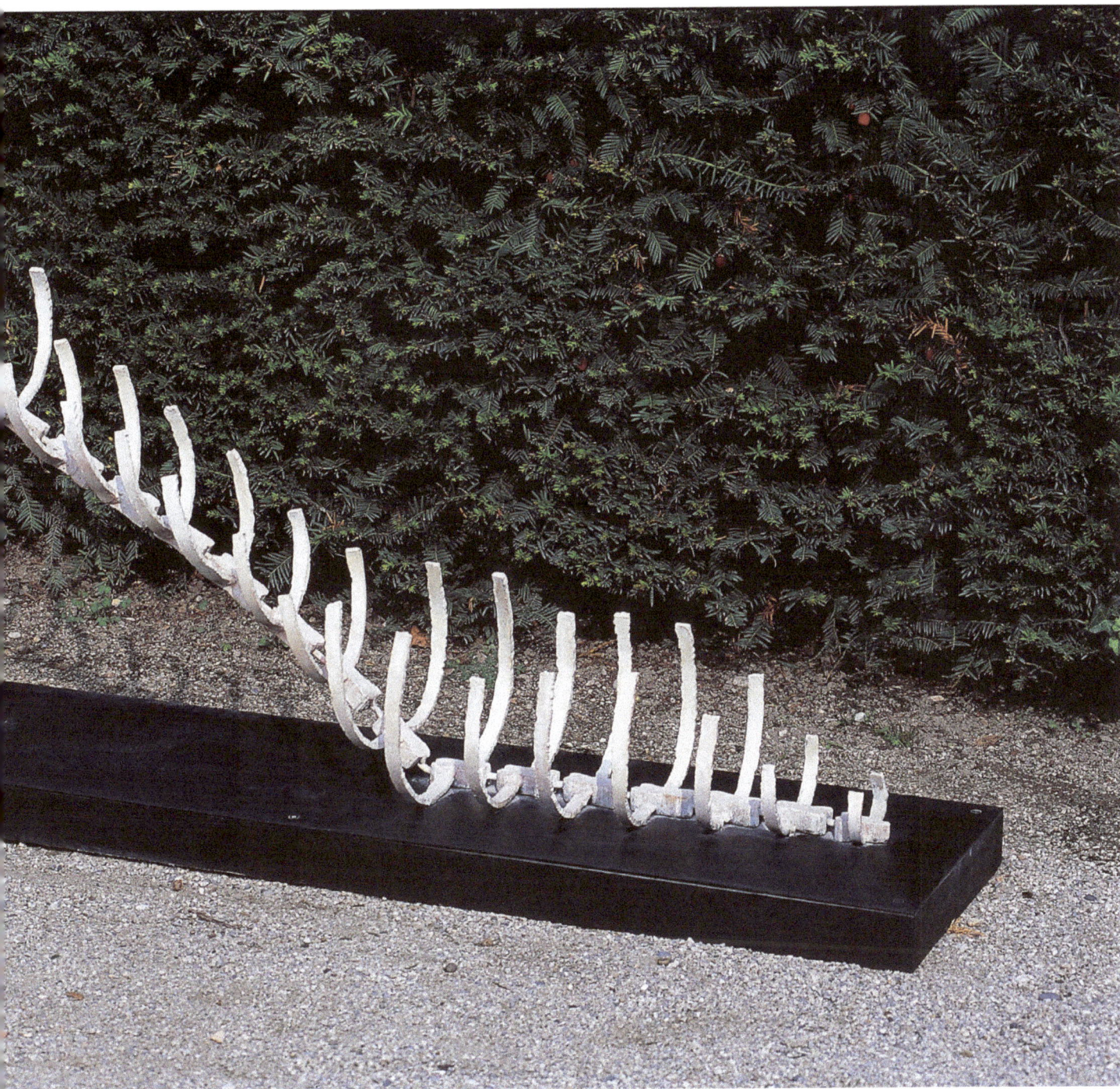

Nel 1995 espose una serie di sculture al Museo Internazionale della Calzatura di Romans. Ironicamente intitolata "Scarpe Fantastiche", il tema riguardava i sette peccati capitali. La mostra consisteva in bassorilievi ricavati da un misto di frantumi di roccia e resina, poi patinati in policromia o dipinti con colori acrilici prima di ricevere la definitiva lucidatura. I telai, realizzati durante il primo stadio dell'opera e dipinti insieme al basso rilievo, erano parte integrante di ciascuna scultura.

Quello stesso anno Terres partecipò anche ad una mostra di gruppo, "Roger Vivier e il suo mondo", alla Galleria Enrico Navarra a Parigi. La mostra radunò insieme l'opera di molti artisti, tra cui César.

La ditta Berluti conserva più di tremila forme di legno realizzate sia per clienti famosi che sconosciuti.

Oggi, Olga li sta restaurando e decorando con tessuti e ricami scelti per abbinarli alla personalità del cliente rappresentato. La sua mano ispirata ha trasformato le forme in offerte votive: oggetti d'arte a pieno titolo, vibranti di vita.

Per vent'anni costumista nell'industria cinematografica (un altro aspetto del suo grande talento), Olga Berluti rinnova costantemente la sua ispirazione nell'immortalare l'unicità di questi individui.

293. Pianelle scamosciate di Anne-Marie Beretta. Tacco metallico a forma di Titano chinato. Museo Internazionale della Calzatura, Romans.

294. Calzatura in capretto vellutato bianco e capretto verniciato nero da Perugia, rilievo enfatizzato delle dita, tacco a spirale in metallo, modello ispirato ad un dipinto di Fernand Léger. 1955 ca. Museo Internazionale della Calzatura, Romans.

295. Modello di Perugia su dipinto di Picasso. Sandalo in capretto rosso e blu, parte anteriore a forma di dita, arco metallico, tacco geometrico. Intorno al 1955. Museo Internazionale della Calzatura, Romans.

S Jour de la
natiuite entra
li rois en leuli
se saint piere
droit en ce poit
que on debuoit celebrer la graint
messe ansi comme il se fu euch
nez deuant lautel li apostoles le
ons li assist la coroine hupial
sour le cief lors commenca li
peuples a crier en tel maniere
au graint charlemaine auguste

coroine de dieu pasible empeor
des romains soit vie et victoire
aprez les loenges de peuple li papes
le coroina et vesti des ornimiens
empiaus selonc la coustume des
anciens princes et fu apeles dilluc
en auant emperez auguftes Dou
de touns fu aprez que il manda q
ceulz qui lapostole leon auoient
depose fussent deuant lui amenez
et puis furent iugies selonc les
lois de romme des ciefs pdre

244

Appendice

La storia di Rodopi

Una bella cortigiana di nome Rodopi stava facendo il bagno nel Nilo, quando un'aquila piombò e le portò via, tenendolo col becco, un sandalo che era stato lasciato lì vicino. Volando verso Menfi, il rapace lasciò cadere la preda sulle ginocchia del Faraone, che era impegnato ad amministrare la giustizia. Piacevolmente intrigato dalla delicatezza e l'eleganza del sandalo, il Faraone ordinò immediatamente di trovarne il possessore, scandagliando tutto l'Egitto. Alla fine la trovò e la sposò. Questa antica leggenda, raccontata nel I secolo della nostra era da Strabone, anticipa la famosa favola di Cenerentola scritta da Charles Perrault nel XVII secolo.

Il piede dell'imperatrice

Ciascuna giovane donna poteva competere per il titolo di Imperatrice della Corte Bizantina. Le candidate erano giudicate in base alla loro bellezza, al fascino, all'intelligenza ed alla piccolezza del piede. In una tradizione che rimase in auge fino all'XI secolo, un paio di scarpe alate cremisi, ricamate con perle, venivano consegnate alla fortunata donna "con grande solennità" da una principessa di corte.

La scarpa "alla polacca" (*à la poulaine*) bandita

1. L'ordine di Carlo V che prevedeva il divieto di indossare le scarpe ai segretari e notai del re.
2. Lettere patenti di Carlo V: (1368)
Le lettere patenti proibivano ad «ogni individuo di qualsiasi livello o posizione di indossare la scarpa conosciuta come *à la poulaine*, rischiando, nel caso contrario, di pagare una multa di dieci fiorini, poiché tale ostentazione è contraria alle buone maniere e non rispetta Dio e la Chiesa con la sua vanità mondana e la sciocca presunzione». In Francia, il Cardinale Curson proibì ad un professore dell'Università di Parigi di indossare queste scandalose scarpe nel 1215.
3. Bolle papali (Urbano V)
La bolla papale ammoniva preti e i monaci a non esibire un lusso insolente attraverso l'abbigliamento e soprattutto le scarpe. Papa Urbano V fu particolarmente critico verso l'uso delle scarpe "alla polacca".
4. Il Concilio di Lavaur
Il Concilio vietava ai clericali di indossare stivali appuntiti e ai loro servi le scarpe *à la poulaine*.

Bertrade dal grande piede

Bertrade, madre di Carlo Magno (742-814), aveva un piede che era molto più grande dell'altro, da qui il suo soprannome "Berta la piedona".

Il piede di Carlo Magno misurava trentadue centimetri e quattro millimetri e corrispondeva ad una taglia 48, che era anche la misura del piede del Generale de Gaulle. Per ordine imperiale il piede di Carlo Magno divenne l'unità di misura ufficiale, rimanendo in uso fino all'avvento del sistema metrico nel 1795.

296. Incoronazione di Carlo Magno, *Le Grandi Cronache di Francia*, metà XV secolo. Museo dell'Ermitage, San Pietroburgo.
297. *Storia dell'Arca di Noè*, dettaglio da un mosaico del XIII secolo. Basilica di San Marco, Venezia.

La leggenda degli stivali di Bethmale

(dalla zona di Saint Girons, nella contea di Foix in Ariège)

La Valle di Bethmale nella regione dell'Ariége fu un centro della resistenza cristiana durante l'invasione dei Mori nel XII secolo. Fu a quel tempo che Boedbit, il capo dei Mori, si innamorò di Esclarelys, promessa ad un giovane uomo di nome Dannaert. Quest'ultimo, per combattere gli invasori, radunò soldati che si appostarono sulle montagne: uno di loro fu catturato dai nemici, legato ai piedi e colpito irragionevolmente con uno stivale. Intanto, la spensierata e superficiale Esclarelys, il cui nome significava *étoile de lis* (stella del giglio), con riferimento al Giglio, era caduta in tentazione ed era fuggita con il suo corteggiatore, e trascorreva felicemente le ore ingannando il fidanzato e in un certo senso collaborando con i nemici del suo paese. Poco dopo, Dannaert e i suoi compagni conquistarono il campo dei Mori, facendoli prigionieri e incatenandoli. Poi Dannaert ordinò che tutte le donne non sposate si mettessero in fila per essere controllate, e al momento dell'ispezione egli indossava strani stivali dalle lunghe punte, tenute su verticalmente, da cui penzolavano due pezzi di carne infilzata. Erano i cuori dei due amanti, Boedbit ed Esclarelys, che il fidanzato ingannato aveva estratto dai loro corpi. Aveva poi gettato i loro resti ai leoni selvaggi di montagna in una fitta vegetazione.

Da allora, le coppie fidanzate della Valle Bethmale indossavano stivali simili, che le loro future spose decoravano con bullette d'ottone a forma di cuore: la leggenda vuole che più l'amore era profondo più il chiodino era finemente modellato. L'antica tradizione di questo dono di fidanzamento ricordava alle future coppie il valore della promessa, dell'impegno e della fedeltà nel matrimonio.

298. Zoccoli della Valle Bethmale, Ariège. Legno, decorazione di chiodi a forma di cuore. Ariège, XVIII secolo. Collezione Guillen.

299. Zoccoli tipici della Valle Bethmale, Ariège. Dono da parte del fidanzato alla giovane donna: più alta è la punta più profondo l'amore. Museo Rurale delle Arti Popolari, Laduz, Yonne.

Fratelli calzolai dopo San Crispino

(sulle tracce di San Crispino e San Crispiniano)

Tre uomini da tre mondi estremamente differenti si riunirono nel 1645 sullo sfondo della Parigi del XVII secolo per costituire la confraternita dei calzolai seguendo l'esempio di San Crispino e San Crispiniano.

I tre uomini erano:

- Henri Buch. Nato nel 1598 da una povera famiglia di Arlon, nel Lussemburgo belga, si formò all'attività di calzolaio nella bottega di suo zio;

- Gaston de Renty. Nato nel 1611 a Bessy Bocage, in Normandia. Circondato dal lusso, questo ricco signore (nipote di Gastone d'Orléans, fratello di Luigi XIII) condusse una vita di astinenza nello spirito delle Beatitudini Evangeliche;

- Jean-Antoine la Vachet. Nato nel 1601 da una famiglia borghese di Romans-su-Isére, una cittadina nell'antica provincia francese del Delfinato, dove conciatori e mégissiers (conciatori che usavano un preparato speciale a base di allume) godevano di grande prosperità, questo prete di elevata cultura condusse il suo ministero a Parigi, seguendo l'esempio di Vincent de Paul, di cui era grande amico.

La bottega, situata su *rue de la Tixenderie*, all'incrocio tra *rue de Rivoli* e *rue Lobau*, era vicina alle sontuose residenze cittadine che stavano per essere costruite e sembrava una devota confraternita secolare all'interno del duro mondo del lavoro parigino del XVII secolo.

I tre fondatori condividevano un obiettivo comune: eliminare le cause profondamente radicate dell'estrema povertà. Per raggiungere lo scopo, i volontari si dedicarono ai problemi sociali del loro tempo, suddividendosi le mansioni.

Quello soprannominato *le bon Henri* o "Il saggio", a causa della sua esperienza nel commercio, divenne il capo e responsabile della bottega. Gaston de Renty, il mecenate della comunità, ritenuto inadatto a provvedere agli immediati bisogni dei poveri e degli emarginati negli ospedali e nelle prigioni, invece, divenne un promotore della reintegrazione attraverso la valorizzazione del lavoro, concetto innovativo in quel periodo. Jean-Antoine la Vachet, consigliere e guida spirituale, si divideva tra il lavoro contemplativo e quello apostolico, conferendo il suo supporto a questi artigiani, modello di pietà individuale e pubblica.

All'inizio erano in sette, successivamente l'alleanza con laici sposati e membri di una precedente comunità avrebbe portato il movimento a diffondersi a Tolosa, Lione e altri paesi.

Vestiti umilmente (l'abbigliamento dei lavoratori all'epoca prevedeva un camicia e un grembiule) i *Frères Cordonniers* non presero i voti e non vissero isolati. Lavoravano sei giorni a settimana dalle cinque alle otto, seguendo un programma giornaliero fisso che cominciava con l'offerta del giorno, le preghiere a voce alta, e la meditazione. Dopo si gettavano solerti nel loro mestiere pensando al lavoro di Gesù con Giuseppe. A turno uno di loro si recava a messa in favore di tutta la comunità. Durante l'ora dei pasti, secondo le regole del convento, le letture venivano effettuate ad alta voce. Brevi intervalli permettevano loro di conversare prima di riprendere martelli e punteruoli tra l'odore del cuoio nuovo, dei coloranti e del lucido. Questi umili artigiani dedicavano il loro lavoro a Dio e si impegnavano sotto il suo sguardo attento: questo solo bastava a renderli felici. E il loro comportamento sul lavoro lo confermava: intonavano cantici mentre battevano la pelle, producendo scarpe di qualità e allo stesso tempo mantenendo la loro buona reputazione.

Il prete, l'artigiano e il nobile indirizzarono i loro sforzi combinati verso i casi più bisognosi, prendendosi cura dei poveri, dei malati e dei prigionieri. Si fecero poveri tra i più indigenti. La guerra dei Trent'anni e la Fronda portarono ad un'elevata indigenza: dal 1648 al 1651 si contavano più di centomila mendicanti e vagabondi nella capitale e nei suoi sobborghi. Molti dei confinati negli ospedali pubblici di Parigi erano considerati come qualcosa

di imprevedibile di cui avere timore. L'ambiente carcerario del XVII secolo era un inferno sia per i colpevoli che per gli innocenti. Nelle celle, inadatte agli esseri umani, c'erano uomini mangiati dai vermi, i cui piedi non portavano che catene. Padre Vachet fece ogni sforzo perché molti fossero rilasciati.

L'attivo ministero dei *Frères Cordonniers*, a fronte di tante avversità, fu in grado di salvare alcuni di coloro che versavano in situazioni disperate, permettendo loro di ricostruirsi una vita attraverso l'apprendimento del mestiere. Nell'interesse dell'ospitalità e della condivisione, la comunità offrì lavoro ad individui handicappati e senza casa, ridotti all'indigenza.

I *Frères Cordonniers* sapevano che la bontà non desta attenzione. Noi oggi dobbiamo la nostra conoscenza della loro esemplare condotta a Eugénie Debouté e al suo straordinario libro *Senza cuore o casa: la storia di Jean-Antoine la Vachet, leader spirituale durante la Fronda*.

L'origine delle scarpe Godillot

Nato a Besançon nel 1816, Alexis Godillot divenne fornitore dell'esercito nel 1854 e sviluppò l'equipaggiamento necessario alla produzione delle scarpe attraverso l'automazione. Possedeva fabbriche a Saint-Ouen, a Bordeaux, e Nantes così come a Parigi su *rue Rochechouart*. Le sue scarpe pesavano tre chili, complicando così la vita dei soldati che marciavano per 25-30 chilometri al giorno. Vendute per sette franchi, l'esercito ne pagava otto e venticinque.

Dopo aver fatto la sua fortuna ed essere stato decorato dalla Legione d'Onore, Godillot si ritirò a Hyères dove gli fu dedicato il viale di palme che porta fino alla stazione.

300. David Ryckart. *Il calzolaio e i suoi compagni nella bottega*, 1864.
Museum der bildenden Künste, Leipzig.

Produttori e riparatori di scarpe

Una breve storia

In tutta probabilità, l'arte calzaturiera esiste da quando l'uomo preistorico pensò di proteggere i suoi piedi con pelli animali tagliate grezzamente e poi assemblate. Gli antichi Egizi furono però forse i primi a praticarne il commercio, come attestato da un affresco ricostruito dalla XVIII dinastia (1567-1320 a.C.) che mostra un fabbricatore di sandali al lavoro, conservato presso il Metropolitan Museum di New York.

L'arte calzaturiera fiorì in Grecia, sostenendo interi villaggi, come Sicyon, dove venivano confezionate calzature molto costose. Un vaso greco dipinto datato al 500 a.C., conservato ora all'Ashmolean Museum di Oxford, è decorato con l'immagine di un riparatore di scarpe all'interno della sua bottega. Nell'antica Roma, l'Imperatore Numa Pompilio (715-672) divise i cittadini in nove collegi: i calzolai, chiamati *sutores* in latino, si posizionavano al quinto posto. I calzolai romani non erano quindi schiavi, ma cittadini che svolgevano il loro lavoro nelle botteghe. Un bassorilievo da Ostia, datato intorno al II secolo a.C. e conservato al Museo Nazionale di Roma, rappresenta un calzolaio al lavoro.

Nonostante molte immagini di quadri, ceramiche e sculture raffigurino l'arte calzaturiera nell'antichità, l'etimologia della parola francese *cordonnier* (calzolaio) ha origine solo nel Medioevo. Dall'adozione, nell'XI secolo, della parola *cordouannier* (sarebbe diventato *cordonnier* nel XV secolo), questo termine si riferiva ad una persona di Cordoue (Cordoba) che lavorava la pelle, così come agli artigiani autorizzati ad utilizzare la pelle per confezionare scarpe, in genere riservate all'aristocrazia. Le calzature realizzate dai *savatiers* (riparatori di scarpe) erano meno raffinate. Nel Medioevo le scarpe potevano costare prezzi esorbitanti e ciò spiega la loro presenza nei testamenti del periodo e negli atti notarili ed il fatto che fossero parte del lascito dal feudatario al suo vassallo e delle donazioni ai monasteri.

A partire dal XII secolo, l'arte calzaturiera si diffuse in Francia, fornendo lavoro a non meno di quattro corporazioni di mestiere, ciascuna con la sua propria specializzazione e ordinanza. Queste erano i *cordouanniers* (calzolai), *sueurs* (i fermentatori di pelli), *savetonniers* (i calzolai che lavoravano con il *basane*, una pelle d'agnello conciata che essi stessi preparavano) e i *savatiers* (i riparatori di scarpe).

I *cordouanniers*, che solamente conoscevano il segreto della produzione del *cordouan*, confezionavano scarpe costose e avevano il diritto di affiggere i loro marchi. I *sueurs* applicavano i trattamenti finali alla pelle e cucivano le suole, precedentemente tagliate dai calzolai. I *savetonniers* o *basaniers* realizzavano morbide scarpe di taglie piccole ed erano interdetti dall'utilizzo di qualsiasi altra pelle che non fosse *basane*. Per quanto riguarda i *savatiers*, aggiustavano le scarpe vecchie, sostituendo o riparando le suole o le tomaie. La gente dava loro nomignoli curiosi come: *carreleurs de souliers* (muratore delle scarpe), *orfèvres en cuir* (fabbri delle calzature), *courvoisisers* e *bobelineurs*.

Durante i secoli X e XI, questi artigiani costituirono delle associazioni, organizzazioni di mestiere che riunivano mercanti, artigiani e artisti. Prevalentemente nel Nord Europa fino al XIII secolo, queste associazioni si trasformarono in corporazioni alla fine dell'XI secolo, decretando le proprie regole e monitorando il consenso nei seguenti settori: prezzi, controllo della qualità, controllo della produzione, orario di lavoro e l'accettazione di apprendisti, successivamente chiamati *compagnons*. Dopo la formazione con un maestro, l'apprendista doveva fare un *tour*, cioè espandere e migliorare le sue conoscenze lavorando insieme ad altri maestri. Questo apprendimento durava dai sei ai nove anni, ma si ridusse a diciotto mesi all'inizio del XVII secolo. Dopo questo periodo di formazione, il giovane doveva realizzare un'opera di un certo livello per provare la sua arte davanti ad una giuria di esaminatori. Col superamento dell'esame, l'apprendista otteneva il titolo di maestro e il diritto di diventare membro della corporazione.

Re Carlo il Saggio stabilì la confraternita dei calzolai nella cattedrale di Parigi nel 1379. I calzolai scelsero San Crispino e San Crispiniano come loro santi patroni. La corporazione allentò i suoi regolamenti nei secoli XVII e XVIII, permettendo ad un calzolaio di avere una sua bottega nella stessa città dove aveva ricevuto formazione. Alla fine, la professione fu suddivisa in gruppi a seconda delle categorie di scarpe, con ciascun gruppo limitato a produrre solo quella tipologia per cui era stato designato. Così c'erano calzolai per scarpe da uomo, da donna e da bambini, fabbricatori di stivali, calzolai che lavoravano solo la pelle di agnello e infine i riparatori di scarpe, conosciuti anche come ciabattini.

Un artigiano specializzato chiamato il *talonier* produceva tacchi in legno. I fabbricatori di forme (*formiers*) realizzavano le forme per i calzolai e le forme delle scarpe, ma non avevano una posizione né prestavano giuramento. Lavorando senza un maestro, spesso molti erano loro stessi poveri maestri calzolai. I giurati della comunità dei calzolai, nonostante ciò, cercarono invano di ottenere il controllo su di loro. Estraneo a tutti questi gruppi, era il ciabattino, il cui stile di vita fu immortalato da Jean de la Fontaine nella sua famosa favola *Il ciabattino e il banchiere*. Stampe del XII secolo dipingono scene all'interno delle botteghe in cui è vistosa la differenza tra i calzolai e i loro clienti. Si tratta di solito di uno spazio cupo, in cui i maestri e gli operai misurano i piedi di un cliente, la cui ricchezza è rappresentata dall'eleganza. In realtà la vendita avveniva per strada: la bottega, nel retro di una casa, poteva contenere solo due persone. Per quanto concerne le schede didattiche nell'*Enciclopedia* di Diderot e d'Alembert, che illustrano gli strumenti dell'attività di un calzolaio accompagnati da note esplicative, esse ci forniscono un'importante introduzione all'arte della fabbricazione nel XVIII secolo. Negli anni precedenti la Rivoluzione Francese, i calzolai gestivano prospere botteghe. Lo scrittore Sébastien Mercier ricorda che «nei loro vestiti neri e con le parrucche impolverate, sembravano Cancellieri del Tribunale». Nel XIX secolo la professione si organizzò, portando alla formazione della *société des Compagnons Cordonniers Bottiers du Devoir du Tour de France* (l'Associazione professionale dei compagni di Servizio dei produttori di scarpe e stivali). Il *Tour de France* promosso dai *Compagnons du Devoir* era un programma itinerante di lavoro e studio che permetteva ad un apprendista di acquisire con successo l'abilità nel suo settore in alcune città francesi denominate *villes du devoir*, o "città di servizio".

Nel 1829, Thimonier inventò la macchina da cucire, che gradualmente trovò collocazione nelle botteghe e trasformò l'arte calzaturiera tradizionale. Nei negozi di oggi, i calzolai continuano a conservare la tradizione del ciabattino riparando scarpe e stivali e confezionando scarpe su misura come i calzolai di un tempo.

L'aspetto delle botteghe calzaturiere è rimasto invariato per lungo tempo. Il centro della stanza aveva un bancone su cui erano posti diversi attrezzi. Questi strumenti si dividevano in tre categorie: gli strumenti da taglio per i modelli e altri attrezzi da taglio come il punzone, il compasso a punte, la taglierina, la lima triangolare per affilare i coltelli da pelle, le pietre appuntite, ed un tipo di lima meccanica per dar forma o aggiustare i modelli. Strumenti usati per l'assemblaggio e l'esecuzione: il punteruolo, la trancia, le pinze per montare, le tenaglie, i chiodi, la pinza per imbastitura, il martello per chiodi e quello da muratore, le protezioni per le mani, la taglierina per strisce di cuoio, il raschietto e la staffa. Strumenti usati per la rifinitura: un attrezzo per lucidare e ammorbidire le suole, vari strumenti per la lucidatura della pelle e magli di legno.

Una sfera in vetro che racchiudeva una candela o una lampada ad olio forniva una fioca luce alla bottega ed era chiamata *boule de cordonnier* o sfera del calzolaio. Sotto il tavolo era posto un secchio d'acqua dove si immergeva la pelle, chiamato *baquet de la science*. Il produttore e il riparatore di scarpe in genere lavoravano seduti su uno sgabello. La bottega pare avesse sempre un'uccelliera chiamata la *cage aux serins* o la gabbia del canarino. Tradizione voleva che un riparatore di scarpe avesse un vaso di basilico o una pianta d'arancio chiamato l'*orange du savetier* per mascherare l'odore delle vecchie scarpe.

301. *Il Ciabattino*, bronzo di Théodore Rivière. XIX secolo, Romans.

302. Membri del Club Swann durante una sessione
di lucidatura da Paul Mincelli nel 1996.

Il Club Swann

Le lezioni di Olga Berluti sulla lucidatura

La speciale arte della lucidatura delle scarpe "al chiar di luna", inventata da Olga Berluti, getta luce sulla sua ricerca in tale settore. I patiti delle belle scarpe, durante le loro fermate fuori *rue Marbeuf*, avrebbero sentito Olga diffondere la sua conoscenza in termini così romantici da essere quasi trascinati in un altro mondo. Questi incontri, allo stesso tempo professionali, amichevoli e vivaci, diedero vita al club Swann, in memoria dell'atmosfera raffinata delle opere di Marcel Proust.

I cento membri ammessi a questo circolo di esteti privilegiati si incontravano una volta all'anno per una spensierata lezione sulla lucidatura orchestrata dalla magia di Olga.

Sempre al chiar di luna, i fedeli si toglievano le scarpe e le ponevano sul tavolo. Questo era ricoperto da una tovaglia di damasco bianca la cui brillantezza era accentuata dalla luce dei candelabri che illuminavano l'ambiente della cerimonia. Le dita erano fasciate in fazzoletti di lino veneziano, immerse nella cera per massaggiare le pelli. Poi si arrivava alla lucidatura, usando acqua seguita da champagne.

Tutti i membri del club Swann non si radunarono mai tutti insieme. Alcuni vivevano lontano, ma affrontavano il viaggio con desiderio. Il luogo del raduno cambiava. La noia non esisteva in queste serate uniche, che fornivano un delizioso momento di fuga.

René Caty

Tra i più famosi nomi della moda, la ditta di costose scarpe femminili di Adolphe Carraz aprì nel 1909 e diede lavoro a trentadue operai. Intorno al 1931, attraverso un'alleanza familiare, la società divenne si chiamò "Carraz et Caty". Nel 1948, portò sul mercato un nuovo prodotto, la "ballerina", che ottenne immediato successo, raggiungendo l'apice alla fine degli anni Cinquanta.

La continuità dei miti

Cenerentola in Cina

Ben prima di Charles Perrault e dopo Strabone, il testo cinese del IX secolo riferisce una versione asiatica del mito di Cenerentola. C'era una volta un uomo potente con due mogli, ciascuna delle quali aveva una figlia. Una di loro si chiamava Sheh-Hsien. Quando i genitori morirono, Sheh-Hsien continuò a vivere con la sua matrigna, che la mandava sempre a prendere l'acqua. Un giorno Sheh-Hsien prese un pesce dalle pinne rosse e gli occhi dorati e lo portò in uno stagno dove ogni giorno, al suo richiamo, lui si recava.

Approfittando dell'assenza di Sheh-Hsien, la matrigna uccise il pesce, lo mangiò e nascose le lische sotto un cumulo di concime. La ragazza cominciò a gridare quando non lo trovò più. A quel punto una figura discesa dal cielo le suggerì di togliere le lische da sotto il cumulo di concime e di porle nella sua stanza dove le sarebbe stato esaudito un desiderio. In questo modo, Sheh-Hsien ottenne oro, perle e cibo.

Quando la sorellastra e la matrigna si recarono alla festa di villaggio lasciarono Sheh-Hsien a guardia della casa. Mentre erano fuori, indossò un vestito blu e scarpe dorate e si recò anche lei alla festa dove la sua comparsa lasciò tutti senza parole. Nella fretta di tornare a casa prima della sorellastra e della matrigna, perse una delle sue scarpe dorate. Il potente re di un'isola vicina comprò la scarpa. Invano cercò di farla provare a tutte le ragazze del suo regno. Alla fine trovò l'altra scarpa a casa di Sheh-Hsien e la sposò.

Glossario

ALLACCIATURA
La più elegante allacciatura orizzontale è quello delle Oxford, mentre quella a forma di croce è spesso usata per le Derby.

BABBUCCIA
La babbuccia, «ciabatta di pelle colorata senza parte posteriore né tacco» (Littré), è probabilmente di origine iraniana come è dimostrato dalla parola persiana *papoutch* (da *pa*, "piede" e *pouchiden*, "coprire").

BLAKE
Lyman Reed Blake (1835-1883), tecnico americano che nel 1858 inventò la macchina per cucire la soletta alla suola usando un punto catenella. Il brevetto fu acquisito e successivamente perfezionato da Gordon Mackay.

BOTTINE
Piccolo stivale in cui la tomaia arriva fino alla caviglia per coprire il polpaccio a varie altezze, chiuso con lacci o bottoni. Durante il Medioevo, era chiamato stivale senza suola che veniva infilata sopra la scarpa come ghette o *houseaux*. Nel XIX secolo, dalla fine della Restaurazione, le donne indossavano stivaletti, di pelle fine o tessuto, con o senza tacco, a seconda della moda. C'erano stivaletti allacciati e stivaletti con bottoni, per cui si inventarono gli allacciascarpe.
All'inizio del XX secolo, le donne indossavano stivaletti molto eleganti con una tomaia alta che arrivava fino al polpaccio. La moda degli stivaletti cominciò a scomparire dopo la guerra del 1914-1918.

CAMBRIGLIONE
Prolungamento di cuoio, legno, acciaio o plastica per dare stabilità all'arco della scarpa e supportare l'arco del piede.

CAMPAGUS
Antica scarpa indossata a Roma. A forma di *bottine* (stivaletto), lascia il piede scoperto. Ornata di pelliccia, spesso decorata con perle e pietre preziose, era la calzatura dei generali. Quando di colore cremisi, era ad uso esclusivo degli Imperatori.

CALZASCARPE
Striscia di metallo, corno o plastica usata per coadiuvare l'entrata del piede nella calzatura. Secondo il *Dizionario Storico delle Arti, dei Mestieri e delle Professioni esercitate a Parigi dal XIII secolo* di Alfred Franklin, già nel XVI secolo erano usati una cinghia di pelle o un corno. Un resoconto reale del 1570 contiene le seguenti annotazioni: «un quarto di cuoio marocchino era stato tagliato per realizzare calzascarpe da riporre nel guardaroba...», «per tre calzascarpa in corno da servire i paggi...»
Il dizionario di Trévoux (1704-1771) riproduceva questo passaggio quasi parola per parola e aggiungeva: «In passato si realizzavano in corno e anche in ferro».
In breve, l'Accademia, nella sua edizione del 1778, indicava questo proverbio: «Entrare senza calzascarpe», che significa «riuscire in qualcosa senza problemi e più facilmente di quanto previsto».

CHOPINE
Calzatura femminile indossata a Venezia nel XVI secolo, anche denominata "*mule* sui trampoli" o "piede di mucca". Queste strane scarpe, legate ai piedi con nastri, erano dotate di piedistalli di notevole altezza che raggiungevano i cinquantadue centimetri.

CHIQUET
Tacco piccolo non molto alto usato in genere in scarpe femminili piane.

CIABATTA
Calzatura leggera e flessibile adatta a vari usi: pantofole da casa, ballerine, scarpette (da scherma), scarponcini.

CINGHIA DELLA STAFFA
Cinghia in cuoio che fissa il piede alle ginocchia nel processo di manifattura o riparazione.

ESPADRILLE
Calzatura di tessuto con una suola di corda intrecciata indossata in Spagna e nella Francia meridionale.

FIBBIA
Accessorio generalmente metallico, con o senza una linguetta, che serve per allacciare la scarpa.

FIBBIA ORNAMENTALE: fibbia esclusivamente per decorazione.
Durante il XVII secolo, le fibbie da scarpe erano molto più spesso realizzate con materiali preziosi. Nel 1670 e 1680, le fibbie sostituirono i fiocchi sulle scarpe. Erano decorate con file di perle e diamanti autentici o finti. Per i lutti, le fibbie erano di bronzo e senza pietre preziose. Le fibbie, custodite nei portagioie, venivano adattate alle diverse scarpe. Piccole e rettangolari, nel XVIII secolo divennero rotonde e ovali. Le loro dimensioni aumentarono alla fine del regno di Luigi XV e divennero quadrate sotto Luigi XVI. Sempre durante questo periodo comparvero le fibbie per scarpe maschili.

GANCIO DELLO STIVALE
1. Gancio che si passa attraverso il tirante per farlo scivolare all'interno
2. Sorta di assicella con un intaglio in cui infilare il piede calzato per rimuovere lo stivale.

GOODYEAR
Nome del brevetto (dal patronimico dell'inventore) che originariamente indicava il metodo conosciuto come Goodyear Welt.
Nel 1862, Auguste Detouy ottiene un brevetto per una macchina da cucire per suole in cuoio attraverso un ago ricurvo. Charles Goodyear Junior (figlio di Charles Goodyear, inventore americano del processo di vulcanizzazione della gomma) apporta miglioramenti al metodo e nel 1869 brevetta una macchina per cucire il guardolo.
Louis Rama, nel *Dizionario tecnico del cuoio*, fornisce le seguenti definizioni tecniche:
1. Guardolo cucito a mano
 Tipologia di manifattura in cui il guardolo e la tomaia sono cuciti a mano sulla parete di una soletta piatta.
2. Guardolo cucito a macchina
 Tipologia di manifattura che riproduce meccanicamente tutte le operazioni di cucitura a mano del guardolo sulla parete di una soletta piatta.

GUARDOLO
Piccola striscia di cuoio cucita per tutta la lunghezza dell'estremità della tomaia per rafforzare la suola.

INTERNO
Parte rimovibile di uno scarpone da sci o di una scarpa da passeggio, che garantisce il contatto stretto e flessibile tra il piede e il rivestimento esterno della calzatura.

LADRINE
Al tempo di Luigi XIII, quando l'uso di stivali era ampiamente diffuso, questa calzatura arrivava fino a metà gamba e ricadeva indietro sul polpaccio. Veniva chiamata anche *lazarine*. Lo stivale era dotato di speroni, privi di scopo, indossati anche durante i balli e per cui venivano realizzate ruote di cuoio affinché non lacerassero gli abiti.

LINGUETTA

Fino alla fine del XV secolo, le calzature avevano linguette sul collo, solitamente strette da una stringa e chiamate *liripipes*.
Sulle Oxford o le Derby, un risvolto protettivo del collo situato sotto l'allacciatura. Su un *loafer* (una sorta di mocassino) o un mocassino senza lacci, estensione della tomaia che copre e nasconde l'elastico stringente.

MULE

Calzatura da interni leggera senza quartiere, che lascia il tacco scoperto.

PIEDS NOIR (coloni francesi in Nord Africa)

Non è un caso che i discendenti degli immigrati nordafricani si siano dati essi stessi questo nomignolo, che si suppone fosse stato loro attribuito dagli Arabi. Così chiamati per le loro scarpe solide di materiale "civilizzato" in contrasto con le precarie babbucce dei poveri.

PIGAGE o PIGACHE

Calzatura del XII secolo, con una punta ad uncino, alcune volte decorata con una campanella, il cui stile risale all'antichità.

OCCHIELLO

Pezzo di metallo concavo, usato per rinforzare un buco. Alcune volte situato nei buchi dei lacci.

PARTE SUPERIORE (LUNETTA)

Opposta alla suola, è la parte designata a vestire e proteggere la parte superiore del piede.

PRODUTTORE DI FORME

Artigiano che crea o sviluppa le forme delle scarpe.
Produttore di forme di scarpe a livello industriale.

PUNTA FLOREALE

Punta decorata con aperture di diverse dimensioni. L'origine di questo nome risale all'inizio del XX secolo dal momento che i fiori erano la decorazione maggiormente rappresentata.

QUARTIERE

Una delle due parti simmetricamente disposte che formano il retro della tomaia e arriva fino al collo del piede o lì vicino per chiudere la calzatura.

ROSA

Sotto Luigi XIII, per decorare le scarpe maschili e femminili, fiocchi e nastri venivano posti sul collo del piede, nascondendo il laccio o la fibbia. Si formavano così come delle rose, spesso molto grandi, raccolte o arricciate, che somigliavano a dalie. Sotto Luigi XIV, questa moda fu sostituita dalle fibbie.

SABLE

Metodo estremamente raffinato di tessere perline usate nel XVIII secolo per scarpe e piccoli oggetti: fibbie, ornamenti, ecc.

SCARPA

Copertura del piede fino al collo del piede.

SAN CRISPINO e SAN CRISPINIANO

Santi patroni dei riparatori di scarpe, 1660. Nel *La vie Parisienne*, operetta di Jacques Offenbach: «Per San Crispino, stiamo arrivando; e il fatto di cenare ci mette di buon spirito, grazie a San Crispino» (Jacques Offenbach, *La vie parisienne*. Coro finale, atto II).

SANDALO

Indossato già nell'Antico Egitto, nell'antichità Greca e Romana, questa semplice calzatura è costituita da una suola e stringhe o lacci di varie lunghezze e assemblati in diversi modi, attraverso cui il piede rimane visibile. Alcuni ordini religiosi ancora mantengono l'uso dei sandali.

SCARPA A PONTE LAVATOIO (*pont-levis*):

Prima di Enrico IV, le scarpe da uomo erano prive di tacchi. Alla fine del XVI secolo e all'inizio del XVII, comparvero i tacchi, lasciando uno spazio vuoto sotto la suola, che portò alla creazione di queste calzature.

SCOLLO

Nelle calzature, è l'estensione della tomaia sul collo.

SUOLA A PIATTAFORMA

Mezzasoletta spessa, dall'estremità rivestita o decorata, inserita tra la tomaia e la suola stessa.

SOCCUS

Tipo di ciabatta o scarpa senza lacci che chiude completamente il piede. Indossato in Grecia da entrambi i sessi, a Roma era invece riservato alle donne e agli attori comici, in opposizione ai coturni usati nelle tragedie.

SOLEA

Sandalo romano dalla forma più semplice, costituito da una suola in legno con una stringa passante sulla parte superiore del piede.

SOLLERET

Precedentemente chiamato *pédieu*, era la parte dell'armatura che chiudeva e proteggeva il piede. Prima, era una sorta di cunetta di acciaio che proteggeva il collo del piede e lasciava il resto del piede sotto la maglia metallica. Questo pezzo fu poi suddiviso in diverse lame articolate che formavano una serie di archi o in una punta a coda di scorpione nel XIV secolo e scarpe "alla polacca" nel XV secolo. Sotto Carlo VIII il *solleret* presentava una punta a cucchiaio, a zampa d'orso fino a Francesco I e successivamente a punta d'anatra. Scomparve durante il regno di Carlo IX.

STRINGA PER LA FIBBIA

Laccetto corto, cucito nella tomaia e piegato in modo da poter attaccare una fibbia.

SPAZZOLA LUCIDATRICE

Spazzola di cuoio di cavallo per lucidare le scarpe.

STIVALE

Scarpa che copre contemporaneamente il piede e la gamba a varie altezze.

STIVALETTO

Scarpa femminile invernale in voga a partire dagli anni Quaranta. In senso più ristretto, è uno stivale corto con una fodera di pelliccia interna, che fuoriesce come elemento decorativo.

"STIVALI"

Nome italiano, usato anche nelle altre lingue, che nel XIV secolo indicava calzature estive leggere. Stivali alti di cuoio flessibile o tessuto, tinti di rosso o nero, e indossati indistintamente da uomini e donne.

TAGLIA

Dimensione interna della calzatura espressa in punti e che considera la lunghezza del piede e la sua apertura nella camminata. La taglia delle scarpe si misura in punti: punto inglese, spesso erroneamente chiamato punto americano: 1/3 di pollice o 8,466 mm. Punto francese o di Parigi: 2/3 di un centimetro o 6,666 mm.

TOMAIA

Parte superiore della scarpa, che comprende la porzione dal collo alla punta.

ZOCCOLO

Derivato dall'antico *soccus*, è una calzatura con una suola di legno legata da stringhe al piede. Fin dal Medioevo era indossato sotto scarpe con la suola in cuoio, e fu utilizzato fino al XVII secolo sotto gli stivali da città.

Bibliografia

Bossan Marie-Josèphe, *Livre guide du musée international de la chaussure de Romans édité par l'association des amis du musée de Romans*, 1992.

Boucher François, *Histoire du costume*, Parigi, 1965.

Debouté Eugénie, *Sans feu ni lieu un maître spirituel au temps de la Fronde – Jean-Antoine le Vachet*, Châtillon, 1994.

Deslandres Yvonne, *Le Talon et la mode*, 1980.

Dictionnaire de la Mode au XXe siècle, Paris 1994.

Férey Catherine, Blazy Simone , *Des objets qui racontent l'histoire, Saint-Symphorien-sur-Coise*, dicembre 2000.

Galmiche Paul e Jacqueline, *La Saga du pied.* Erti, Parigi, 1983.

Guillen Victor, *La légende des sabots de Bethmale*, in "Chausser", Spezialausgabe.

Lacroix Paul, *Histoire des cordonniers*, Parigi, 1852.

La Mode et l'enfant, 1780-2000, Musée Galliera, Musée de la Mode de la ville de Paris, aprile 2001.

Le Soulier de Marie-Antoinette, Caen – Musée des beaux-arts, Caen, 1989.

Pfister D., *Les chaussures Coptes*, in "Revue de l'Institut de Calcéologie" n° 3, 1986.

Rossi William, *Érotisme du pied et de la chaussure*, Cameron Sait Amand Montrond, 1978.

Roux Jean-Paul, *La Chaussure*, Parigi, 1980.

Teneze Marie-Louise, *Cycle de Cendrillon*, in "Bulletin de l'Institut de Calcéologie" n° 1, 1982.

Teneze Marie-Louise, *Le Chat botté*, in "Bulletin de l'Institut de Calcéologie" n° 2, 1984.

Teneze Marie-Louise, *Le Petit Poucet*, in "Bulletin de l'Institut de Calcéologie" n° 3, 1986.

Thévenet Jean-Marc, *Rêves de Pompes, Pompes de Rêves*, Parigi, 1988.

Thibault Gabriel Robert, *L'exaltation d'un mythe: Rétif de La Bretonne et le soulier couleur rose*, in "Bulletin n° 4 de l'Institut de Calcéologie", 1990.

Vass Loszlo, Molnar Magda, *La chaussure pour homme faite main*, Germania, 1999.

XVIIe siècle, Lagarde and Michard, Bordas.

XIXe siècle, Lagarde and Michard, Bordas.

XXe siècle, Lagarde and Michard, Leonard Danel Loos (Nord), 1962.

Indice dei contenuti

Ringraziamenti

Association des amis du musée de Romans, Véronique Auroux, Association Charles Trenet, Mouna Ayoub, Muriel Barbier (Musée Galliera), Laure Bassal, Guy Blazy (Conservateur en chef du Musée des Tissus et des Arts Décoratifs de Lyon), Simone Blazy, (Conservateur en chef du Musée Gadagne, Lyon), Docteur Jean Bénichou, Galerie Berès, Paris, Olga Berluti, Henri Bertholet (Maire de Romans), Georgy Bidegain, Paul Bocuse, Bon Marché Rive Gauche, Olivier Bouissou (Délégué général de la Fédération française de la chaussure, Commissaire général du MIDEC et de Mod'Amont), Docteur Simon Braun, Pierre Brissot, Stéphanie Busuttil, Marie-Noëlle de Cagny (Bureau de style, chaussure maroquinerie cuir, Paris), Jean-Claude Carrière, Professeur Jean-Paul Carret, Pierre Caty, Charles Jourdan, Centre historique de la résistance en Drôme et de la Déportation, Centre Technique du Cuir, Lyon, Professeur Guy Chouinard, Robert Clergerie, Le Conseil National du Cuir, Patrick Cox, Astrid Sarkis Der Balian, Kegetzique Sarkis Der Balian, Sophie Descamps (Conservateur au département des antiquités grecques et romaines, Musée du Louvre), Henri Ducret, Thierry Dufresne, Jean-Pierre Dupré, Pierre Durand, Françoise Durand, Fabienne Falluel (Conservateur au Musée Galliera, Paris), La Fédération française de la chaussure, Ferragamo, Marc Folachier, Elisabeth Foucart (Conservateur en chef au département des peintures, Musée du Louvre), Jacques Foucart (Conservateur général au département des peintures, Musée du Louvre), Jean-Paul Foulhoux, Ginko, Pascal Giroud, Dominique Goberthier, Bernard Gouttenoire, François Gravier, Cécile Guinard (Musée de Romans), Nicole Hechberg (chargée du Centre de documentation du musée de Romans), Claude James, Véronique Jeammet (Conservateur au département des antiquités grecques et romaines, Musée du Louvre), Claudette Joannis (Conservateur en chef du Patrimoine, Adjoint au Directeur du Musée de Malmaison et Bois-Préau), Roland Jourdan, Daly Jourdan-Barry, Isabelle Julia (Conservateur à l'Inspection Générale des Musées), Stéphane Kélian, Geneviève Lacambe (Conservateur général du Patrimoine), Christiane Laffont (Adjointe chargée de l'urbanisme, du patrimoine et des arts plastiques), Françoise Laigle (journaliste), Karl Lagerfeld, Lydie Laupies, André Laurencin (Conservateur honoraire du Musée Denon), Bénédicte Leblan, Christian Lebon, Sylvie Lefranc (Fondatrice et ancienne Directrice du Bureau de style chaussure maroquinerie cuir, Paris), Éric Le Marec, Jeannie Longo, Françoise Maison (Conservateur en chef chargé des collections du Second Empire, Château de Compiègne), Christiane Marandet (Conservateur général honoraire du patrimoine), Suzanne Marest (Styliste conseil au Bureau de style chaussure maroquinerie cuir, Paris), Laurence Massaro, Raymond Massaro, Docteur Jacques Mazade, André Meunier, Docteur Jean-Jacques Morel, Comte et Comtesse Moussine-Pouchkine, Musée d'art et d'histoire, Genève, Musée Bally, Schoenenwerd (Suisse), Musée de l'Homme, Paris, Rosita Nenno (Conservateur Musée Allemand du Cuir et de la Chaussure, Offenbach), Catherine Perrochet (Musée de Romans), Anne Rondet, Annick Perrot (Conservateur du Musée Pasteur), Andrea Pfister, Patrick Pichavant, Pascal Pitou, Hervé Racine, Stefania Ricci (Conservateur du Musée Salvatore Ferragamo), Huguette Rouit, Joël Roux, Jean-Paul Roux (Directeur de recherche honoraire au CNRS, Professeur titulaire honoraire de la chaire des Arts Islamiques à l'École du Louvre), Le Service Communication de la Ville de Romans, Brigitte et Jean Schoumann, Alexandre Siranossian (Directeur de l'École nationale de musique et de danse), Docteur Tan Sivy, Jean Tchilinguirian, Henri Terres, Françoise Tétart-Vittu (Chargée du Cabinet des arts graphiques au Musée Galliera, Paris), Olivier Thinus, Tod's, Pierre Troisgros, Gérard Turpin, Gérard Benoît-Vivier.

www.ingramcontent.com/pod-product-compliance
Lightning Source LLC
Chambersburg PA
CBHW041611260326
41914CB00012B/1453